U0836263

法治
咖啡屋

胡建淼　著

法律出版社
LAW PRESS·CHINA
北京

图书在版编目(CIP)数据

法治咖啡屋 / 胡建淼著. -- 北京 : 法律出版社,
2022
ISBN 978-7-5197-6392-3

Ⅰ. ①法… Ⅱ. ①胡… Ⅲ. ①法律-中国-通俗读物
Ⅳ. ①D920.5

中国版本图书馆 CIP 数据核字(2022)第013768号

法治咖啡屋
FAZHI KAFEIWU

胡建淼 著

策划编辑 沈小英
责任编辑 刘晓萌
装帧设计 李 瞻

出版发行 法律出版社
编辑统筹 法治与经济出版分社
责任校对 王 丰 郭艳萍
责任印制 吕亚莉
经 销 新华书店

开本 710毫米×1000毫米 1/16
印张 20.5 字数 309千
版本 2022年4月第1版
印次 2022年4月第1次印刷
印刷 固安华明印业有限公司

地址:北京市丰台区莲花池西里7号(100073)
网址:www.lawpress.com.cn
投稿邮箱:info@lawpress.com.cn
举报盗版邮箱:jbwq@lawpress.com.cn
销售电话:010-83938349
客服电话:010-83938350
咨询电话:010-63939796
版权所有·侵权必究

书号:ISBN 978-7-5197-6392-3
定价:96.00元
凡购买本社图书,如有印装错误,我社负责退换。电话:010-83938349

序

我从 2016 年 1 月开始,承蒙《法制日报》(现《法治日报》)有关领导和编辑的支持,在该报开辟了“法治咖啡屋”的个人专栏,每周发表一篇法治评论,讲述古今中外的法治故事。希望通过这种点点滴滴的方式,响应中国“全面依法治国”,弘扬人类的法治文明,影响和改变中国“关键少数”的思维方式和工作方式。怀着同样的期待,这些文章(部分)又在《人民法治》杂志和我个人微信公众号“法治咖啡屋”上发表。宣传和弘扬法治,“多多益善”。到了 2017 年年底,我把整整两年的文章汇集整理,交由法律出版社以《法行天下——胡建淼法治咖啡屋》为书名正式出版。

《法行天下——胡建淼法治咖啡屋》于 2017 年 12 月由法律出版社出版以来,一直受到读者,尤其是热衷法治和法律知识的领导干部的喜爱。这是我这次以《法治咖啡屋》为书名进行再版的主要动因。另外还在于,自 2018 年以来,我继续在《法制日报》(现《法治日报》)、《人民法治》和微信公众号“法治咖啡屋”上撰稿和发文,很有必要对第一版的《法行天下——胡建淼法治咖啡屋》进行增补。

此次出版,主要有几点变化:一是删除了一些已经过时的文章,主要是文章所评论的场景已经消失,意义已经淡化。例如,《“跑步前进”与“跑部钱进”——规则的缺失就会寄生腐败》一文,它所针对的“跑部钱进”现象,经过我们党自十八大以来的高压反腐，已经绝迹。二是对于有些文章，由于场景的变化而进行了“升级”。例如，《高铁上“不要和陌生人说话”！——别对公民作“保姆式”管理》已改为《高铁上“不要和陌生人说话”的升级版——“不要和主动搭讪的陌生人交谈”》。三是增加了几十篇新文章，同时也删除了不少不便发表的文章。增加文和删除文抵消后，文章数量从第一版的157篇，变成现在的133篇。

依然需要说明的是，文中引用的资料，凡与官方公布不一致的，一律以官方资料为准。文中所反映的观点，仅仅是我的“一家之言”和“一管之见”，仅供读者参考！

文章引用了不少专家学者的材料，无法一一标注；也吸收了不少高见，有恐不便表露，在此一并感谢！为了推进中国的法治，一切都是可以理解的。

为了达到2035年法治国家、法治政府、法治社会基本建成的目标，我们还有较长的路要走。让我们共同努力，走向法治时代！

胡建淼

2022年2月10日

于中央党校（国家行政学院）专家工作室

总　目

详　目

第1篇　法治评论

第 2 篇　法治历程

第3篇 法治理念

第 4 篇 域外法治

第 1 篇

法治评论

ARTICLE 1

1-001 如何整治不规范地名?

——学会以"法治化"而不是"运动化"推进工作

(2019年10月16日、23日)

自从2018年年底民政部、公安部、自然资源部、住房和城乡建设部、交通运输部、国家市场监管总局联合印发《关于进一步清理整治不规范地名的通知》(民发〔2018〕146号)以来,特别是2019年上半年,多省市已经行动,一场轰轰烈烈的"清理地名"的"大运动""新高潮"已在全国掀起……"某某市8部门清理不规范地名,摸排开发商'动真格',触碰4条红线要整治""打击'洋'地名,刹住崇洋媚外之风""向不规范地名说'不'""某地向不规范地名'亮剑'""多地向不规范地名'开刀'"……"打击""动真格""开刀""亮剑"等带词语和报道充斥一切媒体和标语。接着多地多家酒店、住宅区接到通知,被要求强制改名……顿时引起社会诟病,成为舆情的"新关注点",一片质疑声、抱怨声、批评声……充斥于耳。

地名,是人们赋予某一特定空间位置上自然或人文地理实体的专有名称,具有社会性、时代性、民族性和地域性及代表性等特性。人有人名,地有地名,但都应当规范。为此国务院早在1986年就制定了《地名管理条例》,1996年民政部制定了《地名管理条例实施细则》。前者是行政法规,后者是部门规章,都属于"法"的范畴。我国在地名管理方面并不是处于"无法可依"的状态。

但是,一段时期可能我们"执法不严",确实出现了一些"大、洋、怪、重"等不规范的地名,诸如"中央首府""林肯公寓""99大厦"等,还有一些重名。所以,在地名管理中,对不规范的地名进行规范化的"清理整治"也是必要的。但切忌将它演化为全国上下的一场"运动"。

"运动化"地推进某一项工作,其优势是能够集中人力、物力、财力实现某一项工作任务，所以在历史上特殊时期（土地革命、抗日战争、解放战争、抗美援朝）和特殊状态（如抗灾、反恐等）下，它不失为是一种有效方法。但在和平建设时期，只要不是处于紧急状态，“运动化”不仅不是一项最好的方法，而且恰恰弊端很多：它会放大工作目标，过度投入，劳民伤财，矫枉过正，冲击正常工作，抵触法治，还会导致形式主义……总体而言，“运动化”是一种“马背上”而不是“马背下”的工作方式。如果将“清理整治不规范地名”作为一项“运动”推开，那就可能导致全国各地在一定时期内都将这一工作抬到不适当的位置，千万家企业和组织在短期内被强制性更名，往往引起社会秩序混乱，引发各方面怨气。

习近平总书记说：我们领导干部应当做到“谋划工作要运用法治思维，处理问题要运用法治方式”。我们在推进全面依法治国的新时代，要学会运用法治思维和法治方式推进“清理整治不规范地名”工作。具体而言，在推进“清理整治不规范地名”工作中，应当坚持和体现以下几项法治原则：

第一，坚持比例原则，权衡利弊，把准工作重量，取舍做还是不做。

比例原则作为一项法治原则，强调目的与手段之间的平衡，不得以过多的代价去实现一个微小的目标。一个形象的比喻是，不得为煮一个鸡蛋而烧一幢房，否则得不偿失。

推行“清理整治不规范地名”工作，首先各地应当对本地方范围内的地名使用状况做一次调研，看问题是否严重和突出。中国地方差异很大，经济发展不平衡，地名不规范问题有的地方突出，有的地方并不突出。

中国各地方政府有太多的事项要做，要分轻重缓急，学会抓大放小。如果本地地名不规范问题并不突出，那就不需要将它作为一项主要工作来抓，要将工作精力投入更重要、更突出的工作上去。如何发展经济、阻止经济下滑？如何健全金融体制、防止金融风险？如何科技创新、抢占世界新科技制高点？如何解决群众的上学难、看病难、停车难、行车难？……我们有太多的事情要做！

为什么习惯于上面喊一声，下面统一做一件事呢？我的建议是：是否要推行“清理整治不规范地名”工作，可由各地根据各地具体情况确定。“一刀切”的传统做法应当改变。

第二，坚持法的安定性原则，尊重历史，可改可不改的不要改。

法的安定性原则强调的是法律规则的稳定性，杜绝法律和政策朝令夕改。法律规则稳定了，社会秩序也随之稳定了。该原则要求：法律规则不能轻易制定，制定了就不得轻易改变。可改可不改的尽量不改，只有到了非改不可时（明显并严重阻碍了社会发展时）才能改。韩非子说过：“治大国而数变法者，则民苦之。”清代申涵煜也说：“法制数变，国家之大患。”

必须意识到：改变地名，成本和代价是很大的。现有地名一更改，有关单位信息、合同、信笺、地图、导航，个人产权证、户口本等，都必须随之修改，为此必须付出很大成本。一时间，我们可能天天会在户口登记机关和产权登记机关门口排起长队。如果地名改了，户口本、产权证可以不改，那就会导致另一个严重后果：为几十年之后的产权纠纷埋下隐患。

其实，国务院的行政法规《地名管理条例》早就确立了“地名稳定原则”。其第3条规定：“地名管理应当从我国地名的历史和现状出发，保持地名的相对稳定。必须命名和更名时，应当按照本条例规定的原则和审批权限报经批准。未经批准，任何单位和个人不得擅自决定。”第5条又规定：“地名的更名应遵循下列规定：（一）凡有损我国领土主权和民族尊严的，带有民族歧视性质和妨碍民族团结的，带有侮辱劳动人民性质和极端庸俗的，以及其它违背国家方针、政策的地名，必须更名。（二）不符合本条例第四条第三、四、五款规定的地名，在征得有关方面和当地群众同意后，予以更名。（三）一地多名、一名多写的，应当确定一个统一的名称和用字。（四）不明显属于上述范围的、可改可不改的和当地群众不同意改的地名，不要更改。”所以，除了法律有强制性规定的，凡可改可不改的和当地群众不同意改的地名，不要更改。千万不要“以地名更改多少论英雄”。

第三，坚持立法先行原则，应当“先修法后清理”，而不是“先清理后修法”。

立法先行原则是国际上公认的法治原则。党的十八届四中全会《中共中央关于全面推进依法治国若干重大问题的决定》首次将“立法先行”写进党的正式文件。习近平总书记说“国家的重大改革必须于法有据”,正和这一原则吻合。该原则要求国家的重大管理活动,必须是“先有规则、后有行为”,用立法指引改革和管理,而不是相反。地方出现大量不规范地名,不是因为立法过松,就是因为执法不严。因为大多地名都是经过政府登记许可的。不经政府登记许可的地名很难存在。只要经过户口登记、产权登记、工商登记等各类政府登记程序的地名,都意味着经过了政府的审查许可,它就具有法律上的“公定力”。如果今天全国地名不规范问题相当突出,那可能是原有法规对地名的管理规定不够严格,那就首先应当修改法律,而不是首先清理地名,否则无法保证清理行为符合新法的标准和方向。据悉,我国有关部门正在启动地名法规和规章的修改。

第四,坚持法不溯及既往原则,区分老地名与新地名,不得以新标准去处理老地名。

法不溯及既往是一项重要的法律适用原则,它是指今天的法律不得去约束和处理昨天的行为和事项,也接近于日常所说的“老人老办法,新人新办法”。我国《立法法》第 93 条“法律、行政法规、地方性法规、自治条例和单行条例、规章不溯及既往,但为了更好地保护公民、法人和其他组织的权利和利益而作的特别规定除外”的规定,正是这一原则的体现。

在这次“清理整治不规范地名”工作中可以反映出:我们政府部门以前对地名的管理标准与今天对地名的管理标准已有不同。以前因标准宽松而被政府批准的地名,今天可能成了政府清理整治的对象。这样做,违反了法不溯及既往原则。即便地名管理法规和规章修改了,修改后的法规和规章同样不得溯及以前的地名。我们应当区分老地名与新地名,老地名应当按照原标准评判它的合法性,新地名才应当按照新标准审查登记。

第五,坚持信赖利益保护原则,区别政府批准的地名与未经政府批准的地名,对于前者原则上不得更改。

信赖利益保护原则是一项公法原则,意指公民、法人或者其他组织对国家公权力的正当合理信赖应当予以保护,公权主体不得擅自改变已生效的行政行为,确需改变行政行为并由此给相对人造成损失应当给予补偿。

现在所存在的不规范地名,大量是经过政府登记许可的,少量的才是当事人擅自取名的结果。我们应当区别对待:对于未经政府审查登记,当事人擅自所取的地名,当然应当取消或者更改,并补办登记手续:对于经过政府登记许可的地名,哪怕属于不规范的地名,只要不属于法律强制规定更改的范围,不得更改和取消。真要改变或取消的,有关政府部门必须承担补偿或赔偿责任。

第六,坚持正当程序原则,"清理整治不规范地名"工作不能只讲结果、不讲程序。

程序是行为存在的时间与空间方式。世界上不存在程序以外的行为,任何行为都离不开程序。但是程序必须正当,这是正当程序原则的要求。程序的正当性既表现为程序的合法性(法定程序),又表现为程序的合理性(正当程序)。这就是说,"清理整治不规范地名"必须符合法定程序和正当程序。

根据国务院《地名管理条例》的规定,除了法规规定必须强制性更名情形外,地名更改必须"征得有关方面和当地群众同意"。这一法定程序必须遵守,如果有关方面意见不统一的,或者群众不同意的,就不得更名。我们要反对单方更名、强制更名、快速更名等做法。地名的更改需要做许多配套准备,要求一周、一个月内快速更名者,有违正当程序。国务院制定公布了《重大行政决策程序暂行条例》(国务院令第713号),鉴于地名更改属于"重大行政决策",建议参照条例所设定的5项程序要求:(1)公众参与;(2)专家论证;(3)风险评估;(4)合法性审查;(5)集体讨论决定。

1-002　城市道路隔离护栏的“建”与“拆”

——告别“轰轰烈烈”，让工作“平静”下来

(2020年1月22日)

我在某个城市兼人大代表，在全会上审议《政府工作报告》时，发现政府在回顾一年工作业绩中讲到“撤除城市道路隔离护栏1000多公里……”这确实是政府的一项工作业绩，因为近几年，设置道路隔离护栏过滥已构成增加城市交通拥堵的一个重要因素。设置隔离护栏确有好处：一是阻止行人横穿马路，保障了行人的安全；二是防止对向车辆迎面相撞，保护车辆的行驶安全。因此在高速公路设置隔离护栏是绝对必要的。但是这几年，在懒政惰政和工程利益的驱动下，隔离护栏铺天盖地，设遍大街小巷，甚至还设到单位的内部道路。过多的隔离护栏使道路变窄，车速变慢，大大降低了道路的交通效能。特别是当一边车辆因事故或违章停车受堵，有几百辆车排队等候通过时，而另一边道路闲置而无法借用，造成道路空间的极大浪费。现在中国城市的情况大多不是设栏不足，而恰恰是设栏过度。所以，在市内大规模地“撤除城市道路隔离护栏”行动，我本人是非常支持的。我以为，对市内道路的管理方法应当是“划线不设栏”。这样，一方面，有各行其道的规则要求，以及认定交通事故责任的标准（大多是越线一方的责任）；另一方面，又为特殊情况下车辆借道通行提供了可能。

但问题在于，我联想到这个城市多少年前的《政府工作报告》，恰恰将设置了1000多公里的“城市道路隔离护栏”作为一项重大工作业绩写进了报告，如同今天将“撤除城市道路隔离护栏”写进《政府工作报告》一样。这就使我迷惑：到底“建”护栏是业绩，还是“拆”护栏是业绩？我们为什么会出现轰轰烈烈地“建”护栏，几年后又轰轰烈烈地“拆”护栏呢？虽然不排除如主管部门所解释的，“当时建也对，今天拆也对”的因素，但是必须实事求是地

承认:是因为当年"轰轰烈烈"地"建"护栏,才迫使我们今天又"轰轰烈烈"地"拆"护栏。问题就出在"轰轰烈烈"这 4 个字上。如果今天又是"轰轰烈烈"地"拆"护栏,把不该"拆"的护栏也全"拆"了,那就有可能几年后又出现"轰轰烈烈"地"建"护栏,以此循环……

国家治理要告别"运动之治",坚持"规则之治"。什么状态下应当设置隔离护栏,什么状态下不应当设置隔离护栏,应当有标准和规则。这就要做到"立法先行"。事先有了法定的标准和规则,就可由管辖地的主管部门自行决定并日常性地设置和处理隔离护栏,这就可以避免上述轰轰烈烈地"建"护栏,几年后又轰轰烈烈地"拆"护栏的恶性循环。隔离护栏的建设是如此,其他不少工作也是如此。让我们的工作走向"平静",而不是走向"轰轰烈烈"。

1-003 从旧楼安装电梯谈起

——法治对少数与多数的平衡

(2018年11月14日)

最近读了北京大学彭小瑜《社会的恶与善》(商务印书馆2017年版)中的《旧楼加装电梯难在模糊的物权观》一文,该文提出:中国有不少居民还住在没有电梯的高层旧公寓里,由于身体和年龄原因而无法下楼。为这些高层旧公寓安装电梯,是政府所推行的一项惠民措施。但在现实中只要公寓里有一户反对,政府、单位和高层旧公寓里的其他大多数居民就束手无策。因为政策的制定者、推动者和实施者都以为:旧公寓通过"房改"已出售给个人,所以只有在"全体"居民一致同意下才能安装电梯。而这恰恰是"模糊的物权观"惹的祸。

我深有同感并产生共鸣,这倒不是因为我本人有这需要,而是因为我所属单位也遇到了同样的事情和同样的困难。几栋楼的大多户主联名要求安装电梯,挨个找每户签字,签了两年还签不下来。

这有两个原因:一是没有很好地体现平等原则。没有事先规定安装电梯后如何分担电梯安装费用和由此提高的物业管理费。而惯例是:无论居住高层还是低层,每户平均分担费用的惯例。这一貌似平等但实际不平等的分摊费用原则,自然会产生阻力。二是对业主共有财产决定权行使方式的误解,以为安装电梯需要全体业主的同意。

其实,业主对共有财产的决定权并不须以全体业主的同意为前提,只要经过法定人数和法定程序就可。

我国《物权法》(2007年)第76条规定:"下列事项由业主共同决定:(一)制定和修改业主大会议事规则;(二)制定和修改建筑物及其附属设施的管理规约;(三)选举业主委员会或者更换业主委员会成员;(四)选聘和解

聘物业服务企业或者其他管理人;(五)筹集和使用建筑物及其附属设施的维修资金;(六)改建、重建建筑物及其附属设施;(七)有关共有和共同管理权利的其他重大事项。决定前款第五项和第六项规定的事项,应当经专有部分占建筑物总面积三分之二以上的业主且占总人数三分之二以上的业主同意。决定前款其他事项,应当经专有部分占建筑物总面积过半数的业主且占总人数过半数的业主同意。"第78条又规定:"业主大会或者业主委员会的决定,对业主具有约束力……"

国务院《物业管理条例》(2007年)第11条规定:"下列事项由业主共同决定:(一)制定和修改业主大会议事规则;(二)制定和修改管理规约;(三)选举业主委员会或者更换业主委员会成员;(四)选聘和解聘物业服务企业;(五)筹集和使用专项维修资金;(六)改建、重建建筑物及其附属设施;(七)有关共有和共同管理权利的其他重大事项。"第12条又规定:"业主大会会议可以采用集体讨论的形式,也可以采用书面征求意见的形式;但是,应当有物业管理区域内专有部分占建筑物总面积过半数的业主且占总人数过半数的业主参加。业主可以委托代理人参加业主大会会议。业主大会决定本条例第十一条第(五)项和第(六)项规定的事项,应当经专有部分占建筑物总面积2/3以上的业主且占总人数2/3以上的业主同意;决定本条例第十一条规定的其他事项,应当经专有部分占建筑物总面积过半数的业主且占总人数过半数的业主同意。业主大会或者业主委员会的决定,对业主具有约束力。业主大会或者业主委员会作出的决定侵害业主合法权益的,受侵害的业主可以请求人民法院予以撤销。"

这就是说,在共有建筑安装电梯,只要经专有部分占建筑物总面积2/3以上的业主且占总人数2/3以上的业主同意便可。以为安装电梯需要全体业主的同意显然是一种误解,或者是有关单位和部门害怕承担责任的托词。

社会是个人的集合体。只有一个人不构成社会。社会由许许多多个人组成。在社会的众多人群中,如何协调多数与少数的关系,乃是人类社会治理中的一大难题。法治通过确立表决规则并以国家强制力保障这些规则的实施,以达到对少数与多数之间的一种平衡。如果任何决定都须以全体成员的一致同意为前提,社会就会因无法形成任何决定而停滞不前;如果任何决定都允许由个别人作出并约束多数人,那就会导致专制,无法保护大多数人的公众利益。法律通过设定一种合理的决策机制来平衡少数与多数人的意志和利益,从而实现社会的有序和发展。

为了既反映多数人的利益,又防止多数人绑架少数人的意志,法律总是设定合理的多数决定制,以实现多数与少数之间的平衡:

——宪法的修改,由全国人民代表大会常务委员会或者1/5以上的全国人民代表大会代表提议,并由全国人民代表大会以全体代表的2/3以上的多数通过。①

——法律和宪法修改以外的其他议案由全国人民代表大会以全体代表的过半数通过。②

——罢免县级和乡级的人民代表大会代表,须经原选区过半数的选民通过。罢免由县级以上的地方各级人民代表大会选出的代表,须经各该级人民代表大会过半数的代表通过;在代表大会闭会期间,须经常务委员会组成人员的过半数通过。③

——股东会会议作出修改公司章程、增加或者减少注册资本的决议,以及公司合并、分立、解散或者变更公司形式的决议,必须经代表2/3以上表决权的股东通过。④

——农村的村民代表会议有2/3以上的组成人员参加方可召开,所作决定应当经到会人员的过半数同意。⑤

你看,如此众多而重要的决策规则中,哪一项是要求全体成员同意的?

如果社会无法通过表决规则来形成社会决议,就需依靠暴力来实现这一点。法治无疑是对少数与多数的有效平衡,从而实现社会的和谐。

---

① 参见《宪法》(2004年)第64条第1款。
② 参见《宪法》(2004年)第64条第2款。
③ 参见《全国人民代表大会和地方各级人民代表大会选举法》(2015年)第52条。
④ 参见《公司法》(2013年)第43条第2款。
⑤ 参见《村民委员会组织法》(2010年)第26条第2款。

1-004 有感于“民警摔抱孩妇女”事件

——执法要坚守比例原则

(2017年9月)

近期,一段53秒的视频在网上疯传,“民警摔抱孩妇女”事件引起了民众的热议和官方的高度关注。该事件是:2017年9月1日上午,上海松江公安分局交警支队民警朱某带领一名辅警在松江涞坊路、九杜路路口东200米处,对一辆停留在人行道上的小轿车开展违法停车整治,受到妇女车主张某(怀抱一儿童)阻止。民警朱某未顾及张某手中怀抱儿童的安全,采用粗暴的方式将其控制,致使张某怀中的儿童跌落在地。事件发生后,上海市公安局和松江分局迅速调查处理。经调查认为,张某的行为已构成阻碍执行职务,但民警反应过度,未顾及张某怀中儿童的安全,超出了合理限度,造成了不良影响。9月2日,视频传播的第二天,就依据有关法律法规对民警朱某给予行政记大过处分,对当事人张某作出警告的处罚决定,同时向儿童母亲询问儿童的伤势情况并致歉。上海警方对此事反应和处理快速,处分处罚得当,特别对当事人张某只作警告处罚,同时高度关切儿童的健康,值得点赞。

上海警方在处理民警朱某时认为,虽然当事人违法,但妇女当事人手抱幼儿,民警执法时反应过度,未顾及张某怀中儿童的安全,超出了合理限度。这里的“过度”“超出合理限度”,都涉及“比例原则”。我们执法人员在执法中,应当坚守“比例原则”。

比例原则(德语:Grundsatz der Verältnismäßigkeit)属于法治原则的范畴。它要求行为手段必须与行为目的相协调,“不可用大炮打小鸟”“不要为煮一个鸡蛋而烧一幢房”。这一具有公法帝王条款、皇冠明珠美誉的原则又包含了3项子原则,即适当性、必要性和利益衡量原则。适当性原则

(Geeignetheit)旨在解决目的与手段关系,要求手段必须为能够实现立法目的而设定,而不该走到目的的反向。必要性原则(Erforderlichkeit)旨在解决手段与手段之间的关系。当有多种手段可实现法律目的时,一定要选择最小侵害公民利益的手段。利益衡量原则(Interessenabwägung)旨在解决目的与目的之间的关系。当实现某种法律目的与其他法律目的冲突时,要进行利益衡量,然后决定是否选择该目的。如果说前两项原则是解决如何做的问题,那么,第三项原则是解决做与不做的选择。

比例原则在国外可以追溯到英国《大宪章》(Magna Charta,公元 1215 年公布)的规定,即人民不得因为轻罪而受到严惩,并成熟于德国的公法理论。中国法治上的合理性原则、适当性原则都是比例原则的体现和表达。特别是习近平总书记说“治大国如烹小鲜”,更是表明比例原则中的一项关键内容,凡事要掌握火候,不能“过度”。

在国家治理,特别是在行政执法中,坚守比例原则是必要的。执法中的任何制度和措施都要作利益衡量。各项措施都有利有弊,不能为推行某一措施而只讲利不讲弊,也不能为否定某项措施而只讲弊不讲利。决策要经利弊衡量而定之。也不能只讲目的不讲手段,也不能只讲任务的完成而不讲成本核算。万事不能过度,正确的事情推至极端,都可能走向反面。法谚说:法的极端不是法(Apices juris non sunt jura),法之极乃不法之极(Summum jus plerumque summa est injuria; Summum jus summa injuria)。要防止“一人生病全家吃药”,杜绝简单的“一刀切”执法。还要防止将“非常态”作为“常态”。“五加二”“白加黑”不应当成为“常态”。不要将日常工作及日常的工作任务都上升为“打仗”。

而仅就上述“民警摔抱孩妇女”事件而言,民警朱某违反“比例原则”表现在:该妇女当事人即便构成违法(阻碍执行职务),但对其实施制止违法措施,必须与儿童(不,是幼童)的安全进行衡量。由于当事人怀抱幼童,对当事人实施措施极大可能危及幼童的安全。即便对恐怖分子采取措施,也得以保证幼童的生命安全为上。我们希望这类事件不再发生。

1-005 从“9岁女孩下跪哭求交警‘别打我爸爸’”谈起

——“不得在未成年人面前对父母采取强制措施”应上升为“正当程序”的基本要求

(2019年7月10日)

2019年5月22日,我从新媒体上多处读到了题为“9岁女孩下跪哭求交警‘别打我爸爸’”的报道,并有相关照片和视频。

我的女儿今年正好9岁。作为一位9岁女孩的爸爸,我看到一个小女孩在这种场景下目睹几个警察对她父亲采取强制措施时,不止一次地下跪哭泣哀求的情景,完全可以想象小女孩此时此刻的惊恐程度。这将成为这个小女孩一辈子无法抹去的阴影!我心如刀刺地流出了眼泪,好久没有平静下来。

报道说的是:在广州从化一男子在被交警执法过程中,9岁女儿下跪哭求“别打我爸爸”。相关照片和视频显示,当时两名警务人员正对一名男子采取强制措施,一名小女孩在一旁苦苦哀求“你们别打我爸爸”。其间,小女孩多次跪地求情。随后,报道引发了对交警疑似粗暴执法的质疑。

22日晚,广州从化警方通报一宗涉嫌阻碍执行职务案件情况。通报称:近日,有媒体报道从化交警疑似存在粗暴执法的情况。从化警方高度重视,迅速组成由督察等部门的调查组开展全面核查。经调查,执勤民警、辅警不存在殴打当事人的情况,但在执法过程中未能自始至终做到理性平和、耐心细致做好释理释法工作。而当事人在接受媒体采访时,没有全面反映事件全过程,具有一定的片面性。警方表示,已对相关民警和辅警进行严肃批评教育。

通报称,17日18时25分许,从化交警大队民警江某和辅警周某到达从化区明珠工业园兴园北路路段处理一宗交通事故时,发现一辆小汽车停放在马路中间,阻碍现场车辆通行,妨碍民警勘查事故现场,并存在引发二次交通事故的隐患。民警要求驾驶员何某将车辆驶离现场靠边停放,何某拒不听从指挥。因何某涉嫌车辆违停及阻碍现场事故处理等,民警遂查验何某的相关证件。何某情绪激动,辱骂民警且不听劝阻,其行为干扰了民警的正常执法工作,涉嫌阻碍执行职务。民警经口头警告无效后,决定将何某传唤至公安机关接受进一步调查。在此期间,何某进行抵抗,造成民警江某、辅警周某及其本人不同程度擦伤。在处置过程中,鉴于何某女儿在一旁哭泣哀求,为避免对未成年人的心理健康造成影响,民警遂停止对何某传唤。随后,何某报警称自己被交警殴打。通报表示,经督察部门调取相关视频资料、询问相关人员等,警方已对当事执法人员开展批评教育。同时,鉴于驾驶员何某有阻碍执行职务行为,警方依法对其作出警告处罚。下一步,从化警方将进一步加强民警文明执法、规范执法的培训力度,欢迎并感谢社会各界对警方工作进行监督。

但是当事人的车怎么会“停放在马路中间”呢?报道没有反映,事后也没有回应。据民间报道说,当事人(何先生)17 日下午 6 点半左右,接小朋友放学,开车路过伟业路附近路段的时候,突然看到同事的岳父骑摩托车与一辆小车发生碰撞。何先生多次解释称事故一方是自己的熟人,只是想帮忙,并不是来看八卦的,双方于是吵了起来。警务人员走到何先生车旁边,叫何先生拿出驾驶证和行驶证,然后叫何先生拿保险。这个过程中何先生将安全带解开了,警务人员开始没发现,后来就很惊讶地说何先生没扣安全带,就拿出执法记录仪拍摄,说何先生没扣安全带,要进行处罚。何先生大呼冤枉,明明自己是接受检查才解开安全带,居然要因此被处罚,于是争执继续升级。两名警务人员上前对何先生采取强制措施,在过程中,何先生身体出现多处受伤,他 9 岁的女儿吓得失魂落魄,多次试图用身体护住爸爸,随后双方被群众劝开,女儿还多次下跪求情。

根据上述官方通报和民间报道,有些事实和情节可能会有分歧或有待查实,但以下几点是可以肯定的:

1. 何先生的车当时确实停放在不该停放的地方,阻碍现场车辆通行,妨碍民警勘查事故现场,并存在引发二次交通事故的隐患。但可能事出有因。

2. 两位警察当着9岁女孩的面对其父亲采取了强制措施(强制传唤至公安局),女孩子多次下跪哀求。中途,两位警察停止了强制措施。

3. 广州从化警方高度重视,迅速组成由督察等部门的调查组开展全面核查。结果是:对当事执法人员开展批评教育,对当事人何某给予警告处罚。

我要评论的是:

第一,当事人何某即便是看到了熟人发生交通事故,想上去帮忙,也应当遵守交通规则,服从交警指挥,要防止二次事故发生。以后应当吸取教训。

第二,无论当事人的违法情形有多严重(事后的警告处罚,恰恰说明当事人的违法情形并不太严重),交警都不该当着未成年小孩的面对其父母采取强制措施。中途交警发现小女孩在一旁哭泣哀求,停止了对何某的强制传唤,后半段的做法值得肯定。

第三,广州从化警方对此事反应迅速,核查后对当事执法人员开展批评教育,对当事人何某给予警告处罚,还表示将进一步加强民警文明执法、规范执法的培训力度,欢迎并感谢社会各界对警方工作进行监督。这样的做法值得点赞。

但是,面对这一事件,从国家的层面我们可以再做点什么,以避免同类事件重复发生呢?我建议,要将“不得在未成年人面前对父母采取强制措施”上升为“正当程序”的基本要求。除了反恐,以及应对刑事犯罪,绝不允许在未成年人面前对父母采取强制措施。这不仅仅是文明执法的要求,更是依法执法的法定要求。我们应当将这一要求写入有关的法律、法规和执法规则中去。

我们不用担心这样做会导致放任违法。就本案而言,警察完全可以当场锁定当事人身份和有关证据(摄像拍照等),改日在小孩不在场的情况下传唤当事人,并依法处罚。

儿童是祖国的未来。在未成年人面前对其父母采取强制措施,会对孩子的身心健康造成严重的不利影响，会对他（她）的成长留下终身的阴影。

将“不得在未成年人面前对父母采取强制措施”上升为“正当程序”的基本要求，符合我国宪法所确立的“人权保护原则”，是“以人为本”“人性执法”理念的具体体现。况且，多少年来我们已经有了这方面的样板：不在小孩面前抓大人。我们要将这种样板的做法上升为法治要求，在新时代切实全面推进依法治国，不断接近和真正实现法治国家、法治政府和法治社会基本建成的理想目标。

1-006 从“哨兵神圣不可侵犯”谈起

——做事要考虑法律意义

(2016年3月23日)

我早就听说京外人描述过北京的两个现象：一是北京找路要找桥，但桥下没有水；二是北京的“哨兵神圣不可侵犯”。我自2010年调来北京工作，确实感悟到这两种现象的“真实性”。

在北京，如果你打车去一个地方，你对出租车司机说，“去××路××号”，他就不知所措。你一定要先告诉他“去××桥”，如苏州桥、长春桥、三元桥、国贸桥、望京桥……然后再告诉他在桥的东南西北哪一边，司机才能拉你。原因是北京太大了，说“路”和“号”司机不知道；至于“桥”，每个司机都知道。但是北京的“桥”大多是立交桥，所以桥下没有“水”。对于来自水乡的南方人来说确实很难接受。没有“水”，何来“桥”？南方的桥大多建在河水之上。

另外，中国的中央机关和部级单位门口都有武警站岗，而这些机构大多在北京，所以在北京，只要看到门口有武警站岗的，就大体知道这个单位的性质和级别了。不知从哪一年开始，几乎所有的武警岗亭边都竖起了一块牌，上面写着“哨兵神圣不可侵犯”。

我对此感到费解：“哨兵”当然是“神圣不可侵犯”的。那不是因为他是“哨兵”，而是因为他是公务人员；公务人员执行公务都是受法律保护的。但作为公务人员的“哨兵”不可侵犯的法律地位，不是由“哨兵神圣不可侵犯”这块牌子确立的，而是由法律（诸如《公务员法》和《人民警察法》等）设定的。如果“哨兵”的地位是靠这块牌来确立的，那么我们会形成一个荒唐的结论：身边竖有“哨兵神圣不可侵犯”牌子的“哨兵”才是不可侵犯的；身边没有竖立“哨兵神圣不可侵犯”牌子的“哨兵”是可以被“侵犯”的。再从平等性和必要性加以考量，更是解释不通。在我们国家，哨兵是不可侵犯的，其他所有工作人员同样是不可侵犯的，我们的工人、农民、知识分子也是不可侵犯的，我们的男人和女人、老人和儿童理所当然地不受侵犯，我们每一个公民都是不可侵犯的，其合法权益都是受到法律保护的。而在以上的人群中，最容易受到侵害从而更应当优先保护的，恰恰是妇女、儿童和老人，他们是“弱势群体”，而不是身强力壮、多少掌握点功夫，并备有枪支的武警哨兵。我们为什么不到幼儿园门口竖块牌，写上“儿童神圣不可侵犯”？为什么不到学校门口竖块牌，写上“教师神圣不可侵犯”？为什么不到女子学校门口竖块牌，写上“妇女神圣不可侵犯”？为什么不到老年公寓门口竖块牌，写上“老人神圣不可侵犯”？而恰恰在最不易受到侵犯的武警身边竖立“哨兵神圣不可侵犯”的牌子？

我询问过有关人士：为什么竖立这块牌？据说，前几年的时候，北京一个单位门口的哨兵受到了袭击，从此就有了这类牌。但我还是感到纳闷：当年袭击哨兵的那个歹徒袭击哨兵时，难道是因为他不知道“哨兵神圣不可侵犯”才袭击的吗？如果有了这块牌他就不袭击哨兵了吗？显然不是。

所以我认为，在哨兵身边竖立“哨兵神圣不可侵犯”的牌子，是一项没有任何法律效果的举措。法治思维要教会我们，做事要注重法律效果和法律意义。什么时候看不到这块牌子了，什么时候才是有法治思维了。

1-007 对“常回家看看”写进法律的质疑

——不能将道德规范混同于法律规范

（2016年4月6日）

我们国家非常重视对老年人权益的保障。早在1996年，第八届全国人民代表大会常务委员会第二十一次会议就通过了《老年人权益保障法》。该法在2012年经历了一次修改。这次修改中的一个“亮点”是将“常回家看看”写进了法律。新修订的《老年人权益保障法》第18条第2款规定：“与老年人分开居住的家庭成员，应当经常看望或者问候老年人。”这一被媒体概括为“常回家看看”的条文写进法律在当时被宣称为“立法上的伟大创举”，体现“道德”与“法律”的高度融合。2012年之后，《老年人权益保障法》又经历了2015年和2018年的修改，但是，这一条款的内容始终被保留了下来。

我并不反对“常回家看看”的要求。相反，我发自内心地告诫父母还健在的同志们，大家一定要记得“常回家看看”。我的父母已经“走”（去世）了。老人“走”了就意味着永远地走了，就永远不会回来了，你就没有探望老人的机会了。我们的父母不缺“住”，他（她）们住得好好的；我们的父母不缺“吃”，他们吃不了多少；我们的父母不缺“穿”，你为他们买一套衣服，他们几年都穿不破；我们的父母不缺“钱”，你给他们一些零花钱，他们没地方花……他们什么都不缺，也许“缺”的就是“亲情”——子女们常去探望他们。我们对父母最大的“孝顺”莫过于“常回家看看”了！

但我不赞同将“常回家看看”写进法律。因为，“常回家看看”是一个道德规范而不是法律规范，我们应当将它写进“全民公约”而不是“法律”之中。法律规范与道德规范都是规制人们行为的规则，但有严格区别：“法律规范应当明确、具体，具有针对性和可执行性”（《立法法》第6条第2款），而道德规范是抽象的、概括的。法律规范具有强制性，违反了必须承担法律责任；

道德规范是倡导性的,不具有强制性,违反了也不会导致法律责任,只是受到舆论谴责。法律规范就是法律规范,道德规范就是道德规范,两者背后的精神和价值是相通的,但作为行为规则又是相互不能替代的。我们说“法律是成文的道德,道德是内心的法律”,这是从法律与道德背后的精神和价值层面说的,不是从行为规范本身说的。它们内在精神的一致性不影响法律规范与道德规范的区别性。

现在将“常回家看看”写进法律,问题就发生了:第一,“常回家看看”规定不明确、不具体,不具有可操作性,很可能成为“僵尸条款”。什么算是“常”? 一年回家一次算“常”,还是半年、一季度、一个月,抑或一周回家一次才算“常”? 还有“看”多长时间? 每次看老人必须达到一周,还是一天、一小时或 10 分钟? 还有怎么“看”? 正面看、侧面看,还是反面看? 你笑嘻嘻地看让老人愉乐,还是恶狠狠地看让老人气死? 带着礼品看,还是带着鞭子看? ……这一切都不好操作呀! 第二,不“常回家看看”有法律后果吗? 如何处罚? 罚款、拘留,还是判刑? 无法追究法律责任呀!

如果我们将所有道德规范都写进法律,那么法律规范就是道德规范,道德规范也是法律规范,那就没有法律与道德的区别了。由此造成的后果是:一方面,将本应由道德解决的问题上升为用法律手段解决,“小事放大”;另一方面,又将本该由法律解决的问题留给道德去解决,“大事化小”了,法律就会变得没有“牙齿”了。

我们千万不要将“是否赞成某项内容”与“是否赞成把这一内容写进法律”,“是否赞成常回家看看”与“是否赞将常回家看看写进法律”两个不同的问题混为一谈。

1-008 基层政府有权限制老百姓办“寿酒”吗？

——政府权力是有“边界”的

（2019年3月20日）

最近从网上获悉，某县委办公室和县政府办公室于7月24日发布了《关于进一步规范国家公职人员和群众操办酒席的通知》。该通知除限制公职人员操办酒席（这一问题另外评论）外，还限制老百姓办“寿酒”，规定公民办寿酒，年龄必须达到70周岁及以上，每间隔10年可操办一次……

该通知的出发点也许无可非议，可能是为了深化“反腐倡廉”，遏制“人情消费”等，但如果以法治思维来评判这一做法，则会引发出许多可以讨论的问题。

第一，规定公民办寿酒必须事先审批，等于违法设定了行政许可。该通知规定群众操办酒席必须事先书面申报，不经批准不得操办，“未经申报批准的一律视为违规操办酒席”。我国《行政许可法》第2条表明：行政许可是指行政机关根据公民、法人或者其他组织的申请，经依法审查，准予其从事特定活动的行为。操办酒席不属于《行政许可法》第12条所规定的“可设定许可事项”，而且未经法律、行政法规、地方性法规、国务院决定（临时许可）和省级政府规章（临时许可）的设定。一个县级政府的红头文件是无权设定行政许可的。

第二，基层政府是否有权通过该通知限制公民操办酒席？平衡公权与私权关系的一项法治原则是：“公权力——法不授权便无权，私权利——法不禁止便自由。”这与四中全会和习近平总书记所说的“法定职责必须为，法无授权不可为”，以及李克强总理说的，政府“法不授权不可为”，市场主体“法不禁止均可为”，都是一致的。公民操办酒席，几十岁才祝寿，这完全属于“私权”范畴，政府的“审批”和“处罚”属于“公权”。这就是说，政府要限制公民的权利,必须要有法的依据。我国《立法法》明文规定,没有法律法规的依据,政府规章“不得设定减损公民、法人和其他组织权利或者增加其义务”。连规章都无权限制公民权利,一个红头文件更无权“减损公民、法人和其他组织权利或者增加其义务”。

该通知反映出我们基层组织和政府对社会治理理念不够现代化和法治化,还停留在“无限政府”,以为政府对社会什么都可以管的传统理念上。我国政府正在由全能政府向有限政府、向法治政府、向透明政府、向服务政府转变。政府与社会、政府公权与百姓私权之间是存在界限的。对于社会事务,1/3 是靠管(制)的,1/3 是靠引(导)的,1/3 是可以顺其自然的。“人情消费”应当通过道德范畴和社会公约来引导,不宜通过“公权”强制干预解决。这件事还提醒我们:权力不能“任性”,红头文件同样不得“任性”。

1-009 “闯红灯者”的子女可以被限制上学吗?

——执法不得“不当连接”

(2016年1月13日)

日前,网上报道,[①]有城市“拟将闯红灯纳入征信记录”,“闯红灯”不仅可以影响个人信用贷款等,而且“可能影响市民出国开证明及子女报考公安部队的院校等”。

看到这一信息,不免大吃一惊。在全面推进依法治国的今天,竟然还会出现这类事情?

我对这一报道中的其他事宜暂不评论,单就父母闯红灯,其子女是否可以被限制上学作一讨论。

父母“闯红灯”可以影响其子女报考公安部队的院校,首先,这属于“不当连接”。父母“闯红灯”说明父母有交通违规行为,应当依法受到处罚(如罚款),但这不是其子女过错造成的。父母违法由子女来连带,是封建时代的“株连”制度,早被现代法治所摈弃。用现代的法学语言来说,这是“不当连接”,不符合责任追究原则。

其次,违法剥夺了其子女的受教育权。公民的受教育权是由宪法所规定的公民基本权利。我国《宪法》第46条第1款规定:“中华人民共和国公民有受教育的权利和义务。”受教育权作为一种宪法权利,系指公民享有从国家获得接受教育的机会和获得接受教育的物质帮助的权利,这一权利不应该因公民个人能力以外的因素而加以区别和限制。教育权所涉类型应当包括初等教育、中等教育、高等教育、职业教育,包括普通高校和军事院校。因其父母“闯红灯”而影响其子女报考公安部队院校,显然是对公民受教育

① 载中国广播网、中国青年网,http://news.youth.cn/jsxw/201509/t20150902_7075857.htm。

权的限制和剥夺。

最后,无论是行人还是驾驶者"闯红灯",都属于《道路交通安全法》(2011年)第89条和第90条分别规定的违反交通管理的行为,这些违规行为在所有的交通违规行为中不是最为严重的,更不是犯罪行为。在现行的法律制度和法治精神中,哪怕是一位杀人犯,他的刑事犯罪也不会、不应当影响其子女上学。现在规定"闯红灯"就要影响其子女上学,这在法律责任的设置上显然是"抓小放大",违反"平衡性"。

可能推崇上述制度的部门会申辩道:现在"闯红灯"现象严重,现行的处罚无法遏制该违法现象;采用上述措施以后,"闯红灯"者因考虑新的后果而会控制自己,"闯红灯"现象自然会好转。但我们必须记住,任何一种"有效"的方法,都必须守住一条"底线":必须合法。习近平总书记强调:"法律红线不可逾越、法律底线不可触碰。"任何"不合法"的方法,最终将被证明不是"有效"的。因为"人类社会发展的事实证明,依法治理是最可靠、最稳定的治理"。

党的十八届三中全会提出"建立健全社会征信体系",四中全会要求"加快建立失信被执行人信用监督、威慑和惩戒法律制度""加强社会诚信建设,健全公民和组织守法信用记录"。但这并不意味着地方有关部门可以在法治轨道以外擅自立规,任意剥夺和限制公民的权利,违背法治精神。我们一定要按照法律程序,稳步推进社会征信体系。

1-010 由“闯红灯戴绿帽子”想到的

——处罚法定:对违法的惩罚不能搞“创造发明”

(2016年1月6日)

最近看到一些网上报道和评论:某市为加大力度整治“中国式过马路”行为,严查行人乱闯红灯,规定“违者须穿黄马甲、戴绿帽子协助交警执法”。有人认为,在中国,妻子出轨了,丈夫会被形容为“戴了绿帽”。所以,让违法者“戴绿帽”,可能是男人们最接受不了的。

我以为,这里的问题恰恰不是“帽子”的颜色问题,而是“合法性”问题。如果只是“帽子”的颜色问题,那么,是否让违者改戴“红帽子”“蓝帽子”“白帽子”“黑帽子”,就合法了?

行人过马路闯红灯,属于违反道路交通安全的行为,必须依法处罚。我国《道路交通安全法》(2011年)第89条规定:“行人、乘车人、非机动车驾驶人违反道路交通安全法律、法规关于道路通行规定的,处警告或者五元以上五十元以下罚款……”这是说,按照《道路交通安全法》规定,对于闯红灯的行为,可以处“警告”或者5~50元的“罚款”。

另外,作为行政处罚的基本法律,我国《行政处罚法》(1996年)确立了“处罚法定”原则,规定“没有法定依据或者不遵守法定程序的,行政处罚无效”。它设定了6种处罚形式:(1)警告;(2)罚款;(3)没收;(4)责令停产停业;(5)暂扣或者吊销证照;(6)行政拘留。这6种以外的处罚形式,就必须由法律和行政法规来设定。这就是说,执法部门对行政处罚的种类和形式,是不得自搞“创造发明”的。在6种法定的处罚形式之外,若要规定新的处罚方法,必须有法律和行政法规的依据,否则便没有法律效力。

现在,规定“违者须穿黄马甲、戴绿帽子协助交警执法”,先不说这一行为的性质是什么,至少是没有法律依据的。这种执法方式,直接违反了我国

《道路交通安全法》第89条规定。

再则,“穿黄马甲、戴绿帽子”协助交警执法,既不属于“公民协助”行为(如扭送逃犯),也不属于对公民的教育行为(如当面批评教育),而是一种实质上的“处罚”行为。

“处罚”的特征是,强制违法者承担一种不利后果作为制裁。第一,它是以当事人违法为前提;第二,具有一定的制裁性(这里表现为“当众曝光,受到精神压力”)。制裁性不具有“对价性”和“修复性”。“穿黄马甲、戴绿帽子”作为一种处罚,已超出了《行政处罚法》所设定的6种处罚形式,需要有法律和行政法规的依据。可我至今查不到这方面的法律和行政法规依据。

本事例对我们的启示是:执法者对违法行为的处罚,必须树立“处罚法定”理念;对违法行为必须依法处罚,不得搞“法定”以外的“创造发明”。

1-011 整治闯红灯，本身不能闯法律红灯

——评S市新政："一人闯红灯，全家学交规"

（2016年8月20日）

一早醒来看新闻是我多年的习惯。今天一早在手机报上看到"S市'新政'：一人闯红灯，全家学交规"报道。我马上上网了解详情，类似该市"1人闯灯，连坐全家""交警出新招治闯红灯：一人闯红灯全家学交规"等报道铺天盖地。具体的内容大同小异，说的是：S市正举全市之力全面推进"双修""双城"建设，交警对电动车行驶机动车道、闯红灯、逆行等交通违法行为进行重点持续整治。2016年8月10日下午，该市交警采取新办法——便衣蹲点采用执法记录仪对交通违法行为人进行曝光，并前往闯红灯行为人家中开展交通安全教育。报道还举例说：闯红灯违法行为人王某某被交警追到家里曝光；闯红灯行为人写"悔过书"承认错误，呼吁广大市民不要闯红灯。[①]这一新"举措"中有几个问题值得从法治上讨论：

第一，一人闯红灯后，是否可以对其全家进行"交通安全教育"？这个问题首先要弄清楚，这种"交通安全教育"是"强制"的，还是当事人"自愿"的。如果出于当事人的"自愿"，那当然属于交警的服务措施，值得赞赏。但"自愿"必须符合几个特征：一是让交警来行为人家中进行"交通安全教育"是当事人的要求，或者经当事人同意，不是被迫的；二是什么时间、什么地点，或以什么方式（当面教育或邮寄资料）进行"交通安全教育"，应当由当事人确定。但从报道中看，交警便衣蹲点采用执法记录仪记录交通违法后，便可追踪到行为人家中曝光并组织全家进行"交通安全教育"，这显然不具有"自愿性"，而是一种涉及公民人身自由的"行政强制"措施，抑或是变相的"处罚"

---

① 载中华网，http://news.china.com/social/1007/20160817/23311886.html。

手段。这作为“行政强制”也好，“行政处罚”也罢，既不符合《行政强制法》（行政强制措施必须由法律设定），也不符合《行政处罚法》（限制人身自由的行政处罚同样必须由法律设定）。有人辩解说，这既不是“行政强制”，也不是“行政处罚”，而是一种教育措施，如同警察“做好事”，所以不需要法律依据。我想指出的是：这如同当年将一个人劳动教养3年而又定性为不可诉的“教育措施”是一样的“逻辑”。

第二，一人有交通违法行为，是否可以让其全家“连坐”？行为人闯红灯显然属于道路交通违法行为，执法部门依照《道路交通安全法》对其处罚便可。现在让其全家一起来接受一种不利后果，就是“连坐”。连坐又称相坐、随坐、从坐、缘坐，系指中国古代因他人犯罪而使与犯罪者有一定关系的人连带受刑的残忍制度。如司马贞索隐：“一家有罪而九家连举发，若不纠举，则十家连坐。”连坐，是一种早被现代法治所摈弃的封建专制惩罚措施，它与“罪责自负”的现代法治原则格格不入。

第三，对交通违法行为记录是否可以采取“便衣蹲点”？我国《人民警察法》第23条明文规定：“人民警察必须按照规定着装，佩带人民警察标志或者持有人民警察证件，保持警容严整，举止端庄。”《公安机关人民警察着装管理规定》（2007年公安部令第92号）第3条规定：“除规定情形外，公安民警在工作时间应当着装。”这是说，人民警察执行公务以“着装”为原则，以“不着装”为例外。“不着装”只限于《公安机关人民警察着装管理规定》第4条所规定的几种情形：“（一）执行特殊侦查、警卫等任务或者从事秘密工作不宜着装的；（二）工作时间非因公外出的；（三）女性公安民警怀孕后体型发生显著变化的；（四）其他不宜或者不需要着装的情形。”警察在公共场所对交通违法行为进行记录，既不是反恐、抓间谍，也不是其他不需要让百姓知道的特殊任务，显然不属于“不着装”的情形。除法律另有规定，执法者必须让相对人知道执法主体，这是“正当程序”的基本要求。而警察穿制服、出示证件就是为了在执法程序中让相对人知道“你是谁”，以便社会协助和当事人服从。

第四，是否可以对交通违法行为人进行曝光？只要是违法犯罪和不道德,就可以对其行为曝光,这是当下一种可怕而普遍的误解。行政机关对公民行为的曝光,对公民来说,其隐私权受到《民法通则》的适度保护(第101条);对行政机关来说,其曝光的行为应当受到《政府信息公开条例》(特别是第15条)的限制。所以,对交通违法行为一律进行曝光,以造成对当事人声誉上的压力,是缺乏法律依据的。

第五,是否可以要求闯红灯行为人写“悔过书”承认错误?这同样要区别“自愿”与“强制”。如果当事人真是“自愿”写《悔过书》,并公布教育大家,那无疑是一项不为法律所禁止的“民事行为”;如果是警察强制行为人写《悔过书》,那就属于一种需要有法律依据的“行政行为”了。法治国家奉行的原则是:公权力——法不授权便无权;私权利——法不禁止就自由。所以,当公权力要求闯红灯行为人写“悔过书”时,一定得查一查是否有法律法规的依据。

整治闯红灯无可非议,但“整治”行为本身不能闯法律红灯。为什么我们有些地方执法机关,放着现行的《道路交通安全法》《行政处罚法》《行政强制法》等法律法规不用,总是热衷于另行“发明”一些奇葩的做法来吸引公众的眼球呢?让S市这一类“发明”少一些吧!在“处罚法定”“强制法定”的法治原则下,地方是无权“创新”应当由法律法规设定的行政处罚和行政强制的。我们要切忌在轰轰烈烈的法治背景下推进轰轰烈烈的人治!

当我们评论到这里,有人可能会以这些“发明”下的“战果”来反驳说:我们采取了这些措施以后,本地的交通秩序大大好转,闯红灯人数明显下降。这一点固然不能否认。但是,我们设计一种措施和制度时,千万不能以单一目标作为衡量标准。法治是一种综合衡量的结果。如果为了压低交通事故率,将城市车辆限速降至每小时10公里,交通事故率可能下降了,但国家的经济发展速度同步下降了。如果单纯考虑降低闯红灯现象,我们还可对闯红灯者“整治”得更“猛烈”一些,如上“黑名单”、限贷限购限行、禁止其子女上学、取消其保障房,甚至让“闯红灯入刑”……在这更大的威慑力下,“闯红灯者”必然更少,但同时我们会离“良法善治”更远!因为它破坏了一个国家的“罪刑相当”原则,导致“不当连接”,造成法律责任制度的失衡,引发更多的社会抱怨。

1-012 闯“黄灯”罚款的争议

——处罚必须以违反禁止性规范为前提

(2018年12月5日)

可能世界上人人都熟悉“红灯”“绿灯”“黄灯”这3个交通信号灯及其功能。据说,世界上最早只有两个灯,即红灯和绿灯,并规定绿灯让车辆通行,红灯禁止车辆通行。

当年,是一个华人在美国向当地政府建议增设一个黄灯作为绿灯与红灯之间的转换灯。理由是:当车辆在绿灯状态下行驶时,突然出现红灯,它无法紧急刹车,刹车后的惯性会导致前后车辆的追尾事故。美国当地政府采纳了这一建议,从此全世界就有了完整的3个交通信号灯。这一史实虽无法考证,但交通信号灯从两个灯进化到3个灯反映了人类认识的精细化过程。

中国的车辆也是在这3个交通信号灯下通行的,并且在这样的规则下运行了几十年:绿灯让车辆通行,红灯禁止车辆通行,黄灯作为警示灯作为红绿灯转换时的过渡,提醒车辆根据具体情况,或者抓紧通过,或者停下来。因而闯红灯属于违法,应当受到处罚(以前是罚款,现在是罚款加扣分);而闯黄灯不属于违法,因而不受处罚。这是以前的习惯和现状。

2012年,公安部第123号令修订和公布了《机动车驾驶证申领和使用规定》,[①]提高了对驾驶机动车违反道路交通信号灯通行行为的处罚力度。与此配套的《公安部令第123、124号一百问》,将抢黄灯行为列入“违反道路交通信号灯通行”行为,应给予与抢红灯一样的处罚。这一新规则从2013年1

---

① 2012年8月21日公安部部长办公会议通过,2013年9月12日发布,自2013年1月1日起施行,第五章第四节自发布之日起施行。

月1日起施行。

2013年年初,公安机关在推行这一新规则时,全国引起一片哗然,争议四起,其中更多的是反对声。

反对者说:遇黄灯与遇红灯一样处罚,那实际上就取消了黄灯,交通信号灯又回复到红灯与绿灯两种灯的原始状态。再则,根据牛顿定律,任何车辆在行驶状态下紧急刹车,都无法刹住。

公安部门回应说:许多事故就是因抢黄灯造成的,所以对抢黄灯也应处罚。

大量的争论充塞于当时的各种媒体之间,而且争论主要集中在"科学性"(是否违背牛顿定律)的焦点上。而我以为,在一个倡导法治的国家里,凡事除了要讲"科学性"外,还应当讲"合法性"。牛顿毕竟已经去世了287年,牛顿定律可以先搁置一下。"合法性"是我们一切管理措施的底线。

在中国,红灯、绿灯、黄灯,这3个交通信号灯是由国家法律设定的。由全国人大常委会制定的《道路交通安全法》第26条规定:"交通信号灯由红灯、绿灯、黄灯组成。红灯表示禁止通行,绿灯表示准许通行,黄灯表示警示。"尽管国务院《道路交通安全法实施条例》第38条对这3个交通信号灯作了更进一步解释,①但也没有改变(当然也无权改变)这3个灯的性质。从法律规范性质上考察,等于说《道路交通安全法》有关"红灯"的规定属于"禁止性规范",有关"绿灯"的规定属于"授权性规范",有关"黄灯"的规定属于"提示性规范"。"处罚"必然以"禁止"为前提,而"禁止"的也未必都须处罚。这既是立法原理,同样也是执法规则。这就是说,我们可以为违反"禁止性规范"者设定处罚,但不得为违反"提示性规范"者,更不得为违反"权利性规范"者设定罚则。

公安部门设定"抢黄灯"必须处罚规则,从合法性要求考察,无疑是犯了三个错误:

---

① 《道路交通安全法实施条例》(2004年)第38条第1款规定:"机动车信号灯和非机动车信号灯表示:(一)绿灯亮时,准许车辆通行,但转弯的车辆不得妨碍被放行的直行车辆、行人通行;(二)黄灯亮时,已越过停止线的车辆可以继续通行;(三)红灯亮时,禁止车辆通行。"

第一，违反了罚则的设定规则。我们可以为“禁止性规范”设定一个“处罚性规范”，但不得为“提示性规范”设定“处罚性规范”。再则，这一罚则不是直接通过公安部的第123号令（部门规章），而是通过一个宣传性的文本解释来设定，更是令人费解了。

第二，违反了立法统一原则。3个交通信号灯的性质和功能是由全国人大常委会制定的《道路交通安全法》确定的，它属于“法律”的范畴，而公安部《机动车驾驶证申领和使用规定》（第123号令）充其量只是一个部门“规章”。现在规定“闯黄灯处罚”，等于将“黄灯”的性质从“警示灯”改变为“禁止灯”。规章无权改变法律。

第三，即便可以对闯黄灯者予以处罚，那么也应当与闯红灯者有所区别。因为闯黄灯与闯红灯可能造成的社会后果是完全不同的。给予“闯黄灯者”与“闯红灯者”同样的处罚，就如同将刑事上的“伤害罪”与“杀人罪”不加区别一样，是违反“罪刑相当”原则的。

在“关于闯黄灯是否可以处罚”的一片争议声中，公安部门已宣布暂停“黄灯处罚”规则的执行。为了中国的法治，我希望这一“暂停”能永远地“停”下去……

1-013 “黑名单”不是万能的管理手段

——“黑名单”不能“黑上”

（2017年4～6月）

黑名单制度(blacklisting system)系指国家通过法律设定的，将一些特定的违法犯罪人，或者对社会有特别危害可能的人，通过一定的法律程序入册登记，在一定的期限内有关部门依法约束其行为和权利的法律制度。

它作为监管社会的重要手段，被不少国家使用，在我国也成为一种“创新制度”。在一定条件下和一定范围内建立和实施黑名单制度，对于严格执法，建立诚信社会，不让违法者获益，特别是对付一些社会“无赖”，让“无赖者”无法可“赖”，无疑具有积极意义。我们特别赞成对违背市场竞争原则和侵害消费者权益的企业建立“黑名单”制度，让失信者寸步难行。我们也特别拥护人民法院将一些拒不执行司法裁判的“老赖”纳入“黑名单”，这是应当的，而且是有法律依据的。①

但是另一方面的现象同时令人担忧：近年来，动辄建立黑名单制度、动辄将人列入黑名单，已成为当下社会管理中的一种时髦而普遍的做法。安全生产黑名单制度、食品药品黑名单制度、企业黑名单制度、失信企业黑名单制度、诚信红黑名单制度、税务黑名单制度……比比皆是。有的地方的交警部门将“闯红灯者”打入“黑名单”，提出要“限贷限购限行”，甚至还要“影响其子女上学”；有的旅游主管部门将“不文明旅客”列入黑名单，还试图限制其出国旅游；有的交通公司将“逃票”列入“黑名单”，试图以后拒绝其乘坐交通工具，特别是高铁和航空；有的地方搞“诚信体系”，把许多道德修养上

① 《民事诉讼法》(2012年)第255条规定：“被执行人不履行法律文书确定的义务的，人民法院可以对其采取或者通知有关单位协助采取限制出境，在征信系统记录、通过媒体公布不履行义务信息以及法律规定的其他措施。”

的不足列入“黑名单”……在供电、供水、供气、运输和银行服务等民事合同关系中，供电方可以将因出国延迟一周交纳电费的当事人列入“黑名单”，银行可以将银行卡托收和扣款手续上产生的扣款不成者列入“黑名单”……“黑名单”制度还在“层层加码，不断深化，普遍开花”。

在一个法治国家，对于任何影响公民权利与义务的行为，都必须受到法律规制。我不是反对“黑名单”制度，而是反对将“黑名单”制度看作无须法律依据，不受正当程序约束，不受司法诉讼监督“万能”工具。“黑名单”不能“黑上”。

为此，需要讨论一下上“黑名单”属于什么性质的行为。司法机关给当事人上“黑名单”属于一种司法管理行为；合同关系中的一方当事人给另一方当事人上“黑名单”属于民事行为，违法的话就是民事侵权。那么，行政机关给公民上“黑名单”，到底属于什么行为？

行政机关将公民列入“黑名单”行为，情况非常复杂。但是，只要行政机关将当事人列入“黑名单”，是以当事人违法为前提，并直接导致当事人声誉和人身权、财产权等合法权益受到限制或者剥夺的，那就是一种行政处罚。行政处罚与其他行政行为不同的，它具有制裁性（对违法者的制裁）、处分性（处分相对人的权利与义务）、不利性（对相对人不利的行为）和法定性（必须依法设定和依法实施）。在行政法学理论上，一般把行政处罚划分为4类：第一类，人身罚。其亦称自由罚，系指行政主体在一定期限内剥夺违法当事人人身自由的行政处罚。行政拘留是一种最典型的人身罚。第二类，资格罚。其亦称能力罚，系指行政主体剥夺违法当事人某些特定行为能力和资格的处罚。责令停产停业和吊扣许可证、执照等行政处罚便属此类。第三类，财产罚。其系指行政主体剥夺违法当事人某些财产所有权的行政处罚。罚款和没收违法所得、非法财物等便属财产罚。第四类，申诫罚。其亦称精神罚或影响声誉罚，系指行政主体向违法当事人发出警诫，申明其有违法行为，通过对其名誉、荣誉、信誉等施加影响，引起其精神上的警惕，使其不再违法的处罚形式。警告是申诫罚的主要形式。我国《行政处罚法》第8条是从形式的角度把行政处罚分为7类：（1）警告；（2）罚款；（3）没收违法所得、没收非法财物;(4)责令停产停业;(5)暂扣或者吊销许可证、暂扣或者吊销执照;(6)行政拘留;(7)法律、行政法规规定的其他行政处罚。

对照以上行政处罚的法律和理论,行政机关将公民、法人或者其他组织列入"黑名单"行为,完全符合行政处罚的法律特征。需要上"黑名单"的公民行为,无论被称作"不文明"行为也好,"失信"行为也罢,大多还是一种违法或者犯罪行为。原国家旅游局《游客不文明行为记录管理暂行办法》(旅办发〔2015〕117号)第5条规定:"游客在旅游活动中因下列行为受到行政处罚、法院判决承担责任的,或造成严重社会不良影响的,应当纳入旅游部门的'游客不文明行为记录':(一)扰乱公共汽车、电车、火车、船舶、航空器或者其他公共交通工具秩序;(二)破坏公共环境卫生、公共设施;(三)违反旅游目的地社会风俗、民族生活习惯;(四)损毁、破坏旅游目的地文物古迹;(五)参与赌博、色情、毒品内容的活动或者危险性活动;(六)严重扰乱旅游秩序的活动;(七)国务院旅游主管部门认定的造成严重社会不良影响的其他行为。"其中,哪一项行为不属于《治安管理处罚法》规定必须处罚的行为?

行政机关将公民、法人或者其他组织列入"黑名单"行为,不仅以相对人存在违法行为为前提,而且具有极强的制裁性。行政处罚所包括的精神罚、财产罚、资格罚和人身罚等处罚功能,列入"黑名单"的行为是兼而有之。将"黑名单"上网公布,是精神罚;如果上了"黑名单"就被限贷、限购,则是资格罚;如果上了"黑名单"就被限制出国旅游,便是人身罚(涉及人身行为自由权)。而且,上"黑名单"作为处罚的严厉程度远远超过警告和罚款。从行政处罚的手段形式看,行政机关给当事人上"黑名单"的行为,属于《行政处罚法》第8条第7项所规定的"法律、行政法规规定的其他行政处罚"。

"黑名单"制度的建立和实施,应当慎重,必须符合法治原则。

第一,建立和实施"黑名单制度"必须有法律和行政法规依据。对照《行政处罚法》第8条规定,"上黑名单"这种处罚属于在前6项之外的"其他行政处罚",即在警告,罚款,没收违法所得、没收非法财物,责令停产停业,暂扣或者吊销许可证、暂扣或者吊销执照,行政拘留之外。而"其他行政处罚"必须由法律和行政法规直接设定。这就是说,除了全国人大及其常委会制定的法律和国务院制定的行政法规,其他地方性法规、规章和规章以下的其他规范性文件都无权设定“黑名单制度”。

第二,并非对什么人、什么行为都可以上“黑名单”。首先,并非所有违法犯罪行为都可上“黑名单”。对于任何违法犯罪的处理案件,国家处理机关必须建档登记,内部信息共享,有关机关可以依法查询,但不得将他们作为“黑名单”上网公布(作为符合法律规定的新闻报道例外)。否则,会构成对他们的社会歧视。其次,不文明行为不宜上“黑名单”。我们所面对的社会行为各种各样,就其对社会的危害性而言,由小到大作此排列:不文明行为—违法行为—犯罪行为。不文明行为原则上不得上“黑名单”,因为它是对社会危害性不大,无须法律制裁,仅靠道德舆论规制的行为。在我们并不对所有“违法行为人”和“犯罪行为人”列入“黑名单”向全社会公布的背景下,对“不文明行为人”列入“黑名单”向全社会公布,这在社会管理制度中显然是“失衡”的。我们认为,可以列入“黑名单”的行为,必须严格限定于违法或者犯罪行为,并且现有的制裁还不足处达到制裁,或者为了防止违法行为的继续扩张使更多的人上当受骗。

第三,并非所有“黑名单”必须一律向社会公布。以为只要列入“黑名单”就必须向社会公开,这是对“黑名单”的误读。“黑名单”是否要向社会公布,通常是要衡量国家安全的需要和商业秘密和个人隐私的保护等因素。如果不向社会公布会导致其对社会危害的继续和扩大,就应当公开。否则就不应当公开,仅供有关机关内部查询便可。目前,中国迫切需要的是建立起“违法犯罪登记制度”和“内部信息共享查询制度”,而不是在“违法犯罪登记制度”之外另搞一套“黑名单”制度,这样既不可行,又成本过高。

第四,建立和实施“黑名单”必须符合正当程序。即便建立和实施该“黑名单制度”具有法律依据,也还必须符合正当程序。具体要求:(1)事先告知,听取申辩。有权机关要对当事人作出一个“上黑名单”的“不利决定”,必须在作出“上黑名单”决定之前(而不是之后),向当事人告知拟作的决定及其依据,允许其申辩。必要时,应当提供听证会。听取当事人的意见,然后再作决定。这是正当程序的基本要求。(2)正式通知。除非是出于国家安全的需要(如反恐等),国家机关将当事人列入“黑名单”的决定正式确定以后,就必须以正式而直接的方式通知当事人。不能出现当事人未获正式通知,他的名字忽然出现在被公布的“黑名单”上的情形。(3)事后权利救济。任何当事人,一旦他被列入了“黑名单”,对该行为不服的,应当有救济的途径。

第五,“黑名单”必须有期限,不得终身制。除法律有特别规定,原则上“黑名单”必须有期限。必须坚持“期限法定”,“黑名单”保留的期限必须由法律、行政法规确定。超过法定的“黑名单”保留期限的,当事人应当被恢复原始的状态。还有,即便在“黑名单”保留期限内,如果当事人被列入“黑名单”的“事由”消除的,有权机关也必须及时恢复当事人的原始状态。

第六,当事人对上“黑名单”行为不服的,有权诉讼。行政机关将公民、法人或者其他组织列入“黑名单”的行为,是行政机关为了实施社会管理,依职权作出的一种行政行为。按照2014年修改后的《行政诉讼法》精神,只要是行政行为,除非法律有特别排除规定的,都属于行政诉讼的范围。

1-014 防止“私刑”抬头

——从五大航空公司合力“限制”“不文明游客”谈起

(2016年3月2日)

2016年年初,不少媒体都转载了一条新闻:2月1日起,中航协发布的《民航旅客不文明行为记录管理办法(试行)》生效,民航旅客的“不文明行为”将被记录在案。更重要的是,中国国航、东方航空、南方航空、海航集团、春秋航空等国内五大航空公司在当日联合发布《关于共同营造文明乘机大环境的联合声明》,表示将合力对不文明旅客采取“限制措施”。

该新闻所传递的“创新做法”又与“黑名单”制度有关。“黑名单”制度我已从“法治”视角作过多次评论,本文不再触及。本文主要关心的,一是何为民航旅客的“不文明行为”?二是五大航空公司将对这类旅客采取什么样的“限制措施”?

关于民航旅客的“不文明行为”,《民航旅客不文明行为记录管理办法(试行)》将它界定为“因扰乱航空运输秩序且已危及航空安全,造成严重不良社会影响,或依据相关法律、法规、民航规章应予以处罚的行为”。在我国,狭义的“处罚”仅指由行政机关依法对违反行政管理秩序的行为人所给的行政制裁,广义的“处罚”还包括刑事处罚,即由司法机关依法对构成犯罪的当事人追究其刑事责任。由此发现,中航协所界定的“不文明行为”其实并不是“不文明行为”,而是“违法”或者“犯罪”行为。即便是未被纳入“处罚”范围的“因扰乱航空运输秩序且已危及航空安全,造成严重不良社会影响”的行为,如此严重的行为也肯定构成“违法”或者“犯罪”。“不文明行为”应当是指未构成违法而由社会道德层面处理的行为。我希望不要再人为地扩大“不文明行为”的范围。

关于“限制措施”,尚未查到具体内容,不知是拒绝旅客登机,还是拒绝为旅客提供饮料？没有这些，“限制措施”何以体现？但如果真是如此，更是令人担忧：航空公司与旅客本是平等的运输合同当事人，即便旅客对航空公司有所“不文明”，作为一方当事人的航空公司既无上位法（《航空法》和《旅游法》等）依据，又无运输合同依据的条件下，就可单方设定限制公民行为自由的“措施”？如果由此放大，结果可能是：汽车公司可以宣布对曾在车上有过“不文明行为”的旅客拒绝其上车，铁路公司可以宣布对曾在火车上有过“不文明行为”的旅客拒绝其上火车，航运公司可以宣布对曾在客船上有过“不文明行为”的旅客拒绝其上船，高速公路公司或管理部门可以宣布对曾在高速公路上有过“不文明行为”的司机和乘客拒绝其进入高速……接着是否一个省、一个市、一个县都可以宣布对曾在本省、市、县有过“不文明行为”的个人禁止入本地？这不仅事实上因成本过大而做不到，而且有悖法治精神。

这种做法的背后隐含着一个非常古老并已被人类文明所抛弃的“私刑”规则：当一方当事人受到另一方当事人的侵害，受害一方当事人可以自身的力量惩罚对方。“同态复仇”，你将我的小孩打伤了我就有权把你的小孩打伤，你把我小孩打死了我也有权将你小孩杀死，这是“私刑”的典型反映。现代的民主和法治国家，早已摈弃“私刑”而改由国家垄断包括“刑罚”在内的“处罚”。这就是“罪刑法定”和“处罚法定”原则的原旨所在。

我们在“全面推进依法治国”的历史背景下，一定要搞明白什么是真正的法治，什么是真正的法治精神，切忌将公民动辄上“黑名单”，动辄单方向对方宣布“限权”误作“法治”。

1-015 别给“处罚”穿上“教育”的外套

——从一位博士研究生的电话咨询谈起

（2017年2月15日）

我曾指导过的一位现在某省一个政府部门工作的博士研究生来电话咨询，说他正在为单位起草一个管理性文件，领导要求他将违反管理的公民和公司“上黑名单”制度写进文件。他问我：“上黑名单”是否属于”行政处罚”？是否须有法律依据？

我回答他说：“黑名单”很复杂，要具体分析。但是，如果行政机关针对违法的当事人，通过“上黑名单”达到剥夺和限制当事人的有关权利，以实现制裁其违法行为的目的，这类行为属于行政处罚：而且这类处罚必须由法律和行政法规设定（《行政处罚法》第8条）。

第二天，他就照着我的话向领导汇报说：“上黑名单”属于行政处罚，而且这类处罚须有法律或者行政法规的依据；目前没有上位法依据，我单位的文件就不能规定。

领导将他“骂”了一顿，并说：“上黑名单”不是“行政处罚”，是一项“行政强制措施”。

这位学生又打电话来咨询了：领导说这不是行政处罚，而是行政强制措施。如果是强制措施，是否就可以不需要法律依据了？

我回答他：你们这类“上黑名单”的做法是行政处罚，而不是行政强制措施。退一万步说，如果真是“行政强制措施”，那么就应当适用《行政强制法》。根据该法第9~11条的规定，行政强制措施必须由法律、法规设定，单位是无权设定“行政强制措施”的。

第三天，他就又向领导汇报说：“上黑名单”如果属于“行政强制措施”，那就必须有法律法规的依据，我单位无权设定该措施。

他又被领导“骂”了一顿。领导说他“法学博士”未必“懂法”,并解释说:这是“教育措施”,不是“行政强制措施”,“教育”公民是做好事,还须有法律依据吗?

这一真实的“故事”,仅仅是一个“缩影”。它反映了个别领导干部将“处罚”解释成“措施”,又将“措施”解释成“教育”,从而“成功”地规避法律的约束。

想当年,有的机关曾将可以将被教养者关上1~3年(必要时还可延长1年)的“劳动教养”解释成“教育措施”,把限制人身自由的“强制学习班”解释成“帮助手段”,甚至今天还未随“劳动教养”一起被取消的,可将卖淫嫖娼者关上6个月至2年的手段称作为“收容教育”等。

把一种剥夺或限制公民权利的“处罚”或者“措施”冠之以“教育”手段,这种“思维”和“逻辑”今天仍存在:

——某市为加大力度整治“中国式过马路”行为,严查行人乱闯红灯,规定“违者须穿绿马甲、戴绿帽子协助交警执法”,说这是“教育措施”。

——某市推出“发明”:“一人闯红灯,全家学交规”。这又被解释成“教育手段”。

——刚刚上个月,某市出招整治电动车违规。抓住违规者后,除了罚款,还要“执勤半小时”或者“抄写交规”,由当事人“二选一”。这又被定性为“教育”。

这样下去,我们学法律越学越糊涂了:到底什么是“处罚”,什么才是“教育”?人们可能越来越喜欢“处罚”,而越来越恐惧“教育”了。

从行政法理上说,“教育”是一项受益性的事实行为,它以“自愿”为前提;当事人拒绝接受教育,不会导致不利后果。而“行政处罚”或“行政强制措施”都是侵益性的行政行为,具有强制性,当事人拒绝接受“行政处罚”或不服从“行政强制措施”,就会产生不利的法律后果。

应让“教育”真正成为“教育”,“处罚”真正成为“处罚”。既然是“教育措施”,你就发一本交通法规给当事人并允许他回家学习;既然是“处罚手段”,那就依法处罚。“处罚法定”原则是中国的法治原则之一。在“处罚”种类和形式上,《行政处罚法》不允许我们搞“创新”和“发明”。

1-016　高铁上“不要和陌生人说话”的升级版

——“不要和主动搭讪的陌生人交谈”

（2019年6月19日）

我出差较多，不是讲座就是开会。如何选择交通方式，几年来已有了定式：高铁优先。只要6小时内能够到达的，我一般都选择高铁。相对航空，高铁舒畅而准时，不用担心因天气、流量控制等因素而延误行程。

坐了多少年的高铁，特别是京广线，几乎每次在车厢里都听到反复播报着的“文明乘车规则”：不准抽烟，不准站在两车厢交接处，要管住小孩、别让小孩打闹……这些内容都理所应当，也已相当熟谙。但其中有这么一条规则让我费解：“不要和陌生人说话，不要给陌生人留电话。”

按此规则，如果我从北京坐车去上海，足足4个多小时，除了我带上同事或学生，我沿途就不能和人说话。我途中喜欢和人聊天，算是一种社会调研，竟不被允许。

铁道部门设置这种“规则”的出发点可能是提醒我们防止“受骗上当”。但规则内容的设计实在不敢恭维。我这么一个大男人，你怕我上当受骗，竟然禁止我和陌生人说话？你竟然禁止所有的陌生人之间交流？你有否统计过，人们在高铁上因与陌生人说话而上当受骗者的比例到底有多高？传到国外，会被说成“中国是一个不允许和陌生人说话的国家”，自己把自己列入了“另类”。为了防止“受骗上当”而要求旅客“不要和陌生人说话”，这种因噎废食的要求不如规定旅客“不要乘坐高铁”来得更彻底些。

为此，我于2016年1月27日在《法制日报》（现《法治日报》）我主持的“法制咖啡屋”中刊发了一篇文章，标题是《高铁上“不要和陌生人说话”！——别对公民做保姆式管理》，此文还收录于《法行天下——胡建淼法治咖啡屋》（法律出版社2017年版），也转发于我的公众微信号“法治咖啡屋”(Fzkfw2018)。然后,我一直在悄悄地关注,我的文章能否起作用,高铁上所播报的这句奇葩的“告诫”和“善意提醒”何时能被修改或者取消。

2017 年还在继续,2018 年还在继续。2018 年年底,一次工作场合我遇到了北京铁路局的领导,我向他反映了这一想法。2019 年的高铁上,原来的“播报”曾停止了一段时间,不久又作为“乘警提示”恢复了,内容从原来的“不要和陌生人说话,不要给陌生人留电话”,改版为“不要和主动搭讪的陌生人交谈并互留电话”。主管方可能以为这是重大的改进,原来是禁止和“任何”陌生人说话,现在附加了条件,只是要求不能和“主动搭讪的”陌生人说话了,“陌生人”的范围似乎已被缩小了不少。

但是,我想指出的是,这两个版本的逻辑含义其实是一样的,都是规定“陌生人之间”不能说话和交流。因为:你不能和“主动搭讪的”陌生人说话,并不意味着就可以和“不主动搭讪的”陌生人说话了。当你和“不主动搭讪的”陌生人说话时,从作为他方的“陌生人”角度看,你自己不就成了“主动搭讪的”陌生人了吗?他就不应当和你说话了。所以,左右前后都会导致同一个结果:“陌生人之间不得说话和交流。”

从法治视角来考察此事,可以发现,我们的政府及管理性部门和企业,以为对百姓的事什么都可以管,什么事都应当管。如果国家对公民应当吃什么、喝什么、穿什么、说什么、想什么、研究什么……都管得过严,那肯定会远离国家治理的现代化和法治化,扼杀社会的创新和活力,从而导致国家的落后。法治政府所拥有并行使的公权是有“边界”的。现代法治的一项任务是:如何在“公权”与“私权”之间找到“平衡点”,而不是让“公权”覆盖甚至代替所有“私权”的领域!

1-017 教师申请晋升教授两次不成以后

——法治不许无法定事由剥夺个人的发展权

(2019 年 9 月 4 日)

前几年,不少大学,特别是“985”“211”大学,推出一项时髦措施,规定“教师申报教授,如果两次未晋升成功,终身无权申请”。而且这一点又被解释为高校的“自主管理权”。

对此我有不同看法。如果你在“进人合同”中规定,假如一个被引进的教师 10 年内不能从副教授晋升为教授,必须调出学校,方可作为劳动合同关系对待。但一位教师申报教授两次未评上就终身无权申报,这一点,我以为有悖法治精神。因为:

第一,教师申报教授的申请权属于发展权,而个人的发展权被列入首要的人权。公民的发展权系指公民有获得公平发展的机会,国家要促进公民的经济、社会和文化权利得到更好保障。公民的发展权既然是作为第一人权,对它的限制和剥夺必须有法律依据。现在将教师申报教授两次未被评上作为剥夺其终身申报教授的事由,没有法律和行政法规的依据。

第二,教师专业技术职务制度是由《高等教育法》(全国人大常委会制定)设定的制度。该法第 47 条已规定了专业技术职务的 4 项基本条件。在这基本条件中,没有一条将教师的申报次数作为限制条件。对这“基本条件”的细化,也应当由国务院作出规定(第 47 条第 4 款)。现在由高校自己设定教师申报次数的条件既是越权的,也与《高等教育法》第 47 条规定的“基本条件”相冲突。

第三,剥夺教师职称申报权带有制裁性质,而制裁必须以被制裁者的违法为前提。而教师申报职称无论成功与否,只是一个技术水平的评定问题,而不是一个违法问题。教师申报教授职称,反映的是他的积极进取精神和状态。这恰恰是一种不应制裁的社会正能量。

第四,即便教师申报教授两次未被评上,也不能绝对说明他的水平不够,更不能绝对地归结为他的过错,它与评审指标的多少等各种因素直接有关。

我们可以为多次申报晋升教授的教师设定更多的条件(如科研成果量要求的提高、申请间隔时间的限制),但不得剥夺其申请晋升的权利。每个教师的晋升申请权非因法定事由不得剥夺,这正是“依法治校”的要求。高校的“自主管理权”不得剥夺高校师生的“法定权利”。

1-018 以前“无法但有法”，现在“有法但无法”

——法治与效率的博弈

（2016 年 8 月 10 日）

在中国“全面推进依法治国”时代背景下，中国的法治状态大大好转。但也有个别地方领导对法治没有真正地认识，特别是以为法治妨碍工作效率，“要完成任务没法依法，要依法没法完成任务”的认识还有一定的影响。

一次我到地方去调研，有人反映说：“以前无法但有法，现在有法但无法。”起初我听不懂，什么“法”不“法”的，好像是“绕口令”。后来听他们解释后，觉得形成这话还真有水平。

这里，前一个“法”是指“法治”，法律要求；后一个“法”是指“工作方法”。这句话的意思是：以前，我们工作中没有法治要求，所以要完成任务有的是办法，没有什么搞不定的；现在，既要求我们完成工作任务，又要求我们符合法治，我们真的没有办法了。

为此，他们还为我举例说明：以前拆迁遇上“钉子户”，我们不讲法治，那就可“强拆”，有的是办法；现在既要求我们在一定期限内对某块土地完成“三通一平”，又要求我们合法，不得“强拆”。如果遇到“钉子户”，我们就一点办法也没有了。对于上访户，以前只要求我们做到“零上访”，那我们有的是办法，要不“花钱买平安”，要不“抓人逮人关人”；现在，既要求做到“零上访”，又要求合法，不得“花钱买平安”，也不得“拦访截访”，那我们就实在没有办法了。

这句话概括得很有水平，而且解释得很生动，所举例子在现实中也确实存在。但我以为，这一观点还是“以偏概全”了。习近平总书记说过：“人类社会发展的事实证明,依法治理是最可靠、最稳定的治理。”[①]脱离法治办事情,虽然一时一地也能完成任务,但从长远看,往往会有许多后遗症。违背法治做法,为了一时的稳定,结果会造成长时期的不稳定;为了一人的稳定,结果会造成更多人的不稳定;为了一地的稳定,结果会造成更多地方的不稳定。所以,最有效的方法恰恰是符合法治的方法。

① 2014年12月20日,习近平在庆祝澳门回归祖国15周年大会暨澳门特别行政区第四届政府就职典礼大会上的讲话。

1-019 别把“法制办”当成“变法办”

——无奈的“政府法律顾问”

（2016年4月13日）

中国从1986年以来，从国务院到地方省市自治区各级政府，都普遍设置了“法制办公室”。它作为政府在法制事务方面的办事机构，承担着本级政府的参谋、助手和法律顾问的作用，大大推进了中国依法行政、建设法治政府的工作。但个别地方，政府法制办没有起到应有的法律顾问作用。

某地政府推出一种“举措”，因明显违背法治而受到网上热议。由于我认识该地政府法制办的同志，就试着问他们：领导不懂法，你们法制办也不懂法吗？政府的这一做法明明违法，你们为何不指出来，做好政府法律顾问工作，为领导把好法律关？

法制办的同志悄悄对我说：我们提出来了，但这是领导坚持要做的，我们就没有办法了。他还无奈地补充说：在平常工作中，只要领导提出的“主意”，如果我们说“这是违法的”，领导就会大为恼火。领导说：你们怎么只会说“违法”？“违法”谁不会说呀？我们有那么多法律，你们就不会动脑筋给我找几条“合法”的依据吗？

难怪，有的法制办同志抱怨说，我们“法制办”，其实是“变法办”，当领导提出一个违法的“创举”来，我们的任务是想办法，“变”出几条“合法”的“依据”来证明领导“举措”的“合法性”。

看来，某些地方政府推出违法的“举措”来，确实不能全怪“政府法制办”。因为法制办还是受领导“管”的呀，如果领导抵触法治，法制办可能就起不到“法律顾问”的作用，相反，还会沦为“变法办”。

2018年起的新一轮机构改革，将司法行政机构与政府法制机构进行职责整合。我们期待调整后的机构，能够更好地发挥政府法律顾问的作用。

1-020 “避责思维”不是“法治思维”

——谁都愿意说“NO”,不愿说“YES”

(2016年6月22日)

在“全面从严治党”的历史背景下,我们的领导干部是否敢于直面责任,这无疑是一种党性修养的考验。

我无意中发现,现在有一种现象正在悄悄地抬头:谁都愿意说“NO”,谁也不愿说“YES”。你向一位领导或一个主管部门去商谈一件事,除非是法律明文规定必须做使他无法推辞,一般得到的答复总是“NO”,而不是“YES”。慢慢地我悟出了一个道理:因为他们回答“YES”是有责任风险的,而回答“NO”是没有风险的。我们有的人员和部门,只关心自己的责任风险,而不关心社会的经济发展。同类的现象还有:

——医院为病人做一个简单的扁桃体手术,往往要让病人在一张写满足足3页纸的知情书上签字。上面的提示会让你毛骨悚然,但写得越严重,万一有事医院的责任越小。

——交警往往尽量限速也不愿放速:一个弯度不大的道路,被限速30码;几乎没有车辆的引桥,限速40码。道路上空空如也,真是浪费。因为发生事故交警是有责任的,而一个国家的经济发展与他的工作并不直接相关。

——气象部门预报大风雷雨预警,情愿报得重一点也不要报轻了。因为,报轻带来的责任风险远大于报重所带来的责任风险。

——在行政程序中,让公民过度地提供证明,什么“无犯罪记录”“无房证明”“我还活着”“菜刀确实已经丢失”……这些令人啼笑皆非的“证明”,也是因为让公民提供的证明越多、越难,审批者的责任风险就越小。

——层层开会、层层发文有时也是为了“规避责任”。只要开了会,检查起来就是落实了;只要发了文,就证明落实了上面的文件,至于实际效果,可暂且不管。

——课题费报销越来越复杂了，连一张出租车票也要注明哪里上车和哪里下车……由此导致的科研人员科研积极性下降与财务部门没有关系，而财务部门在经费管理上的责任就减轻了。

——专家去参加一个部门的论证会，只发200元的"车马费"，还不许发现金，要专家提供身份证号、开户银行和账号。而银行卡号泄露的风险远高于200元的收益。但专家的信息泄露及后果与财务部门没关系，而且财务部门可以振振有词地说"我是严格管理"。

这些现象的背后都隐藏着同一个东西，那就是"规避责任思维"。"规避责任思维"不是法治思维。它是一种单向思维，是极端利己主义的外泄。它只以"规避自己的责任"为行为的出发点，而无视国家的大局，不惜严重影响中国的创新活力和经济发展。树立法治思维，我们要敢于向"避责思维"说"NO"！

1-021 “法治指数”评审不能“自得自乐”

——我小女儿衣服上的“五角星”

（2019年9月11日）

中国无疑进入“全面依法治国”的新时代，并且以“法治国家”“法治政府”“法治社会”为共同的法治建设目标。但无论衡量“法治国家”“法治政府”，还是“法治社会”，都必须有可以衡量的“法治标准”。

那么，到底什么是“法治”？这是一个古老、原始、综合而复杂的问题，从古希腊柏拉图、亚里士多德到17世纪洛克，从18世纪的卢梭和孟德斯鸠到19世纪的戴雪，直到20世纪的哈耶克，存有各种学说。中国的法学家们也为“法治”提出了诸多理论标准，其中最多的是李步云教授，提出了10条标准。然而，这些都是理论标准，是“定性不定量”。

“法治”是否存在“量化”的标准？有。这就是“法治指数”。所谓“法治指数”（the Rule of Law Index），是指判断、衡量一个国家的法治（Rule of Law）状况及其程度的量化标准和评估体系。国际上的“法治指数”是由美国律师协会联合国际律师协会、泛美律师协会、泛太平洋律师协会等律师组织发起的“世界正义工程”（the World Justice Project）中提出并得到世界各国响应的、作为衡量一国法治状况的重要“量化”标准和趋于完善的评估体系。它由16个一级指数和68个二级指数组成。

在该背景下，国际上的“法治指数”马上被国内借鉴。在中国不少地方，“法治指数”已成为一个时髦的概念和重要工作，全国各地评审“法治指数”热情高涨。这原本是件好事。可不少地方，自己设计了一套标准，请专家来评审。其实是“自己设计，自己评审”。

我也被邀请去过许多地方参加“法治指数”的评审。我起初也是热情高涨，但不久就慢慢地冷却。

我拿到表格一看,几张 A4 纸上计了几个栏目。总分 100 分,第一项就是“领导重视”,占 15 分。比重是否合适暂且不说,我怎么知道你们的领导是否重视呢?是真重视还是假重视呢?他们就给我材料,里面表明他们的领导是如何如何地重视。

有一个地方第一次评审并打算第一次对外正式宣布“法治指数”。他们非常重视。外面设好会场,上午 10 时要在新闻发布会上宣布评审结果。我们在里面另一个会议室 9 时开始“打分”。除了外请的几个专家,还有所在单位的有关领导和部门人员(如法制办等)参加。结果打出来的分平均是 98 分(100 分制)。我问:“你们敢宣布这个数吗?”他们自己也觉得不好意思了,领导“拍板”,就主动减了 3 分,变成了 95 分。新闻发布会上就宣布了“95 分”。

而我国香港特别行政区多年来的法治指数也只有 75 分左右。

这样的“法治指数”评分,可谓是“自得自乐”!这使我想起了我的小女儿 3 岁时,一天她从幼儿园回来特别不开心,我问她发生了什么事,她向我哭诉:今天班里其他有几个小朋友被教师奖励的小“红五星”(用小粘纸贴在衣服上)比她多,她只得了 3 个,别人有得了 5 个。我说,你别哭,爸爸晚上给你补 10 个。我真给她补了 10 个粘纸“红五星”,贴在她的衣服上。她很在乎,抱着我为她贴满“红五星”的衣服,美美地睡着了。

我们现在有些地方对法治指数的自我评审,真如同我女儿衣服上的小红星,她很在乎,而我们都知道是怎么回事。

我不是反对我们搞法治指数,只是希望法治指数的设计和评审必须科学化。

1-022 中国人都缺碘吗?

——在中国要注意地方的差异性

我已记不清是哪一年了,有人向国家建议,说国人人体缺碘。于是他建议在食盐中加碘。国家采纳了他的建议,我们在食盐中都加了碘。

多少年后,问题就暴露了:在中国的沿海地带,人们在正常体检中,被查出不少人的脖子上有个“小结结”——碘过剩!

我家夫人或保姆上街买食盐,都是买不加碘的食盐。

中国这么大,地方差异很大,哪能说中国人都缺碘呢?中西部才缺碘,东部、沿海地区整天吃海鲜,哪缺碘呢?

据说,我国从2010年公布食品安全国家标准《食用盐碘含量(征求意见稿)》,拟降低食盐碘含量的上限值,同时全国也将不再统一碘盐浓度。

这说明,中国地大、差异大,有许多事情不能“一刀切”。有的政策,凡是到地方做不下去的,可能都是因为我们没有注意到地方的差异性。

中国的法治建设也要注重地方的差异性。我不相信,如果我们到2020年或2035年宣布“法治政府基本建成”,全国各地的政府法治化程度会是一样的。就地方政府而言,可能沿海地带的地方政府实现“法治政府”的目标会早一点,经济不发达地区的地方政府实现“法治政府”的目标会晚一点,这才符合客观规律和实际情况。

1-023 最让人心酸的小偷！

——她在儿童节为生病女儿偷了个鸡腿

在今年(2016年)的“六一”儿童节，当我陪伴6岁的女儿游玩北京石景山游乐园，吃了“大餐”后回到家里时，在媒体上读到一个报道，我的眼泪不禁簌簌而下。

《现代快报》当日报道：儿童节的前一天晚上，南京玄武警方抓获一个奇怪的小偷，牵出了一段心酸的故事。办案民警甚至发微信朋友圈称，这是自己抓过的最让人心酸的小偷，并且号召大家为“小偷”捐款。

南京玄武公安分局梅园新村警务服务站接到辖区一超市报警，称抓到一名小偷。民警潘某赶到现场后，发现小偷是一名女性。对女子进行搜查后，民警在她身上搜出了被盗的一点杂粮、一个鸡腿。而检查到腰部时，则发现了一本儿童读物(《三字经》)。

面对民警，女子交代自己生了双胞胎女儿，但肾脏都有问题，她这次带着其中一个病情比较严重的来到南京总医院治病。因为住不起院，她只能让孩子白天在医院挂水，晚上租住在又黑又湿的2平方米的民居房子里。因为肾脏问题，孩子需要吃杂粮，所以她就到超市偷点杂粮，同时也偷了一个鸡腿。

“为什么不多偷几个鸡腿呢?”警察很疑惑。她说，“我就是为了孩子，不是自己吃的”。而偷的儿童读物，她则说这是给孩子的儿童节礼物。

据她所说，因为两个孩子都有病，导致家庭经济困难。她的老公受不了，离家出走，再也没回来。她在老家种地，没有其他经济来源。

她的话感动了民警。“这是我有史以来遇到的最让我感动的小偷。”警察潘某说。他将这件事发到了微信朋友圈，并倡议大家给孩子捐款捐物。潘警察的倡议立即得到大家的响应，很多人给潘警察发了微信“红包”，让他转给当事人。

随后,记者去了医院见到了她和她生病的女儿。她说,她是山东人,上周三带着女儿来军总看病。根据病历本上的诊断,女儿患有肾病综合征,伴有急性上呼吸道感染。“这几天都在挂水,每天花费要一两百块钱。”虽然这笔花销对普通人来说,可能并不多,但对刘女士来说,却是沉重的负担。因为她家的主要经济来源是她每天在废品站打工所得,每天只有四五十元。这次来南京看病总共带了3000元,也都是跟亲戚借的。

说起在超市“偷一个鸡腿”的事,她十分后悔,声音也带着哽咽:“因为今天是儿童节。昨天一早,孩子就说想要礼物,说想吃鸡腿,但是超市的鸡腿要7块钱一个。还想要一本《三字经》,学校早读课上要背,之前一直没舍得给她买。她常和我说,别的小朋友都有,就她没有,我总跟她说再等等,过段时间买。昨天下午去超市,本来是想买点玉米、大豆,给她吃消肿,结果看到有鸡腿和《三字经》,可我身上只有5块钱,我拿起又放下,拿起又放下,最后还是糊涂了……”

这件事经过朋友圈的转发后,上午有许多热心市民来到她租住的小房间,给她们母女俩带来了一些捐款,初步统计下来,金额已有1万多元。另外,还有人给她的女儿带来了儿童节礼物,其中有一块蛋糕。她的女儿一直拿着蛋糕,打开盖子举着勺子,看了半天又装了回去,还是没舍得吃。

读到这里,我首先要点赞这位办案警察,他是一位有人性的警察、仁慈的警察!这才是人民的警察!他不仅没有处罚这位“最让人心酸的小偷”,而且通过微信倡议大家帮助她。如果我们的警察都是这样,那就不可能有“暴力执法”。在法律与人性之间,法律应当向人性让步!

同时,我要谴责这位“女当事人”的丈夫。他竟然在两个女儿生病、家境困难的情况下,离家出走。这不仅要受到道义上的谴责,而且应当依法承担法律责任。这是一种法律所不允的“遗弃”行为。

我们要努力构建特别保障机制,让天下儿童都生活在安全、健康、幸福的乐园里!

1-024 从行政法视角看“证明‘你妈是你妈’”

——“行政证明”的“法定化”

（2017 年 3 月）

2015 年，李克强总理几次在国务院常务会议上主持讨论确定进一步简政放权、取消非行政许可审批类别时，一连讲了几个故事，痛斥某些政府办事机构让百姓“办事难”的现象，其中批评了要求公民“证明‘你妈是你妈’”的荒唐事例。

据北京市政府审改办相关负责人介绍，他们对 21 个社区居委会做过摸底调查，了解到由居委会日常开具的各类证明高达 240 余个，社保、住房、养老、就业、上学，甚至养狗，大大小小的生活事务，都离不开居委会的“一纸证明”。证明分为十大类，包括居住类、身份类、关系类、死亡类、收入财产类、家庭困难类、就业情况类、无犯罪记录类、人身财产损害类和其他类别。不少证明的含金量和必要性，常常令办事人怀疑，如证明“你还活着”“你妈是你妈”“菜刀确实已经丢失”，不少让人啼笑皆非。

由于国务院领导对“证明过滥”现状的“痛斥”，全国媒体不仅轰轰烈烈地批判“证明‘你妈是你妈’”，而且轰轰烈烈地抨击“无罪证明”“无房证明”“婚姻证明”“无孩证明”等，顿时，“一切证明”成为“过街老鼠”。

在这一背景下，有些行政机关纷纷宣布，对某些事项“不再出具证明”。公安部于 2015 年 8 月通过官方微博宣布，有 18 个事项属于不该由公安机关出具的证明，其中包括此前一直被大众吐槽的证明“你妈是你妈”。9 月，民政部发布《关于进一步规范（无）婚姻登记记录证明相关工作的通知》，要求全国各婚姻登记机关不再为任何部门和个人出具“婚姻登记记录证明”或者“无婚姻登记记录证明”。当时我看到这些信息非常“纳闷”：尽管行政机关对外宣布其“证明”的责任范围无可非议，但是如果行政机关都来宣布它对某些事项“不再出具证明”，而没有机关来宣布对某些事项“不再需要公民提供证明”，那可能出现比以前更糟的情况：一边的行政机关继续要求公民提供证明，而另一边的行政机关却宣布“不再提供证明”。那对公民不就是“雪上加霜”吗？因为公民的不少证明是需要行政机关提供出具的。显然，行政机关通过拒绝为公民提供证明来限制行政机关对公民的证明要求，在逻辑上等于行政机关“生病”而让公民加倍地“吃药”。

国务院“发声”了！国务院办公厅于2015年11月27日发布了《关于简化优化公共服务流程方便基层群众办事创业的通知》（国办发〔2015〕86号），要求“坚决砍掉各类无谓的证明和繁琐的手续”。该通知宣布：“凡没有法律法规依据的证明和盖章环节，原则上一律取消。确需申请人提供的证明，要严格论证，广泛听取各方面意见，并作出明确规定，必要时履行公开听证程序。”北京市政府也制定了《简化优化公共服务流程方便基层群众办事创业工作方案》。今年（2016年）8月，公安部等12部门出台《关于改进和规范公安派出所出具证明工作的意见》，对自行设定的没有法律法规依据的证明一律废止，凡是可以通过部门间信息共享获取相关信息的，不再要求群众到公安派出所开具证明，让数据多“跑路”、让群众少“跑腿”。我为国务院点赞，为北京市点赞，也为公安部等12个部门点赞。因为这才走对了“路径”。抓好行政证明工作，减少公民提供证明上的负担，要从“减少要求公民提供证明”上，而不是“减少行政机关出具证明”上作为“突破口”。

如何对待“证明”的问题，与其说是管理上的问题，不如说是法律问题。要杜绝“证明‘你妈是你妈’”之类荒唐事例的发生，关键是要框定行政机关要求公民提供证明的“权力”和公民必须向行政机关提供证明的“义务”。而这一“权力”与“义务”以及如何行使，本该是由行政程序法作出基本规定的。而行政程序法没有引起普遍重视，从而尚未制定的今天，问题自然发生。

从行政法的角度看，行政机关要求公民“证明‘你妈是你妈’”也并不是绝对地“荒唐”。关键是看行政机关是否拥有要求公民提供这一证明的“权力”和“依据”，公民是否具有提供这一“证明”的“义务”。

公民参与行政程序，办理有关手续时，有时必须向行政机关提供有关证明,如收入证明、无房证明、婚姻证明等。公民不提供有关证明便会引起不利后果。这意味着公民负有行政法上的“证明义务”。当公民负有提供证明的“义务”时,那就意味着行政机关拥有要求公民提供证明的“权力”。行政机关拥有的“权力”是以公民负有的“义务”为基础的。没有后者的“义务”就不会有前者的“权力”。

另外,行政机关为公民提供一种具有公定力的信息载体(许可证、执照和其他证明文件),以国家公权力的身份证明某一法律事实和法律关系的存在,这叫“行政证明”。行政证明虽不能直接处分公民的权利与义务,但它可以间接影响公民的权利与义务。如当公民的居民身份证丢失,公安机关拒绝为他提供临时身份证明时,他就无法登机。所以,行政证明是一种行政机关的“义务性”行为,也是一种可诉的行政行为。当行政机关有义务为公民提供证明而拒绝提供时,公民有权对这一“不作为”提起行政诉讼。

根据行政主体“职权法定”和相对人“义务法定”原则,行政机关在工作中,要求公民提供证明的,必须具有“法律法规”依据,根据《立法法》第80条第2款和第82条第6款的规定,规章不得设定公民的“证明义务”。行政机关没有“法律法规”依据要求公民提供证明的,公民有权拒绝。

公民必须提供证明的“义务”同样必须由“法律法规”来设定,行政机关不得在“法律法规”以外要求公民提供证明。当公民依法负有证明义务时,公民必须提供证明,否则由公民承担不利的法律后果。当“法律法规”要求公民提供“你妈是你妈”的证明时,公民也自然应当配合。公民依法获得许可证、执照、房产证等证明文书,应当被认可为有效的证明文件。除非遗失,行政机关不得要求公民在这些有效证件之外,另行提供证明。

当公民应当提交的证明恰恰是有赖于有证明权的行政机关提供时,后一行政机关不得拒绝为公民提供证明。否则,公民有权主张权利的救济。

我们在通过行政机关的“自愿”或国务院的“命令”让有主管部门放弃某些证明要求时,可能更应当按照行政法的原理来规制和清理“行政证明”项目,通过制定行政程序法或行政证明法来最终解决问题。

1-025 不要将“正常工作”设定为“专项斗争”！

——走出“专项论”，坚持“常态论”

虽然必要的“专项”还是必要的。但不能将“专项斗争”作为一种“常态”。常态的事项要作为常态来管，而不是作为“专项”来管。

“专项斗争”的好处在于，能集中所有的人力、物力在一定时间内完成某一项特定任务；坏处在于，它往往不计成本，冲击正常工作，形成“抓一事，放一事”的马蹄式管理和习惯。

我们有的部门习惯于搞“专项斗争”，把正常工作也变成了“专项斗争”，这是不可取的。什么 1 月“反盗窃自行车专项斗争”，2 月“反双抢”，3 月“查黄赌毒”，4 月“反贪污”……难怪 1 月一个小偷给他同伙打电话说：老哥，这个月自行车我们就不去偷了，因为是“反盗窃自行车”的专项，下个月就可以了。

最近，我们又推出为期 100 天的专项严整“非法占用应急车道”的斗争，以及为期 90 天的反校园暴力专项……

我非常赞成整治“非法占用应急车道”，因为“应急车道”是生命通道。我们不少人动不动就占用“应急车道”，只要一堵车，“应急车道”就会被堵得满满的。这一点连印度都不如。在印度新德里，虽然“脏乱差”，但他们有序，他们的司机基本不占用“应急车道”。但我反对将整治“非法占用应急车道”列成为期 100 天的“专项治理”，难道 100 天后我们就不管了？关于“反校园暴力专项”也是同理。

1-026 “特事特办”会冲击法治秩序

——走出“特事论”,坚持“规则论”

我们有一种习惯性思维是,靠“特事特办”“领导特批”。在总结经验时,常常第一条就是“领导重视”。

如果我们今天做事,还要靠“领导重视”“领导特批”来解决,那我们还是没有走向国家治理的法治化。

法治是规则之治,办事主要靠规则,而不是靠领导人特批。靠领导人特批,在一定条件下也是挺管用的,但从长远看,它有许多副作用:可能以领导批示代替法律规则,可能破坏正常的程序,可能破坏平等原则。

在“特事论”的支配下,我们往往会以“个别”代替“一般”,导致思维和规则的不周全。

社会上出现了拐卖妇女,我们就通过一个决议,严厉打击拐卖妇女犯罪;社会上又出现了拐卖儿童,我们又通过一个决议,严厉打击拐卖儿童犯罪……现在刑法上的罪名是“拐卖妇女儿童罪”,结果社会上发现有人拐卖一个男人,他是个低智商人,这一下就套不进这个罪名,只能“借用”其他罪名。

还有,刑法中的“强奸罪”,这个罪名在中国所有刑法教科书中都作了这样的标准性解释:“指男人违背妇女的意志,使用暴力、胁迫或者其他手段,与她强制性地发生性行为。”这是男人对女人的犯罪。

结果社会上发生了女人强奸男人,“强奸罪”就套不上,只得适用“流氓罪”(1997 年该罪已被分解。2015 年我国《刑法修正案(九)》已以“猥亵罪”解决这一问题)。

有的国家使用了“性骚扰”和“性犯罪”。前者是民事责任,后者是刑事责任。但无论男对女,还是女对男,都是适用的。

女人强奸男人的犯罪,国外很多,中国也有了。当今世界,女人强奸男人,不是个法律问题,仅仅是个技术问题而已!

1-027 对干部追责要讲究“因果关系”

——走出“结果论”,坚持“因果论”

工作做不好,特别是发生一个事故,有关干部总会受到强有力的追责:领导责任、分管责任、主体责任、监督责任、终身责任、连带责任、过错责任、无过错责任,等等。做对事属于国家的,做错事属于自己的,你个人会被追责,从而出现了“不作为”:可做可不做的不做,可多做可少做的少做。为此,追责的重点就转向对“不作为”的追责。“作为”要被追责,“不作为”也要被追责,有的公务员“吃不消”了,要求提前退休或者提出辞职。接着有一篇文章发声说:“辞职、退休也不是避风港!”

不过,我还是理解和支持我们党关于“从严治党”的立场和态度的。因为,党和国家走到这一步还真不容易。再不坚持“从严治党”,可真不行。你看天津爆炸事件(2015 年“8·12”大爆炸),能不追责吗?

但是,我们又要注意:追究法律责任也好,纪律责任也好,不能只讲“结果”,不讲“因果关系”。

“因果关系”是指责任人的被追责行为与所发生的违法或者责任结果之间必须有“因果关系”。行为与结果之间存在“因果关系”是法律责任和纪律责任的构成要件之一。这个条件不可缺少。

譬如发生了重大责任事故,要追究有关人的责任,那就要求有关人的行为与这一重大责任事故之间存在“因果关系”。某人的行为(包括作为与不作为)直接或间接地导致了事故发生,那就可追究这一人的责任。如果某人的行为与某个结果没有联系,如因自然灾害导致了财产损害,那就不应当追究人的责任。

假如某人刚调到某市做市长,不久该市的一座桥塌了,死了人,我们追究市长的责任,就没有道理。难道市长是建桥专家吗?他得天天到桥头去守候吗？桥塌了，首先应当追究建桥公司的责任，看它是否偷工减料了。其次应当追究监理单位的责任。有些监理单位与建设单位实际上是一起的，拿了钱而不监理，必须追究他们的责任。最后要追究验收单位的责任，这种劣质桥梁怎么验收通过的？是否收贿了？市长只有在这种情况下是有责任的，即市民已向你报告说："市长大人，最近我们发现市心桥发生摇晃，并发出吱嘎吱嘎声响。"这时，如果市长还不封桥检查，结果桥塌了，人死了，市长就有责任，是失职。

如果不讲"因果关系"追究领导的责任，就会出现追责过度，也会出现冤案。

1-028 “运动主义”导致“形式主义”

——一份特殊的住院鉴定

(2016年6月30日)

我们这里说的“运动主义”,系指国家管理中以采用通过设定单一的目标,动员一切可以动员的力量,集中人力、物力、财力,在一定时间内开展全民发动、人人参与的群众运动,并将它作为常态的管理方式。

以“运动”的方式推进某项工作、实现某项政治目标,在特殊时期是具有特殊作用的,如在土地革命时期、抗日战争时期,包括在抗美援朝战争时期。但在和平时代通过“运动化”造势方式以完成某一项任务,弊端很多,其中就是导致“形式主义”。

十几年前的《报刊文摘》(2002年8月1~3日)刊登了一份发生在“文化大革命”时期的住院鉴定。我将它保存了起来,最近为了讲课的需要又将它翻了出来,和大家分享。

有一位同志,1968年7月因患急性肾炎入住中国人民解放军第303医院内一科,一年后病愈出院。那个时代,人人事事要写“政治鉴定”,这位干部出院自然也要写一份“政治鉴定”。但写了3次鉴定都无法过关,原因是没有与活学活用毛泽东思想结合起来。最后形成了以下这份鉴定,终于通过了。这份合格的鉴定是这样写的:

“该同志入院以来,突出无产阶级政治,活学活用毛主席著作,狠批×××‘活命哲学,单纯治病’的思想,路线斗争和阶级斗争觉悟不断提高,树立了为革命而治病的思想,坚持用毛泽东思想武装头脑,统帅一切,因而正确对待疾病,并以顽强的革命意志和革命的乐观主义精神与病魔作斗争,恢复了健康。”

这份住院鉴定总的意思是:这位同志的病不是医生“治”好的,是活学活用毛主席著作“学”好的。我想，如果毛主席看到这份住院鉴定，也会批评说：这是违背科学的！

这样的住院鉴定，是典型的形式主义。

“运动主义”必然导致“形式主义”。邓小平同志和习近平同志是严厉地批评过“形式主义”的。法治让我们远离形式主义。

我希望我们今天所做的一切，千万不要在5年、10年或者20年以后，让人们看我们如同我们今天评价几十年前的一份住院鉴定一样。所以，我们要以习近平同志“真抓实干”的态度来对待当下的工作，坚决杜绝各种各样的形式主义。

1-029 要防止“新形式”行政违法

——把政府活动全面纳入法治轨道

(2019年3月22日)

把政府活动全面纳入法治轨道,就是要将依法行政原则落实到政府工作的全过程和各方面,不留法治真空和死角。行政立法要做到依法立法,行政执法要做到依法行政,行政监督要做到依法监督。更重要的是:当下要防止、反对和纠正“新形式”的行政违法。政府的活动,其核心的部分就是受行政法规制的行政行为。行政行为违反法律和法治原则精神的,就是行政违法。传统的行政违法,诸如行政行为越权、事实证据不充分、适用法律法规错误、违反法定程序、滥用职权等,已在一定程度上被人们所认知,并受到了一定的阻却。但是,现在个别地方政府,片面地理解“创新”和“改革”,以为只要是“新”的就是“创新”,只要“改变现有做法”就是“改革”,发明了许多新的治理方法。这些新方法,有的不失为既合法又合理的“良法善治”之举,但不少属于以“新形式”出现的行政违法。这些“新形式”的行政违法不仅在一定程度上被普遍默许,甚至还作为“先进经验”和“创新举措”得到宣传和推广,有关部门应当引起警觉和重视。

一是政府规章及其他规范性文件越权限制甚至剥夺公民的基本权利,违反法律保留原则。公民的权利分为一般权利与基本权利,基本权利写进宪法并受宪法和法律的特别保护。公民的基本权利只限于宪法和法律设定;没有法律依据并经过正当程序,公民的基本权利不受限制和剥夺。这就是法律保留原则的基本要求。另外,根据《立法法》第80条和第82条的规定,没有法律法规规定,政府规章不得设定减损公民、法人和其他组织权利或者增加其义务的规范。可是,我们有些地方政府规章,特别有不少规章以下的其他规范性文件,擅自减损公民的权利或增加公民的义务,擅自规定限制甚至剥夺公民的基本权利。这不仅违反了依法立法的基本要求,更违反了法律保留原则。

二是以新制定的标准和政策,重新处理以前的事项,违背法不溯及既往原则。法不溯及既往原则,也称禁止事后法原则,是一项法律适用原则。它是指一项法律制定生效之后,它只能约束该法律生效之后所发生的事项,有关机关不得以此为依据处理该法生效以前的事项。法律适用如此,政策适用也应当如此,除非法律和政策另有特别的但书规定。可是,现在还存在这样的现象:旧标准旧政策允许的事项,新标准新政策改为不允许了,结果以新标准新政策去重新处理旧标准旧政策所处理过的事项,将原来"允许"的事项重新"纠正"为"不允许"的事项;或者,在相反的情况下作相反的处理。这些溯及既往的做法,还得到了"除了司法中的法律适用,其他都可以溯及既往"观点的支持。上述溯及既往的结果,严重破坏了法的安定性和社会秩序的稳定性,失去了法的预期性,公民的有关权利受到影响和威胁。

三是对当事人违法或违纪,追究其责任搞不当联结,让无辜人承担连带责任,违背禁止不当联结原则。当事人违法或违纪,理该追究其责任,这本来就是法治的要求。但是,如果擅自扩大追责范围,把无辜人捆绑在一起,为过错人承担连带责任,这属于不当联结。有地方为完成拆违任务,地方政府下发文件规定具有株连性质的"四包两停"政策,从而导致该县 100 多名公职人员因为是被拆迁户的亲属而受到牵连,其中十几人被开除或调离原工作岗位。有的公务员为了避免受到拆迁户亲属的牵连,不得不忍痛和配偶离婚;某地交警部门规定父母闯红灯要列入"黑名单",除了对其限贷限购限行限准入外,还要影响其子女上学,无辜的子女由此受到牵连;今天学生上大学还受制于一定程度上的"政审"制度,有的地方在政审中禁止"执行老赖"的子女上学,这种"不当联结"导致小孩的受教育权(受教育权属于由宪法规定的公民基本权利)受到违法限制和剥夺。这类做法,明显违背了禁止不当联结和责任自负的法治原则。

四是乱设处罚种类,乱设"黑名单"、乱上"黑名单",违反处罚法定原则。《行政处罚法》确立了处罚法定原则,规定处罚种类为 6 种:(1)警告;(2)罚款;(3)没收违法所得、没收非法财物;(4)责令停产停业;(5)暂扣或者吊销许可证、暂扣或者吊销执照;(6)行政拘留。这6种以外的处罚称作“其他行政处罚”,并规定“其他行政处罚”必须由法律和行政法规设定,地方性法规、规章和其他规范性文件都无权设定。现在,“其他行政处罚”不断地被“发明”,如“罚站”“罚岗”“禁坐高铁”“禁坐飞机”“几年内无申请资格”,在没有法律和行政法规依据条件下随意推行。特别是带有综合制裁性质的“黑名单”已经成为谁都可以随意设立的“大口袋”,将“不文明行为”“违法行为”“违纪行为”“犯罪行为”统统装入,让当事人承担一系列、连锁性的不利后果。特别是为了躲避《行政处罚法》约束,将处罚行为称为“教育措施”,使许多新形式的行政处罚游离于《行政处罚法》的规制以外。

五是人为扩大实名制,个人信息大量泄露,违反隐私权的法律保护。为了国家治理和社会安全,在有关领域实行实名制管理是必要的,可以理解和接受的。但是现在,实名制范围正在无端而随意地扩大,以为实名制越广越好的误解在相当程度上存在。“无身份证号就不成表”,无论填什么表格都被要求填身份证号;只要涉及经费支付,就要提供银行账号,哪怕只有几百元钱。可是,对个人信息和隐私权利的保护措施和制度远未跟上,现行法律和措施对公民个人信息和隐私权的保护力不从心。实名制是一把“双刃剑”:一方面,为国家管理带来方便,特别有利于维护社会安全;另一方面,它为公民带来不便,影响社会活力,大量个人信息和隐私面临被泄露的风险。实名制也必须依法设立,有关部门和人员不得擅自扩大,不得擅自要求公民处处提供身份证和账号等关键性信息。

六是新官不理旧账,上级不认下级账,违反政府信赖利益保护原则。新官不理旧账,是指上一届政府及其官员对公民、法人或者其他组织作出的承诺或者签订的合同,后一届政府及其官员不予承认,不予兑现;上级不认下级账,是指下级政府及其官员对公民、法人或者其他组织作出的承诺或者签订的合同,业已兑现和履行之后,上级政府及其官员随意推翻下级政府及官员的行为和决定。这些做法势必影响政府的公信力,违反了信赖利益保护原则。基于信赖利益的保护,新官必须理旧账。正如总理的《政府工作报告》所要求的:“政府要带头讲诚信守契约,决不能‘新官不理旧账’。”新官理旧账,是指上一届政府及其官员对公民、法人或者其他组织作出的承诺或者签订的合同,后一届政府及其官员必须依法承继。上级必须承认下级账本,无论哪一级政府和部门,对百姓而言,都是代表政府和国家的,政府和国家说话必须算数。不得出现类似下级行政机关许诺对企业免税,上级行政机关又要求企业补税,甚至还因此给予处罚等现象的发生。另外,如果前一届行政机关或下级行政机关所作决定确实越权或内容违反法律和行政法规的强制性规定,也必须经有权机关并通过法定程序予以撤销或确认无效,然后对当事人依法给予赔偿。不得不经过前置程序就作出与前一行政行为或下级行政行为相反的行为。

1-030 信访:酒是好的,但有人将它喝醉了!

——信访改革的出路在于“正确”和“正常”地对待信访

(2013年5月27日)

有一种现象是“信访不信法”。老百姓万事靠“信访”,他们不相信法院而相信“信访”,不相信法律而相信“信访”。人们情愿上北京信访,也不愿在当地上法院打官司。与此相伴随的是“大闹大解决,小闹小解决,不闹不解决”。

有人认为,“大闹大解决,小闹小解决,不闹不解决”是由于老百姓“信访不信法”造成的;“信访不信法”又是由“信访”制度的存在决定的。

在这种背景下,不少人指责“信访”是人治的产物,是人治的表现,以至于有人提出要“弱化”,甚至取消“信访”制度。

我可不这么看。我的观点是:中国的信访制度,“酒是好的,但有人将它喝醉了”!

为什么说“酒是好的”呢?我是说,“信访”如同是“酒”,“酒”本身是好的。“信访”制度为什么说是好的呢?

中国的信访制度是指保障公民在自身的合法权利遭到公权力侵害时,采用书信、电子邮件、传真、电话、走访等形式向相应机构反映情况、提出诉求的制度总称。它最早可以追溯到政务院1951年颁布的《关于处理人民来信和接见人民工作的决定》。1995年的《信访条例》将信访制度从一般工作制度上升为法律制度,并定位是对公民诉求“转达和转办”的途径。现行《信访条例》由国务院于2005年制定,它废止了旧条例,并将信访职能扩大为沟通、调节、监督、救济等更大的范围。

之所以说中国的信访制度“酒是好的”:一是信访制度的定位基本可行。由2005年《信访条例》所确定的现行信访制度,其职能定位和受理范围的划定,在现阶段基本是可行的、有效的,它对于缓解矛盾、解决纠纷、稳定社会、促进经济发展起到了较大的作用。二是目前每年的信访量较大,而且多数上访人的上访还是有理由的。据我们了解,虽然存在一部分“无理上访户”和“缠访户”,但是多数上访人,尤其是初次上访者,确实还是有上访理由的。他们的合法权利确实受到了基层组织和人员的侵害而又得不到维护。三是信访有助于国家高层直接而广泛地了解和掌握民情、社情、国情。信访案件是各种社会矛盾和纠纷的缩影,是“民意上达”的通道。通过这一渠道,国家高层可以了解基层政府的管理水平、存在的问题,可以掌握人民群众的各种需求。信访是非常有效的信息收集渠道和中央对基层工作的监督渠道。四是信访是公民权利救济途径之一。由于受案范围的限制,现行仲裁、复议、诉讼制度无法包揽解决所有的社会纠纷,公民确有大量不属于仲裁、复议、诉讼范围内的权利侵害事件需要通过信访解决。尽管信访机构不是法定的裁决机构,但它通过“协调处理”功能事实上起到了解决纠纷的作用。五是社会稳定需要有“出气阀”。在任何一个国度内,不论其政府管理得多好,人们对管理者还不免会有意见。为了让人们出气,以至于有的国家在议会门口设置国家领导的“橡皮人”,以便人们拳击发泄。由于我国人多意见杂,我们需要保留信访这个“出气阀”,这有利于社会的稳定。

但是,我们又看到了一些不理想的现象,似乎与信访制度有关:一是“信访不信法”。无论涉诉案件还是非涉诉案件,都往“信访”走,不往“法院”走。上访人相信“信访”而不相信“法律”;相信“信访”而不相信“法院”。个别基层的“信访大协调”机制往往将人民法院的终审裁判随意改变,造成司法终审不终,司法权威下降。二是“信闹不信法”。只要有人要上访,地方管理部门就妥协,不讲法律标准,只求太平结果(不上访)。为了劝住信访人的上访,有的政府部门无原则地答应当事人的无理要求,使“上访获益”“会哭的孩子有奶吃”,形成“大闹大解决,小闹小解决,不闹不解决”的怪圈。三是“接访”变成“截访”,“截访”又变成“劫访”。群众合法的上访权利被剥夺,上访群众“被截”“被劫”“被处罚”“被关押”“被拘留”“被劳动教养”,甚至“被判刑”,逼得很多受害者成为肇事者,维权者成为违法者,在群众中造成很坏的影响。原来的信访问题未解决,新的矛盾又发生,又形成新的信访案由。

但上述现象不是信访制度本身造成的。所以说,不是"酒"不好,而是因为有人将它"喝醉"了!问题不是出在"酒"上,而是出在"喝醉"上。现行《信访条例》并未将涉诉案件纳入信访范围,并未规定信访可以推翻司法终审,相反第14条第2款明文规定:"对依法应当通过诉讼、仲裁、行政复议等法定途径解决的投诉请求,信访人应当依照有关法律、行政法规规定的程序向有关机关提出。"现行《信访条例》并未规定对信访者可以"截访""劫访"以及其他制裁性行为,相反第3条明文规定"应当畅通信访渠道""不得打击报复信访人"。所以问题不在于《信访条例》和由这一条例所设定的信访制度本身,而在于人们没有严格执行这一条例,是由对待信访的不正确态度和不妥当做法所引起的,特别是在"各级信访工作领导责任制和责任追究制"的压力下,地方部门就来京"花钱销号",对信访者或者花钱买平安,或者采取违法手段侵犯人权。

为此,我认为,信访改革的出路在于"正确"对待信访,而正确对待信访的出路在于"正常"对待信访!

什么叫"正常化"?即对于"信访"不要轻视它,也不要过分重视它。不要以为,凡事过分重视都是好事!"正常化"就是正常地对待它。譬如,今天有一位人员要去北京上访,你首先要找到他,要和他谈,了解他上访的原因。如果他是有道理的,政府应当承诺尽快解决;如果他是没有道理的,要劝导他;劝不住他,那也要尊重他的上访权利,不要拦截他。他如果是不正常信访,而是违法闹事,那就要依法处理。

1-031 要克服两字当头:“罚”与“限”

——治理如治水,重在疏,不是堵

(2016年6月1日)

推进国家治理法治化,我们要努力克服“两字”当头。

这两个字,一个是“罚”字,一个是“限”字。

虽然我们在执法中,必要的“罚”、必要的“限”,都是必要的。对生产有毒食品、污染环境企业能不“罚”吗?今年(2016年)年初上海外滩踩踏事件,你对人的流量不“限”行吗?但不能“罚”字、“限”字当头。“当头”就出问题了。

不能“罚”字当头,主要是指不要乱罚,不要为罚而罚,将罚作为工作目标。“钓鱼执法”、暴力执法何以发生?不就是过分追求“罚”吗?以前,发生乱罚滥罚,与财政拨款有关,你罚款越多,你单位得到的拨款就越多,甚至个人的奖金也越多。1995年的《行政处罚法》实行“罚缴分离”,情况有所好转。

不能“限”字当头,主要是指不要把“限制”作为管理“常态”手段。这几年,除了“罚”字,“限”字也时髦起来,什么“限贷”“限购”“限行”“限号”……动不动就“限”。“限”总是以“限制权利”为代价的,我们能否做到不“限”而治理之?

日本这么拥挤,1.3亿人口,37.7万平方公里,每平方公里有345万人,我们国家是每平方公里143万人,但日本并没有限购汽车。日本人是家家有车,但上班不开车。他们的车主要为全家外出旅游用。为什么?一是上班交通很发达,快捷、地铁、公交车等;二是停车费很贵,开车上班不合算。

“罚”和“限”都是“堵”的办法,不是“疏”的办法。治理社会如同治水,要“疏”不要“堵”,要以“疏”为主。

要知道，被“罚”和“限”的现象出现，一定是有“原因”的。我们要找原因，解决问题，而不能只管“罚”和“限”，不去创造条件解决被“罚”和“限”问题，那是对人民群众的不负责任。

比如，北京有560万辆小型汽车，但只有200万个停车位（2016年）。“首都”真是“大堵”啊！一到下班，住宅区、家属楼和附近的停车位都不够用，空地上都被停满车，有的道上停了3排车，左边右边，中间还要停一排呢，消防通道也被堵了。

在这种情况下，我们有的部门还要去打桩划线，规定这里不得停车、那里不得停车。本来就窄的道路上还去莫名其妙地打桩，有的部门整天去贴罚款单。

我真是想不通，有人去限制停车，但怎么没有人去开拓停车位呢？贴罚单也没有道理啊！如果有地方停车而不按规定停车，罚他是有道理的。而现在，560万辆车，只有200万个停车位，停在哪里呢？

又如，北京有8万辆出租车，但8年没有增加一辆，高峰期打车非常难！于是就出现了2万~3万辆“黑车”。“黑车”当然存在许多问题，特别是安全问题。但如果我们不去解决“打车难”的问题，只打击“黑车”，是打不住的，因为社会有需求。不如将它们纳入合法轨道，管起来。

总之是说，不能只“罚”、只“限”，而不去解决背后的问题。

1-032 设定行政处罚要注意法律位阶

——从“司法考试作弊终身禁考”谈起

(2016年11月)

这几天,在媒体上的一个热门新闻非常吸引眼球:“司法考试作弊者将被终身禁考。”它之所以吸引眼球,是因为这是新设的,在考试管理领域从未有过的,可以让一个人一辈子失去参加司法考试的资格,从而遭受失去做法官、检察官和律师机会的严厉处罚。难怪被称作一项“重磅炸弹式”的改革。

我马上上网查询了新闻的来源才获悉:2016年9月14日司法部令第135号发布了司法部《关于修改〈国家司法考试违纪行为处理办法〉的决定》,并根据这一修改决定公布了新的《国家司法考试违纪行为处理办法》(原办法于2008年9月16日由司法部令第114号发布)。新办法第9条规定,应试人员有6种作弊行为之一的,“由省、自治区、直辖市司法行政机关决定给予其……终身不得报名参加国家司法考试的处理”。这就是“终身禁考”的依据和表述。

司法考试是国家统一组织的,从事特定法律职业的,集合于律师、法官和检察官考试于一身的资格考试。我国的初任法官、初任检察官和取得律师资格都必须通过国家司法考试。对于这样一种神圣的国家考试制度,确实应当严格管理。对司法考试中的作弊者进行“终身禁考”本身在一定程度上是可以接受的,因为其中的“组织作弊”行为已经“入刑”(《刑法修正案(九)》)。但在这里,有一个设定行政处罚之法的法律位阶问题被忽视了。

第一,“终身禁考”是一种行政处罚。“终身禁考”是司法考试行政主管部门基于外部行政管理关系对司法考试作弊者所作出的一种处理决定。这一处理决定的行为性质不应当根据一种书面文本的如何表达,而应当根据这种行为的实际性质来确定。行政处罚的法律特征在于:(1)法律关系的外部性。行政处罚者是行政主体,被处罚者是作为行政相对人的公民、法人或者其他组织,他们之间是一种外部行政关系。其不同于基于内部组织关系而发生的行政处分或者纪律处分。(2)相对人行为的违法性。行政处罚是以相对人具有违反行政管理秩序行为为前提,即当事人的行为违反了法律、法规和规章。(3)处理决定的制裁性。行政主体对相对人作出的诸如警告、罚款、拘留等决定都具有制裁的性质。制裁行为不同于教育、纠正等措施,它是一种非对价的、对相对人不利的处分性决定。“终身禁考”是由于司法考试者(相对人)违反考试规定而作弊,由司法考试行政主管部门(行政主体)对其作出的一个终身剥夺其某种权能(考试资格)的制裁性决定,显然属于可复议、可诉讼的行政处罚行为。

第二,“终身禁考”属于“其他行政处罚”,它必须由法律和行政法规设定。我国《行政处罚法》是我国行政处罚制度的基本法律。它设置了“6+1”种行政处罚形式(第8条),即6种“常态性”的行政处罚,外加“其他行政处罚”。6种行政处罚是:(1)警告;(2)罚款;(3)没收违法所得、没收非法财物;(4)责令停产停业;(5)暂扣或者吊销许可证、暂扣或者吊销执照;(6)行政拘留。这6种处罚形式以外的其他处罚形式,就叫作“其他行政处罚”。根据《行政处罚法》第二章规定,法律可以设定任何行政处罚;行政法规可以设定除限制人身自由(如行政拘留)以外的行政处罚;地方性法规可以设定除限制人身自由、吊销企业营业执照以外的行政处罚;规章则只能设定警告或者一定数量的罚款;而6种处罚形式以外的“其他行政处罚”,则必须由法律和行政法规设定。对照以上行政处罚的种类及法律设定规则,显然可以得出两个结论:一是“终身禁考”属于6种处罚形式以外的“其他行政处罚”;二是“终身禁考”必须由法律和行政法规来设定。

第三,《国家司法考试违纪行为处理办法》无权设定“终身禁考”。在我国的法律体系中,以司法部令发布的《国家司法考试违纪行为处理办法》不属于法律、法规,仅属于部门规章。鉴于“终身禁考”无上位法(法律、行政法规)规定,该办法设置“终身禁考”属于规章对行政处罚的“设定”而不是“规定”。而根据《行政处罚法》的规定,规章只能设定警告或者一定数量的罚款,此外的行政处罚,它都无权设定;再则,对于“终身禁考”这类“其他行政处罚”,只限于法律和行政法规设定,地方性法规和规章都无权设定。很显然,即便对考试作弊者“终身禁考”是合理的(其实我主张,6 种作弊行为不宜不加区别地都被“终身禁考”,“终身禁考”应当限定于适用“作弊并构成犯罪”者),由司法部的《国家司法考试违纪行为处理办法》来设定这一处罚,法律位阶也是不够的。

设定行政处罚,一定要注意法律位阶。

1-033 慎用“全民告发”“有偿举报”

——告状与告密只有一步之遥

公民对违法违纪行为人有权举报,这是我国《宪法》(第41条)和其他法律法规都赋予公民这项权利。公民行使这项权利,对于全面推进法治国家、法治政府和法治社会建设无疑是有益的。但现在有过度放大趋向:对违章停车鼓励全民举报,对公共场所抽烟鼓励人人举报,对不文明旅客全民举报,对闯红灯鼓励举报……不少领域还有奖励。近一两年出台的各种文件,大多都会写上“举报与奖励”的条文和内容。

鼓励“全民告发”“有偿举报”,发动全社会民众揭发揭露举报违法违纪行为,有利也有弊。利处在于:一是有助于反腐倡廉。我们以前也反“公车私用”。为什么反不住?现在为什么反住了?这便是因为群众的监督。公车只要在KTV门口、酒店门口、洗脚店门口一停,老百姓用手机拍个照,马上上传,然后就有关组织动真格,处分你。现在老百姓人人有个麦克风,人人有个录音机,人人有个摄像机,要监督你还不容易?二是有助于破案。有的刑事案件,线索不够,破不了。发动人民群众提供线索,有偿举报,案子就破了。特别在反恐中,发动群众举报、有偿举报,作用更大。

但它同时也有不利的一面。发动“全民告发”过度,就会诱发人对人告状的风气,造成人与人之间关系的高度紧张。有位专家说:告状与告密只有一步之遥。我能够接受这一观点。

一个家庭、一个国家,必须建立在信任基础之上,否则家庭会破裂,国家会衰落。

家庭以信任为基础,“爱者不疑和疑者不爱”,并且有约定:彼此信任对方的感情。所以,你不能查我手机短信,我也不得查你手机短信;你不能查看我邮件内容,我也不得查看你邮件内容……各人有自己的独立空间。所以,家庭过得挺好。国家和社会也以信任为基础。如果真的到了某一天,你觉得组织不可信,领导不可信,同事不可信,朋友不可信,妻子(丈夫)不可信,连子女也不可信,那真的到了“不要与陌生人说话”的地步,后果不可想象。

所以,我的意思是:“全民告发”“有偿举报”不要滥用,它应当重点用于“反恐”和刑事案件的侦破等,对于不文明行为、不道德行为,或者违章停车、闯红灯、公共场所抽烟等,就不要实行全民举报了。否则得不偿失,成本过大,破坏社会信任和谐。

我们某地规定,公民对违章停车拍照举报,每次可获20元奖励。有的下岗工人就专门做这事,以此为生,诱发了公民之间的冲突。

我们要记住,中国历史上有3个“全民举报”的时代,一是武则天时代,二是朱元璋时代,三是“文化大革命”时代。教训太深刻了,代价太惨重了,再也不能回到那个时代去。

习近平总书记说,“治大国如烹小鲜”。说得太好了!治国是不容易的,治大国更是不容易!任何一种好的东西,如果不掌握“度”,就可能事与愿违!

1-034 万古不变的经验:“领导重视”

——从“领导之治”到“规则之治”

(2019年4月15日)

我参加过不少工作总结会或者经验交流会,发现材料中或者发言中往往有这么一条:由于“领导重视”……给人感觉,领导不重视事情就办不了,领导重视了,什么事情都好办了。

这句话可能是假话,因为这件事可能与领导没有关系,是大家正常做成的一件事,但下属为了讨好领导,将“功劳”归于领导,领导听了高兴。这是一种奉承而已。

可这句话在大多情况下是真话,中国有许多事情,规定不能办的,领导一批示就可办;相反,规定能够办的,领导不批示,你还是不能办。结果造成部门领导事事向上级领导汇报,大事小事都向领导汇报,以领导的批示代替各项制度和规则。这是典型的人治。

如果某一天你在总结经验时说:我们成功的经验是,第一,办事都有规则;第二,所有人都按规则办事。这意味着我们的治理模式已从“领导之治”转变为“规则之治”了。

1-035 破解公共厕所“进不去、出不来”难题

——谈中国的公厕管理与公厕立法

(2020年9月28日)

“公共厕所”往往被视为“难以启齿”之物而少有人谈及和重视。其实它反映国家管理水平,事关人民群众之民生。据说外商想投资一家国内企业,它只要考察一下这家企业里的“厕所”就行。一个不重视“厕所”的企业肯定是三流企业。一个城市也一样,管不好公厕的城市肯定不是好城市,管不好公厕的市长也不是个合格市长。

公厕是政府必须提供给百姓的公共产品,如同公交车、图书馆和公园。但是现在有的地方政府可能已重视到公交车、图书馆和公园的建设,对公厕的建设和管理却依然漠视。尽管我们在有的地方已看到了“五星级厕所”(重庆),但就全国而言,以下场景比比皆是:

一是公厕偏少。我们常常看到车站、码头、商场、医院内的公厕排着长队。

二是有的公共服务单位不提供公厕。有一次我的车年检时才发现还有违章记录未处理,赶紧到一个交警的违章处理点(设在交警办公楼的一层)去处理。排了半小时队,想上一下厕所,找不到。后来发现厕所在二楼,上去后才发现厕所门口竖了牌,写着“内部厕所,外来人员不得使用”。

三是男女厕位失衡。我们常常看到女厕所门口的队伍总是远远长于男厕所。我们已能把人送上太空,为什么这一“难题”就解决不了?

四是“进不去”。不少地方的公厕“水漫金山”,脚踩“方舟”。这就叫“进不去”。

五是“出不来”。“老外”来中国,导游最需要提醒他们的是两件事:首先,中国的自来水不能直接饮用;其次,进公共厕所要自备卫生纸,否则你

"进得去、出不来"。由于中国大多公厕不备卫生纸,就有了"出不来"一说了。

六是进公厕"先伸头"。我们不少公厕的"男女标志",或者难以区别男女,或者是由于公厕的"男女标志"安在门上而门总是开着的,人们在进入之前必须先把头伸进去确认一下有否走错。

七是对公厕的维护没有被纳入"法定义务"范围。有的单位只管赚钱,不关心对公厕的管理。一次我发现,人们在一个公共服务单位内的公厕前排着长队。一共只有3个厕所位,结果只有一个在使用,另外两个被锁着门。门上挂着的牌子写着:"厕所已坏、停止使用。""停止"了几个月也无人修复。

造成这种现状的原因固然很多,但一个重要的原因还是与法治有关。中国至今在国家层面上还未有一个用以规范公厕管理的立法。地方层面虽然已有地方尝试"先行立法",制定了一些《公共厕所管理办法》,但它将"大棒"打向"使用者",规定"使用者"不讲"文明"和"卫生"可以被处罚,甚至"尿歪"也可罚上100元,而不是要求政府必须提供必需的公共厕所和公厕位,管理者如何保证公厕卫生备有卫生纸。这样的"公厕立法"完全偏离了解决问题的方向。

公厕不仅事关百姓"民生",而且是比"饭店"更为重要的"民生"。如果说"饭店"是解决一个人的"进口"需要,那么"公厕"就是解决一个人的"出口"需要。"出口"远比"进口"重要:一个人"饿"了再坚持两小时没问题,一个人"急"了连两分钟也坚持不住。我们应当通过立法和执法来解决以下问题:

第一,从规划审批抓起,在城市项目规划中,一定要保证"公共厕所"的配套,既要保证一定的数量,也要保证合理的布局。

第二,强制规定具有公共服务职能的单位,如酒店、饭店、商店、医院和政府办事机构等,必须向消费者和服务对象提供足够的"公共厕所"和厕位。

第三,强制性规定酒店、饭店、商店、医院、公园等公共服务场所的厕所对外开放。

第四,按照"所有权归属原则"和"使用权属地原则"确定对"公共厕所"

的维护责任。厕所属于哪个单位所有,就由哪个单位负责对该厕所的维护;厕所设在哪个地方的,就由哪个地方的政府负责监管。

第五,强制性规定,对于“公共厕所”的使用,不得收费,相反还必须提供卫生纸。因为公共厕所属于“公共产品”,它本身就是用纳税人的钱建造的。

1-036 听证会不是座谈会，也不是表决会

——听证是正当程序的核心

(2016年10月26日)

听证是正当程序的核心。我国自20世纪末开始，《行政处罚法》《行政许可法》《治安管理处罚法》《立法法》等都规定了听证程序。但在现实中，有许多听证会已经"走样"，听证会起不到应有的作用。究其原因，有认识上的问题，即没有搞明白什么是真正的"听证会"？有的将听证会等同于座谈会，与传统的征求意见方式没有区别；有的又将听证会等同于表决会，以为一切由参加听证的人意见来决定。这都是误解。

听证(Hearing)，系指有权机关在作出某项决定之前，必须为利害关系人提供发表意见(包括申辩)的机会，以便听取合理的意见。

中国在1989年的《行政诉讼法》中确立了"法定程序"原则，2004年国务院《全面推进依法行政实施纲要》进而确立"正当程序"原则。而"听证"正是"正当程序"的基本要求。自1995年《行政处罚法》确立"听证"程序以来，各种形式的"听证会"在各地"开花"，但总结起来效果不佳。为什么，原因是大多"听证会"不是真正的"听证会"。真正的"听证会"具有以下几个特点：

特征一，"事先"。听证会要在作出决定"之前"进行，不是"事后"进行。否则，听证会变成了"后评估"会。之所以要求在事先，目的是让决策者在听取各种意见基础上作出决策，以保证决策的正确性。

特征二，"中立"。听证会应当由第三方来组织，而不是由决策者和决定者来组织，否则属于"自己做自己的法官"。如果铁道部门要提火车票价，同时由铁道部门来组织听证会，那会有"不公"之嫌。

特征三，"开放"。听证会由谁来参加，不是由组织方选定的，而是采取

开放式的报名制,利害关系人和其他有关人都有权参加。如果场所限制,可按报名顺序或者抽签制(国外就这样做)。

特征四,"参考"。听证会不是表决会。这是说:决策者要参考听证会上的意见,但不是绝对按参加者赞成或者反对意见的多少来决定。否则,听证会变成了表决会。决策者应当对听证会上的意见合理取舍,说明理由。

总之,听证会不是座谈会,也不是表决会。让我们真正发挥好听证会的作用!

1-037 “见死不救”可以入罪吗？

——小悦悦与戴安娜

（2017年1月18日）

2011年10月13日下午5时30分，一出惨剧发生在广东佛山南海黄岐的广佛五金城。两岁女童小悦悦被一辆车撞倒并两度碾轧，肇事车辆逃逸。随后第二辆车也从小悦悦的身体上碾轧而过。前后两位肇事司机毫无迟疑地迅疾逃离了现场。先后有18位路人从倒在血泊中的小悦悦身边经过，他们或是迟疑，或是张望，或是行色匆匆……但都没有给予救助。第19位路人，一位拾荒阿姨陈贤妹把小悦悦抱到路边并找到她的妈妈。2011年10月21日，小悦悦经医院全力抢救无效，于0时32分离世。这一事件被称为“小悦悦事件”。此事除了肇事司机胡某被判刑外，冷漠的18位路人当然没有，也不可能被判刑。小悦悦事件不仅引发了对人们道德心灵底线的拷问，而且是对中国法治的拷问。它是路人道德缺位与中国法律局限共酿的悲剧。

小悦悦之死让我联想到14年前发生在法国的戴妃之死。1997年8月31日凌晨，前英国王妃戴安娜在法国巴黎的一个地下隧道中遭遇严重车祸。车祸后她一直有意识，是被送到医院几个小时后，因抢救无效而死亡的。戴妃的专车是为摆脱“狗仔队”的紧盯，加之司机酒驾、车速太快等因素，撞上桥洞边柱而出事。车祸发生后，尾随车后的“狗仔”在现场拍摄了不少戴妃车祸的照片，亲眼看到血泊中尚未咽气的戴妃在挣扎，却没有通过报警或其他方式施以援手……法国警方事后将这些“狗仔”一一逮捕，还把他们告上了法庭，罪名就是“见死不救”。如果罪名成立，那么他们可以判处长达5年的监禁，并处相当于人民币60万元的罚金。

这两起都是“见死不救”的著名案例。在中国，由于法律尚未让“见死不救”入刑,18 位“路人”仅仅是受到道德谴责而已。而法国则不是,法国《刑法典》把“见死不救”定性为犯罪行为。法国《刑法典》(1994 年)第 223 条第 6 款明确规定:“任何人对处于危难中的他人,能够采取个人行动或者能唤起救助行动,且对其本人或第三人均无危险,而故意放弃给予救助的,处 5 年监禁并罚金 50 万法郎。”第 223 条第 7 款又规定:“任何人故意不采取或故意不唤起能够抗击危及人们安全之灾难的措施,且该措施对其本人或第三人均无危险的,处 2 年监禁并科 20 万法郎罚金。”第 642 条第 1 款又规定:“在发生灾害场合或其他对人造成危害的场合,无合法的原因拒绝或怠于答复行政主管机关发出的要求的,处二级违警罪当处之罚金。”对于普通的法国公民来说,只要满足上述 3 个条件,即意识到危难情况、能够施救或唤起救援、施救行为对自己和对第三人均无危险,就有义务直接或间接地救人。这一法律对于警务人员、医护人员、消防队员等特种行业的从业者还有加强条款。可以看出,法国对于见死不救的处罚力度非常大。

除了法国,还有不少国家的法律作了类似的规定。如意大利《刑法典》(1968 年)第 489 条第 1 款规定:对气息尚存或受伤或危急的人,疏于必要的救助或没有立即通知官方的,处 3 个月以下徒刑或 12 万里拉以下的罚金。第 625 条规定:在公共灾害或公共危险之际,受执行职务的公务员或从事公务人员的要求,无正当理由拒绝援助或拒绝给劳力或拒绝为报告、指示者,处 3 个月以下拘役或 1 万里拉以下罚金。第 717 条规定:发现已有威胁他人或危害及患者自己的严重精神病例或酒精、麻醉品中毒的危险病例,而不向公立医疗机构报告者,处 4000 里拉以上 8 万里拉以下罚金。

其实,中国的旧法也早有类似规定。唐律里就有这么两条:一是邻里有强盗或杀人案发生,见呼告而不救助的,打 100 板子(《捕亡律》);听到而不救的,打 90 板子(《捕亡律》)。二是见火起,应告不告、应救不救,按失火罪减二等处罚(《杂律》)。后来到了中华民国时期,《暂行新刑律》中规定在自己经管地内发现老幼残废疾病的人有危险,而不报告巡警官员及其他该管官员者,处 5 年有期徒刑、拘役或 100 元以下罚金。

而我国现行法律除了为特定职务人员设定了救助义务外,[1]没有为普通公民设定该义务。因而,“见危必助、见难必救”在现行社会中通常被当作侠义心肠的高尚道德行为对待,绝不会按罪论处。

已有学者呼吁,我同样建议:让“见死不救”入刑。这一罪名的构成要件可以定为以下几方面:第一,主体是无职务关系的普通公民;第二,发生了其他人员的生命健康危害;第三,他有条件救助而不提供救助;第四,由此造成了严重后果。

---

① 我国《人民警察法》(2012 年)第 21 条明确规定:人民警察遇到公民人身、财产安全受到侵犯或者处于其他危难情形,应当立即救助……

1-038 明知他人冤枉而不为其洗冤可以入罪吗?

——为了让冤假错案少一点

(2017年1月25日)

佘祥林杀妻案、聂树斌强奸杀人案、呼格吉勒图案、杭州叔侄案……近十几年来,连连曝光的冤案触目惊心,刺激着中国的司法神经,刺痛着每一个中国人的心。

冤假错案被发现不容易,发现了,纠正它同样不容易。为什么?冤假错案发生后,办案者会成为纠错的阻力,因为他们可能因此被追责;有关领导也可能成为阻力,因为这个冤案可能就是他们当年职务升迁的“政绩”。此外,还有一些原因,如能证明冤案当事人无罪的证人不愿站出来作证等。

那么,明知他人或自己冤枉而不为其洗冤可以入罪吗?世界上真有国家作出了类似的规定。

法国《刑法典》(1994年)第343-11条规定,明知被暂时拘禁或已因重罪或轻罪受到判决的人有无罪的证据,故意不向司法当局或行政当局提供证明的,处3年监禁并处30万法郎罚金;但报告会给自己或近亲属带来刑事责任者除外。波兰《刑法典》(1970年)第250条则规定,故意隐匿他人无罪证据而不报告的,处3年以下监禁,但恐怕自己或近亲属受刑事追究而不报告者除外。

为了让冤假错案少一点,这样的法律规定我们应当考虑。

1-039 “说脏话”可以“入刑”吗?

——道德与法律“边界”的“漂移”

(2021年6月16日)

“道德”与“法律”背后的“价值源”是同一的,但由此决定的外在规范,即道德规范与法律规范还是有区别的。违反道德的行为属于“不道德”行为,仅受舆论和道义谴责;违反法律的行为属于“违法”行为(其中严重的包括犯罪行为),应承担法律责任(其中包括刑事责任)。我们应当将更多的“违法”行为交给道德去处理,还是将更多的“不道德”行为交给法律去处理,涉及道德与法律“边界”的“漂移”方向。

“说脏话”可以“入刑”吗?这就是其中值得讨论的一例。我们也许可以找到一些“说脏话”可以“入刑”的“法例”:

——美国1994年新泽西州拉里坦市市政委员会修订了一个法规,严厉禁止当地居民使用粗鲁、鄙俗、亵渎、下流、不礼貌的言辞。也就是说,不准说“脏话”,否则,予以惩处。其中规定,在公众地方向他人“作出吵闹不雅或缺乏道德的行为”,说出“亵渎、粗俗或猥亵的语言”,作出“侵犯性的评论或意见”,均属违法。违法者会面临被“罚款500美元或入狱3个月”的法律风险。

——德国法兰克福的一名男子因辱骂了一位科伦镇的农夫,被科伦地方法院判了3600马克的罚款。这名农夫刚收甜菜归来,发现该男子的车挡住了他的去路,于是请对方将车移走。这位都市男人竟回答:“你这个脏鬼,先去刷牙再跟我说话!”检察院对该男子提起了诉讼,并在法院控辩时指出,法兰克福男子的反应表现出“年轻人对勤恳工作的农民极度傲慢”。

——比利时首都布鲁塞尔,从2012年9月开始要对在公众场合骂人者进行罚款。根据新出台的法规,凡是在公众场合说脏话将被处以75~250欧元的罚款。此外还特别强调,如果对女性讲有歧视意义的语言,如对女性说“荡妇”“母狗”等之类的词语,将会被处以最高达250欧元的罚款。

——澳大利亚的新南威尔士州刚刚宣布,在公共场所骂人,要面临的罚款从原来的150澳元增加到500澳元。

但我还是认为,即便是以上的“法例”也未表明“说脏话”已被“入刑”,世界在走向“道德入法”“不道德行为被法律惩罚”的总趋向。其实,不是“说脏话”一概可以被“法律追究”,而是污辱他人可以被法律追究,而“说脏话”是作为污辱手段时才被并入法律责任。这一点与我国法律极其相似。我国《治安管理处罚法》第42条规定了对“公然侮辱他人或者捏造事实诽谤他人的”,或者“多次发送淫秽、侮辱、恐吓或者其他信息,干扰他人正常生活的”的处罚,已包含了某种“说脏话”的内容。

用法律手段处理道德问题,从而扩大法律的规制范围,或者用道德手段解决法律问题,从而扩展道德的约束范围,都是一种“错位”。道德问题以道德规范解决,法律问题用法律手段解决,才属对症下药,各有其轨。

1-040 从济南老火车站被拆谈起

——法的安定性与国家治理

(2017年8月9日)

最近我到济南为山东省有关领导干部作法治报告,不少人私下表露出对济南老火车站被拆的惋惜。

济南老火车站是指“津浦铁路济南站”,是19世纪末20世纪初德国著名建筑师赫尔曼菲舍尔设计的一座典型的德式车站建筑。它曾是亚洲最大的火车站,登上清华大学、同济大学的建筑类教科书,并曾被战后西德出版的《远东旅行》列为远东第一站。1992年,也许是因为它“已不适应经济发展的需要”(能承受的客运量不足),抑或是因为它是“殖民地建筑”,济南老火车站被拆除。而我深信,如果济南老火车站能够留到今天,想必它就永远“安全”了。因为在今天看来,那两条拆除的“理由”根本就不是理由:对于客运量不足我们完全可以另建新站;至于“殖民地建筑”,正像我们不会因香港的回归而非将“维多利亚港”(Victoria Harbour)改名为“回归港”一样,也未必是非拆不可。中国人的治国理念在不断地进步,创新不再意味着推翻传统。

济南老火车站当初就不该拆,但拆了也不必重建。我们要记住的是教训,要树立的是新理念。这一理念与法的安定性有关。

法安定性(Rechtssicherheit)是以自然法为基础的一项法治原则。国际著名法学家古斯塔夫·拉德布鲁赫(Gustav Radbruch,1878~1949年)是第一个比较详细探讨法安定性原则的学者。他将法律理念概括为三要素:一为合正义性(Gerechtigkeita);二为合目的性(Zweckmäβigkeit);三为法安定性(Rechtssicherheit)。“法安定性”自然是法的理念和要素之一。他还提出了“法的安定性高于合正义性”的“拉德布鲁赫公式”①。支持这一观点的理由是,拉德布鲁赫认为,“法安定性要求缘起于它的自然法则之理念的需求”②,坚持法安定性原则的目的在于通过法律实施以实现正义,维护社会的安定性,但所要实施的法律和正义本身恰恰就存在“模糊和不确定性”。③

拉德布鲁赫的学生考夫曼(A. Kaufmann,1923～2001年)在其老师理论成果的基础上,进一步提炼了法安定性含义的要素。他认为法律的安定性的含义包括3个元素:实证性、实用性、不变性。对于法安定性的具体内涵,可概括为“法律关系及法律文字权利义务规定的安定性”。④

法的安定性的基本含义随社会发展而不断演进,当下的基本内容是:法必须有效地实施,使社会符合法的秩序;而法必须是正义的,这是法的安定性基础;法是一切法治的基础,它不能朝令夕改,否则人们会无所适从并不可预期。法的安定性又通过诚信、信赖利益保护、和法不溯及既往等原则得到体现和贯彻。

中国学者也自古强调法的安定性及作用。韩非(约公元前280～前233年)曾言:“治大国而数变法者,则民苦之。”⑤清代的申涵煜甚至说:“法制数变,国家之大患。”⑥

法的安定性原则与国家治理密切相关。由于我们一段时间在某些地方不够坚持这一原则,并且片面地理解“创新”发展理念,以为凡“变”就是“创新”,“新”的就一定比“旧”的好,“创新”就要推翻“现有”的,“创新”被当作

---

① “拉德布鲁赫公式”是拉德布鲁赫在1946年写成的《法律的不法与超法律的法》所表达的重要理论,是最通常用来解决可预测性与正当性之间冲突的公式。该公式有3条定理:(1)法的安定性原则高于合正义性;(2)当法律违反正义的程度已经达到无法忍受的状态,该法律就不再是法律,而不过是权力的运作而已;(3)如果立法者在立法时有意否定正义的核心原则——平等原则时,即符合第二项标准。

② [德]拉德布鲁赫:《法律智能警句集》,舒国滢译,中国法制出版社2001年版,第17页。

③ 参见[德]拉德布鲁赫:《法哲学》,王朴译,法律出版社2005年版,第73页。

④ [德]考夫曼(A. Kaufmann):《法律哲学》,刘幸义等译,法律出版社2004年版,第274页以下。

⑤ 《韩非子·饰邪》。

⑥ (清)申涵煜:《省心短语》。转引自辛辉、荣丽双主编:《法律的精神——法律格言智慧警句精选》,中国法制出版社2016年版,第109页。

时髦词到处套用,产生了一些错误做法。城市改名、道路改名、街道改名、高校改名的热情屡屡引发社会各界的广泛关注。据相关数据显示,2010～2014年5年间国内有257所高校更名,2015年全国至少有18所高校申请改名,大多从学院更名为大学。有的地方换一任领导,就换一种口号,换一个做法,换一个规划,甚至还要换一种报纸的颜色和大楼的颜色,标志新时代的到来,所造成的浪费在所不计。

各种所谓"创新"的管理方式也层出不穷。凡事都可上"黑名单",紧跟着"限贷""限购""限行""限号",甚至"限制子女上学";整治闯红灯者,让其穿黄马甲、戴绿帽子,强制"全家交通安全教育";法院审判取消原被告,法官坐在大圆桌内变成居委会的"调解大妈"或"调解大叔"……对科学性和合法性无所顾忌。企业界片面求新求变,随意否定传统。我国中小企业的平均寿命是2.5年,集团企业的平均寿命不过7～8年,现存的百年老店寥寥无几,便是明证。为"求变而变"的活动往往造成对现有秩序的破坏,劳民伤财,得不偿失,巨额浪费,增加管理成本,会导致社会怨气和经济下滑。

法的安定性原则并不否定"创新"。它只是提醒:一是"创新"是一种"变",但"变"不全是"创新"。创新无疑是对"旧"的破和"新"的立,所以叫"不破不立"。创新无疑是对现行秩序的"改变","变"是"创新"的一种表征。但是,不是任何"变"都属于"创新"。只有符合客观规律的、趋向文明的"变革"才是"创新"。二是"创新"不全是"否定","肯定"也是一种"创新",创新是在传承基础上的发展。在企业和品牌中,没有传承就不会有百年老店和世界品牌。在日本,1000年以上的企业有7家,500年以上的企业有32家,200年以上的企业有3146家,100年以上的企业有50,000多家。"不变的德国"只有8000万人口,却有2300多个世界名牌。

法的安定性原则并不排斥法律的修改。正如美国杰斐逊所言:"没有哪个社会可以制定一部永远适用的宪法,甚至一条永远适用的法律。"①法律和

---

① [美]杰斐逊:《杰斐逊文选》。转引自辛辉、荣丽双主编:《法律的精神——法律格言智慧警句精选》,中国法制出版社2016年版,第24页。

制度是社会客观存在的反映，而社会是在发展的。对照法的安定性原则，我们并不绝对地反对任何改变，只是要求在国家治理和社会治理中杜绝乱变、瞎变、随意变，防止“片面之变”“无序之变”。“乱变”“瞎变”比“不变”更加糟糕，更具有破坏性。

当下的中国，强调“稳为重，变为慎”，非常重要。

1-041 从分设“赞成票箱”与“反对票箱”谈起

——我们有“选举法”,还需要有“投票法”

(2019年5月29日)

据说有一个地方发明了一种投票方法:作为候选人的领导就坐在主席台上,他对台下的选举人解释说:“为了让大家投票方便,我们设置了两个票箱:一个是‘赞成票箱’,一个是‘反对票箱’。赞成的,投到‘赞成票箱’中去;反对的,投到‘反对票箱’中去。好,现在开始投票。”在众目睽睽之下,你敢当着领导的面走到“反对票箱”跟前去吗?

我们现在虽然有“选举法”,但还没有“投票法”,所以才出现上述离奇的投票方式。如何投票,怎样投票,必须是有法律规定的。这就是投票法的任务。我一直在呼吁要制定投票法。

“选举”与“投票”,两者不可分离,但又有区别。“选举”总是通过“投票”来表达的。没有“投票”,“选举”就无法落地。所以,“选举”是“源”,“投票”是“流”。没有“源”,就不会有“流”;“选举”是内容,“投票”是形式,内容总是通过形式来反映和表达的。如果“投票”不规范,“选举”就会被扭曲。

在人类历史上,古罗马就有秘密投票法。公元前137年《卡修斯投票法》和公元前107年《切流斯投票法》堪称历史范本。

投票中的表决方式,可分为无记名投票与记名投票。无记名投票有纸质投票与电子投票等。记名投票可以采取呼声表决(Vote by Voice)、举手表决(Hand-show Vote)、起立表决(Standing Vote)、电子表决器表决(Mechanical Voting)、点名表决(Roll Call)、投票表决(Ballot)、分组表决(Division)、点票员表决(Teller Vote)等形式。

现在,什么情况下必须是无记名投票?什么情况下可以记名投票?什么情况下必须纸质投票?什么情况下可以举手表决或鼓掌表决?正是因为没有“投票法”，缺乏设定规则，决定者在决定投票方式时就会有很大的随意性。

现在，人大投票还规范，其他个别领域的投票“气象万千”；国家层面的投票还规范，但个别地方的投票就“千姿百态”。

我经历过几次学术会议，当时表决采取“异议声明”。这种表决方式通常表现为：主持人让人宣读一项“决议”“决定”“规则”，然后问：“大家有没有不同意见？（停顿……）没有？那就通过！”

但中间需“停顿”多长时间，没有文件，更没有法律规定。这就是因为缺少“投票法”。

一次我发现主持人在征求意见的“停顿”过程中，“停顿”时间连3秒都不到：“大家有没有不同意见？没有！通过！”就这个样子。

有的地方出现过，在投票时，要求赞成者“不作任何记号”，反对者才“作记号”（打“×”并可另选他人）。这种投票方式存在两个问题：一是人们无法表达“弃权”，将“弃权票”统计到“赞成票”中去了；二是不利于投票人真实反映自己的意志。因为，在大多数人不拿笔的情况下，只要有人拿起笔来，就意味着他在投反对票。

对此，第十届全国人大代表王全杰提出了《关于改进选举和表决方式的议案》。他认为，赞成不用填选票，反对或弃权才动笔，形式上虽是无记名投票，但众目睽睽之下，只要一动笔，就表明了要么是弃权，要么是反对。这样，无记名投票就会变成记名投票。2005年第十届全国人大第三次会议，通过的会议选举和决定任命的办法中，有一个附件写明：无论是投赞成票、反对票还是弃权票，都需要填写选票。这就是对投票工作的改进。

还有，在投票中选票怎样设计也非常关键：统一投票，还是分别投票？候选人按姓氏笔画排列，还是按拼音，或者按单位和地区？

我以为，“投票法”之所以重要，是因为它重点可解决两大问题：一是政治问题；二是技术问题。

政治问题主要是“民主”问题，怎样让投票人真正地表达自己的真实意志，让“选举法”落地。

其次还要解决投票中的技术问题，以体现规则的科学性。有许多技术上的规则需由"投票法"来规定的。由于没有"投票法"，有的单位的工作人员不懂得选票的设计规则。

有的选票对表决的标志作这样的要求：赞成的，请在表决栏中打"√"；反对的，请在表决栏中打"×"。这就违反了"√"(勾)和"×"(叉)不能并用的规则。"○"(圈)和"×"(叉)是可以并用的，但"√"(勾)和"×"(叉)是不能并用的。因为在"×"中，如果有一条线画得短一点，就变成了"√"。

另外，还有一项规则是："分栏不分标，分标不分栏。"这是说：如果在选票中设置了"赞成""反对""弃权"3个栏目，那么就不得要求使用不同的投票"标志"(赞成用"○"；反对用"×"；弃权不作标记)。因为在这种不科学的规则下，如果将"○"错打在"反对栏"中，就无法认定了。

1-042 如果你的亲属中有拆迁“钉子户”……

——公务员的“连带责任”

在某地的拆迁工作中，县政府为了按时完成拆迁任务，启动建设项目，下发文件规定具有株连性质的“四包两停”政策，从而导致该县160多名公职人员因为是被拆迁户的亲属而受到牵连，其中十几人被开除或调离原工作岗位。有的公务员为了避免受到拆迁户亲属的牵连，不得不忍痛和配偶离婚。某个单位，拆迁引发姐妹同日离婚。

所谓“四包两停”政策，是指公务员要对其作为被拆迁户的亲属：(1)包在规定期限内完成拆迁补偿评估工作、签订好补偿协议、腾房并交付各种证件；(2)包协助做好妥善安置工作；(3)包其不无理取闹、寻衅滋事；(4)包其不参与集体上访和联名告状。如果这4项工作不能包揽完成，那么政府要对完成不了“四包”的责任者，实行“两停”处理———暂停原单位工作、停发工资。曾有一时，这种做法在一些地方还作为经验被宣传和推广。

今天，虽然这种做法有关地方政府已经停止，文件也被废止和收回，但类似的做法依然存在。我们如何吸取教训，防止类似制度和做法死灰复燃，那就需要对这种做法做一次“全身”的“法治体检”。

不可否认，这类做法在一定程度上，对于按时完成拆迁任务，特别是应对拆迁中的“钉子户”，是有帮助的，但它的“合法性”我们不予认可。

公务员是干部队伍的重要组成部分，是社会主义事业的中坚力量，是人民的公仆。国家对公务员的素质有高于一般公民的特别要求。公务员的亲属在拆迁中拒不配合工作，让公务出面，帮助有关单位沟通，做好其亲属的思想工作，这样要求也是可以的，公务员也应当配合。但如果公务员完成不了“四包”任务，那就要暂停其原单位工作、停发工资，这就违反了《公务员法》有关规定。公务员的权利、义务和纪律，以及纪律处分都已由《公务员法》作出明文规定。将"四包"作为公务员强制性法定义务,并对未落实者作出职务上和经济上的不利处分,缺乏《公务员法》的明文依据,并违反公务员法职务法定原则。

还有,对于完成不了"四包"的公务员,暂停原单位工作、停发工资,本质上是为无过错的公务员与有过错的被拆迁户之间设定了连带责任,前者必须为后者承担责任,这是一种不当联结,违反了禁止不当联结的法治原则。禁止不当联结原则是发端于司法审查实践的一项技术标准,要求国家公权力行为必须与立法目的保持合理正当的关联。它基于实质关联性之要求,阻却公权力主体作出公权力行为时,将不相关的主体和不相关的行为因素进行无端关联,从而导致让无故的主体承受他人行为的不利后果,或者让一个主体过度承受一个行为的多种不利后果。该原则在理论上渊源于比例原则、合理性原则、禁止恣意原则、法治国与依法行政原则,有着悠久的思想渊源。

如果我们在工作中不能坚持禁止不当联结原则,就难以有效保护公民、公务员的合法权益,人为扩大打击面和处理面,远离国家治理的现代化和法治化。我们再也不能让"四包两停"或类似的做法重现。

1-043 “依法治校”与“去行政化”

——兼评北京大学“去级别化”改革

(2016 年 11 月 23 日)

前几天,我应邀去上海参加了由中国教育发展战略学会、上海市教育委员会和上海交通大学等主办的“中国教育法治与教育发展高峰论坛”,发表了一点感想。

大学“依法治校”已推行了十几年,但远未真正做到“依法治校”。自从 2003 年教育部印发《关于加强依法治校工作的若干意见》以来,我国推进“依法治校”已经“推”了十几年,果然取得了不少成就,但是深度和广度都还不够,不少高校远未真正重视,更不要说真正做到了“依法治校”。要继续推进依法,首先认识上必须到位。抓“依法治校”不是为了“宣传”,不是为“依法治校”而“依法治校”,而是为了提高大学的治理水平。党的十八届三中全会提出“推进国家治理现代化”,四中全会提出“全面推进依法治国”。落实这两项任务,大学就要推进“大学治理现代化”。推进“大学治理现代化”的关键在于推进“大学治理法治化”,而推进“大学治理法治化”的关键又在于继续推进“依法治校”。所以,“依法治校”既没有完成,也没有“过时”。

“依法治校”不仅仅是依“法律”条文治校,更多的是让法治精神渗透到高校管理的方方面面。学校管理是否真的需要坚持“依法治校”?这与我们是否正确理解“依法治校”有很大关系。有人以为,我们学校既不是行政机关(需要执法),也不是人民法院(需要判案),“法”与学校离得太远。这还是反映了我们没有真正地、正确地理解“依法治校”。要正确而全面地理解“依法治校”,必须注意以下几点:第一,“依法治校”不是“依罚治校”;第二,“依法治校”主要是治“治校者”,不是治“被校治者”;第三,“依法治校”主要不是指遵守“法律条文”,而更多是将“法治精神”渗透和贯彻到学校的管理制度中去,使得整个学校的管理符合“法治精神”。

大学管理“去行政化”,主要不是指取消行政级别,而是指不要将大学作为一个“行政单位”来管理。大学要“去行政化”是一个正确的高校治理改革方向,也是“依法治校”的具体体现。但大家一谈“去行政化”,马上就联想到大学要“去行政级别化”。有人甚至于将“去行政化”与“去级别化”等同起来。这几天,北京大学校长接受媒体采访时表示,北大的综合改革正稳步推进,北大未来将尝试取消院系行政领导的行政级别,并采用聘用方式,进一步弱化行政级别,加强人员流动。我首先赞同北大的改革,因为这可能代表了中国高校的改革方向。但我同时要坚持认为,大学管理“去行政化”,主要不是指“去行政级别化”,即取消学校或学校人员的行政级别。中国大学管理“去行政化”主要是指,也应当是指政府对大学的管理在管理理念和管理方式上要“去行政化”。首先,它针对的是“政府”,指政府对大学的管理,不能像管理下级政府机关那样去管理大学;政府对教师的管理,也不能像针对公务员那样地去管理教师。总之,政府主管部门不能把大学视作“行政机关”,也不能将教师视作“公务员”。这样才不会出现:以公务员的办公用房标准去套用学校的办公用房分配,用公务员的出国限制标准去限制教师出国参加学术活动,以公务员的兼职标准去套用大学人员的兼职,因公务员需上交(代保管)因私护照而逼得教师也上交因私护照。其次,针对学校本身,那就是在学校本身的管理中,要坚持学术权与行政权分离,并坚持学术权高于行政权。另外,我还佩服北大的自我牺牲精神。因为在国家有关配套制度不到位的情况下,北大率先放弃“行政级别”是要“吃亏”的。

第 2 篇

法治历程

ARTICLE 2

2-001 商鞅:徙木立信

——公信力乃法治之基础

(2017年6月21日)

《史记·商君列传》记载了商鞅徙木立信的故事。2000多年来,它作为一个诚信和智慧故事一直被传述着。

这个故事讲的是:公元前356年,战国时期秦国的秦孝公即位以后,决心图强改革,便下令招贤。商鞅自魏国入秦,并提出了废井田、重农桑、奖军功,实行统一度量、建立县制和实行连坐之法等一整套变法求新的发展策略,深得秦孝公的信任。被委任为左庶长的他,在变法之初,困难重重。除了既得利益者的反对,还在于国家长期缺失公信力,百姓难以信赖国家会兑现所许诺的变法之益。

商鞅制定好改革法令之后,并未马上公布。唯恐天下人因缺少对国家的信赖而使变法流产,便在国都市场南门立下一根三丈长的木杆,贴上一张"告示"说,只要有百姓能将此木搬移至北门,就可获赏十镒黄金。百姓对此感到惊讶,无人信以为真,没有人去搬移木杆。见此状,商鞅就更改"告示"宣布说:若有人能将此木杆搬移至北门者,可获赏五十镒黄金。有一胆大的市民冒死一试,把此木搬移至北门。商鞅下令,当即兑现承诺,此民果真获赏五十镒黄金。此事一时一传十,十传百……

商鞅此举表明国家不会欺诈,为国家重树了公信,为变法奠定了民心。随后,他颁布了变法新法令,推行顺畅。经过商鞅变法,秦国的经济得到发展,军队战斗力不断加强,发展成为战国后期最富强的封建国家,为统一"六国"打下了基础。

2-002 由“子产铸刑鼎”讲起

——法的公开性与稳定性

(2017年6月7日)

子产(? ~公元前522年),又字子美。因是郑穆公的孙子,所以又被史书称作公孙侨。子产是春秋时期郑国的政治家和思想家,堪称“春秋第一人”。子产是郑国的改革家,他在郑国为相数十年,全力推进改革,政绩显赫,建树颇多。其中“铸刑鼎”是子产改革的一件标志性事件,也是他一生中最伟大的贡献之一,由此打破了古代中国的法律秘密主义。

公元前536年,子产把惩治犯罪的刑律铸在金属鼎上,将鼎安置在王宫之外,人人可及,以此向全国老百姓公布刑法。“子产铸刑鼎”是中国法制史上第一次公布成文法活动,让法律从“秘密主义”走向“公开主义”。这在当时是一件非常了不起的举措。

国家政治在未有法典之前,大都经历过一个秘密法的时期。那个时候,法律仅仅为少数人掌握,老百姓无权获知其内容。春秋时期,上层贵族社会认为刑律越秘密越好,决不能让国人知道。这样,有利于贵族随意处置老百姓,增加专制的恐怖和神秘感。法律秘密主义显然是一种在现代法治格格不入的古老专制遗迹。

子产决心打破这种蒙昧。他在已有刑法基础上,经修改主持编订了三种刑法,并把刑法一并铸于大鼎公之于世,让老百姓明白法与非法的界限,知道犯了法会得到什么样的处罚,这无疑是进步的法治理念。

在“法不公布不为法”的今天,将法律公布于天下是再自然不过的事。可在2500多年前的中国,却掀起轩然大波。子产“铸刑鼎”公布和固定法律,无疑撼动了当时的贵族特权,于是遭到很多贵族反对。晋国大夫叔向派人给子产送了封信,开头就说:“开始我对您的执政抱着很大希望,现在完了!”接着说:“从前那些圣明的君主治理天下,都是衡量事情的轻重来判罪,不制定刑法。老百姓一旦知道法律,就会对上不恭不敬,就会产生争夺之心,拿着刑法作根据,一字一句都要争个明白,触犯法律的案件会更多,整个国家就很难治理了!”叔向还说:“夏朝有违犯政令的人,就制定了《禹刑》;商朝有违犯政令的人,就制作了《汤刑》;周朝有违犯政令的人,就制定了《九刑》。这三种法律,都是在王朝统治的晚期才出现的。我听说,国家将要灭亡,必然多订法律。您现在辅佐郑国,忙着制定刑法,还要铸在鼎上,在您活着的时候,郑国恐怕就要衰败了吧!”

子产顶住了所有的压力,强行“铸刑鼎”,最终被社会所认可。子产执政的第三个年头,改革初见成效,百姓从中获得实惠。郑国流传着一首歌谣:“我们有子弟啊,子产来教导;我们有田地啊,子产帮我们把产量提高;要是子产死了呀,有谁还能像他这样好?”另有一诗赞美道:“郑国子产铸刑鼎,改革三年国渐兴,代表先进生产力,回望前朝赛管仲。”

在成文法律公开的潮流推动之下,晋国在子产“铸刑鼎”之后20多年,也把刑法铸在鼎上,向社会公布了。如果说郑国子产“铸刑鼎”是中国历史上第一次公布成文法活动,那么,晋国赵鞅“铸刑鼎”,则是中国历史上第二次公布成文法活动。

法治的最大特征之一是“可预期性”,让人们对社会可以预期,人们可以预期自己行为的结果,从而使社会走向有序,让人们有安全感。而要实现法治上的“可预期性”,第一必须做到将法律规则公开,让人人知晓,这样才能使人们根据法律规则评判行为的对错,进而推测行为的后果;第二是公布了的法律规则必须稳定,不能朝令夕改。否则,不稳定的规则导致社会秩序的不稳定,在法律规则中生活的人们便无所适从。子产“铸刑鼎”正好符合上述两大要求:一是公开,将刑法铸刻在金属大鼎上,天下百姓人人可以阅知;二是稳定,将刑法铸刻金属大鼎上,无法随意修改,增强了法律规则的稳定性,从而推进了法治的“可预期性”。

2-003 中国"老磨坊"的故事

——守护"法律面前人人平等"原则

(2017年8月26日)

当我们讲述"私有财产的保护"和"法律面前人人平等"时,常常引用一个德国红磨坊的故事。该故事说的是:1866年,德国皇帝威廉一世发现在他的波茨坦行宫边上竖立着一座破旧的红磨坊(用作磨面粉),大煞风景。于是派人把它拆了。磨坊主人到法院状告皇帝。法院判决皇帝违法,于是磨坊被恢复并保留至今。

其实,中国比德国早好几百年,也有一个类似的故事——"老磨坊"。余定宇在他的《法律启迪智慧》(法律出版社2012年版)一书转述了这个事故:

公元710年,武则天的女儿太平公主参与后来当皇帝的李隆基发动的宫廷政变,拥立李隆基的父亲李旦当皇帝,这就是唐睿宗。太平公主以为自己立了大功,从此把持权柄,左右朝政,为所欲为,连宰相都要听从她的话,京城里的百官更是对她敬若神明,竭力奉承。身为当朝贵胄的太平公主,家里有的是钱,但她并不满足,还到处搜刮钱财,侵夺土地。有一次,她纵容家奴霸占了一座长安城东部一家寺庙的老磨坊。

面对这个"皇帝女"的胡作非为,那家寺庙的老和尚却未能看破红尘,居然将这个皇帝女告到了县官那里,要求主持公道。主审这个案子的是雍州负责地方民政等事的司户参军李元纮。李元纮为官清正廉洁,审理案件一向秉公依法,不畏权势,不徇私情。他查明那个磨坊确系寺院所有,不怕得罪显贵的太平公主,将磨坊判还寺院。

李元纮的上司雍州长史窦怀贞得知这个事后,怕有权有势的太平公主会怪罪下来,影响自己的前程,因此马上召见李元纮,催促他赶快改判。李元纮的亲朋好友也极力相劝,让他不要做得罪皇亲国戚的傻事,以免惹来杀身之祸。虽然秉性刚直的李元纮没有听从上司和亲友的话,当场在判决书上写下两句话:“南山或可改移,此判终无摇动”,但是他深知等待他的将会是什么。于是,写完这两句话之后,他把笔丢下,将乌纱帽摘下,仓皇逃命,不知所终……

这个故事对我们的启示是:不要一讲维护合法的私有财产和法律平等,就讲德国的“红磨坊”。中国早德国几百年就有了“老磨坊”的故事,同样让人感动。“老磨坊”故事反映出中国古代还是有不畏强权公正判案的主审官的,但留下一点小小的遗憾是:我们至今也不知这位主审官李元纮的最后命运。

2-004 从奖励鲁国人赎回同胞制度谈起

——立法要体现“义”与“利”的平衡

(2019年10月30日)

社会中的任何一个人都不是生活于真空之中,不可能不与他人发生关系而孤独地生存。那么,个人的利益就会与他人的利益发生依赖或碰撞。这里的“他人”包括另一个人,也包括由许多别人组成的集体和国家。法律是社会关系的调节器,平衡人与人之间的利益就是立法的使命之一。一个人只关注自身利益而不顾他人利益,那是只讲“利”不讲“义”的“小人”,受到众人鄙视;一个人只关注别人利益不在乎自身利益,那是只讲“义”不讲“利”的“圣人”,实属少数。国家的立法既不能让“小人得志”“小人得利”,也不能天真地要求所有人成为“圣人”。立法必须关注“义”与“利”的平衡,否则,法律会走向立法目的的反面。

有一故事为大家所熟谙。相传春秋时期,鲁国制定了一道法律,规定鲁国人在外国看见同胞被卖为奴婢,只要他肯出钱把人赎回来,那么回到鲁国后,国家不仅对他的赎金给予同额补偿,而且对他赎买同胞的行为给予奖励。这条法律一实施,大大激发了鲁国人赎回同胞的积极性。不到几年,很多流落他乡的鲁国人由此得救,重返故国,鲁国国力也顿时大增。

后来,孔子的一个弟子叫子贡,他是一个腰缠万贯的商人。他从国外赎回来了很多鲁国人,却拒绝了国家对他的补偿和奖励。他不仅自己这么做,还高调宣扬:赎回同胞应当是每一位国人的义务,为了国家利益人人必须无偿地为国尽力。

孔子得悉此事后,将子贡叫来,大骂一顿,说子贡此举伤天害理,祸害了无数落难的鲁国同胞。

子贡不解,请教老师:何理之有?我不仅自己带头无偿赎回同胞,还号召大家也无偿赎回同胞，怎么反而“祸害了无数落难的鲁国同胞”？

孔子解释说：万事，不过义、利二字而已。鲁国原先的法律，既求“义”，赎回同胞，增强国力，也有“利”，给赎回同胞者补偿和奖励，使他们经济利益上得到平衡，使“义举”得以持续。这样，行“义举”的人不仅得到大家的赞扬，而且经济上不会受到损失，长此以往，愿意做“义”事的人就会越来越多。所以这条法律是善法。

孔子进一步解释说：子贡你的所作所为，固然为自己赢得了更高的赞扬，但同时拔高了大家对“义”的要求：“义”必须是“无偿之义”。这样一来，往后那些赎人之后去向国家要钱的人，不但可能再也得不到大家的称赞，甚至可能被国人嘲笑，责问他们为什么不能像子贡一样为国分忧。而且国家也可能因此取消原来的补偿和奖励制度。由此导致的结果是：越来越多的鲁国人在国外看到被卖为奴婢的同胞，再也没有积极性将他们赎回，只得视而不见。

子贡此举是把“义”和“利”对立起来了，打破了法律对“义”与“利”的平衡。其结果确实导致了很多鲁国人因此而不能返回故土。

国家立法是如此，国家治理和社会治理中的许多政策也是如此，如果立足于将人看成是“不食人间烟火”，没有利益需求的“圣人”，不兼顾“义”与“利”的关系，这种政策肯定行不通。现实中类似的例子并不少见。

记得十几年前我在大学工作，那时几乎所有大学都不让出租车和社会车辆进入校内，理由很简单：为了校园安全。在依法治校的背景下，我第一次提出：应当允许包括出租车在内的社会车辆进入校内（换牌登记就行），以方便师生工作、学习和生活，顷刻受到一片骂声，特别是学校保卫部门。你看今天，几乎所有大学（包括清华大学、中国人民大学等）都允许社会车辆进入校园。区别在于哪里？最大的区别是：那时社会车辆进入大学，不允许学校收费，现在允许了。这就是说，那时的政策只讲“义”，不讲“利”，社会车辆进出大学，学校不得收费，学校就会以“校园安全”为由拒绝任何社会车辆进出校园；今天的政策，已注意到“义”与“利”的平衡，社会车辆进出校园可以收费，大学就会以“方便师生”为由允许社会车辆进出校园。我以为，大学

“方便师生工作、学习、生活”是“义”，收费是“利”。为了“方便师生工作、学习、生活”，场地符合安全条件的大学，应当允许社会车辆进出校园，同时以适当的收费来调控车的流量和弥补校园管理成本的增加，这本身就是正当的。

还有另外一个例子。在中央和国务院的关心和支持下，老楼安装电梯作为一项民生工程已在全国推开，但是困难重重。其中，最大的困难是遭到一楼住户的反对。这时也要平衡“义”与“利”的关系。安装电梯是民生工程，让绝大多数住户获益，这是“义”。但是一层住户没有获益，而且可能分担成本，这就是他们“利”的损失。所以我呼吁：一层住户应当从“义”出发，成全绝大多数住户的需求；但是其他获益住户应当考虑一层住户“利”的损失，以适当方式补偿之。这样才能实现“义”与“利”的平衡。

2-005 刘秀、曹操的“烧信大法”

——信任是法律关系的基础

(2019年6月12日)

历史上存在几个“烧信”的故事,读起来很有意思。

据说公元23年,东汉光武帝刘秀带领义军攻占了邯郸,杀死了假冒西汉皇亲的山寨皇帝王郎。在王郎宫中搜查出了几千封刘秀手下写给王郎的求职信。没写过求职信的部下顿时幸灾乐祸,建议按图索骥,挨个问罪,让这帮墙头草为昔日的短视付出代价。刘秀却连看也没看,把部下召集起来,当众点了把火,把那些信一封不剩地都给烧个精光,还毫不在乎地说:“让那些睡不着觉的人睡个自然醒吧。”他这一招叫作“令反侧自消”,功效十分显著。自此,那些曾经有过二心的人都把刘秀视为再生父母一般,死心塌地跟他“革命”了。

另一则故事是说,公元199年,曹操在官渡之战中以少胜多打败了袁绍。曹操追入袁绍本部大营,在收缴金银财宝过程中,发现了袁绍来不及烧毁的文件档案,内有自己统率军队中的将军向袁绍示好、表态站队的信件。秘书向曹操请示,如何处置?曹操大手一挥,“烧了,一件都不许留存”。他学着当年的刘秀,照猫画虎,演出了这幕当众烧信的好戏,并说了一番比刘秀原创台词更动人的话:“当袁氏强时,孤且不免,而况众人。”意思是说,那会儿连我自己都差点投奔到袁绍那儿去,更何况是你们呢?这何罪之有啊!这更是感动部下,部下纷纷立誓效忠曹操,从此不再二心。

如果把“当众烧信”作为战争年代争取人心的谋术,那么它的功效不是绝对的。它的成功取决于时间、地点和其他条件。历史上,这类“当众烧信”的把戏,除了刘秀和曹操,有许多人演过,如刘秀的前辈刘邦早于刘秀200多年就首演过此戏,此外还有东汉的王允、后唐庄宗李存勗、明朝唐王朱聿键等,纷纷模仿。演成功者有之,刘秀和曹操最为出色;失败者也有之,如王允、李存勖和朱聿键等。

但是,我今天想从法治视角评述。人们常说,人与人之间为什么要签订合同,就是因为相互不信任,互相怕对方赖账;法律是专门针对无赖小人的。我以为,这话太过于绝对。其实,法律关系恰恰是以当事人之间的相互信任为前提。双方当事人绝对地不信任,他们之间就不会签订合同,签订了合同也不会履行。即便是强制性的法律关系,人们在相互信任的状态下,自愿地去履行义务,其质量会远远高于基于不信任而表现出来或者采取的被怀疑、被监视状态下对义务的履行。换句话说:一个人,在被信任状态下的工作与被怀疑状态下的工作,结果常常是不同的。

所以,我们在国家和社会治理中,要多信任人,而不是多怀疑人;要多给些授权,少给些监视。除了战争年代或反间谍工作,“信任”应当成为常态,“怀疑”应当成为非常态。刘秀和曹操的“烧信大法”之所以被人颂扬,是因为此举旨在表达领导对部下的信任,从而在领导与部下之间建立起真正的信任关系。相比之下,现在有些地方在新形式主义的阴霾下,要求大学老师进行坐班;要求单位(不区分单位的工作性质)工作人员上下班刷卡;离开办公室一律登记;过度的考核、考勤;一人干活,九人监督……这些做法和现象,可能是“怀疑”多于“信任”,“监视”多于“授权”,不利于推进国家治理体系和治理能力的现代化。法治社会是,也应当是信任的社会。

2-006 读《康熙圣谕十六条》有感

——康熙也讲“普法”

（2016年7月28日）

一次偶然从网上阅得《康熙圣谕十六条》。其解释说，清朝康熙皇帝16岁时发布了“圣谕十六条”，要求每个村庄和城镇每月大声朗读两次，以志行为。内容是：

1. 敦孝悌以重人伦（子孝亲兮弟敬哥，一家和气值钱多。圣贤不出人伦外，留得芳名百代歌）。

2. 笃宗族以昭雍睦（祖宗遗下子孙身，根本由来是一人。莫视同宗如陌路，须教族众共相亲）。

3. 和乡党以息争讼（万贯青钱买好邻，古人垂训颇谆谆。周旋礼貌存恭敬，彼此帮扶做善人）。

4. 重农桑以足衣食（男耕女织莫蹉跎，耕织勤时衣食多。下抚家室无困乏，上输国课免催科）。

5. 尚节俭以惜财用（从来淡泊是良方，几见奢华能久长。但使此身无冻馁，布衣蔬食又何妨）。

6. 隆学校以端士习（理学从来景大儒，濂溪岳麓是良模。敦师说礼崇名教，立志端方品自殊）。

7. 黜异端以崇正学（积善之家福自随，何须谄媚尚巫师。速排异说尊周礼，切莫愚迷酿祸根）。

8. 讲法律以儆愚顽（制律原非为杀人，颁行程序儆愚民。若能朝朝殷勤讲，自使奸顽志气纯）。

9. 明礼让以厚风俗（名分尊卑不可逾，立身行己要谦虚。能明礼义相推让，风俗自成仁厚区）。

10. 务本业以定民意（劝尔须将生理谋，莫从分外去营求。四民志定无偏向，自致荣华不用忧）。

11. 训子弟以禁非为（孩提情性易推移，溺爱安能有好儿！教训敦敦无懈怠，庶几日后免非为）。

12. 息诬告以全良善（止讼应知是善人，忠言逆耳莫相瞋。扛帮挑激非相爱，息事方能种福田）。

13. 诫窝逃以免株连（窝隐逃人罪不轻，一家受累九家倾。务须纠察经官府，莫恋亲情惹祸端）。

14. 完钱粮以省催科（急公奉上是良民，万事先当办课程。依限全完拘系少，无忧无虑似仙人）。

15. 联保甲以弭盗贼（贼人化外作顽民，辜负皇恩一片心。保甲相连同恤患，一方高枕得安宁）。

16. 解仇忿以重身命（怨毒于人不自由，冤冤相报几时休。亡身招祸非为勇，唾面自干岂是柔）。

读后颇为惊讶，清朝皇帝竟如此重视道德教化，其中第 8 条“讲法律以儆愚顽”，说明康熙 16 岁就认识到“法律”和“普法”（讲法律）在国家治理中的作用了。我们必须清楚的是：封建王朝有“法律”但没有“法治”，因为他们的法律是管控百姓和大臣的工具，皇权万世一系，超然法律之上。所以，他们当初“讲法律”也不能与今天的“普法”同日而语。

2-007 中国历史上的文字狱

——思想言论自由的克星

(2020年7月27日)

文字狱,是封建专制统治者对被统治者,特别是文人,以文字定罪的野蛮刑罚制度,是统治者为巩固统治,钳制言论、扼杀思想的残酷手段。《中国大百科全书》和《汉语大词典》均有定义。

中国历史上的文字狱,早在春秋、西汉、三国、魏晋南北朝就有不少记载。鲁襄公二十五年(公元前548年),史官如实记载了齐相崔杼杀了国君齐庄王之事,却招来杀身之祸。西汉的杨恽,因《报孙会宗书》被皇上以大逆不道的罪名判处腰斩。三国时期嵇康因《与山巨源绝交书》而被斩于东市。在南北朝时期,北魏大臣崔浩主持编纂的国史揭露了拓跋氏祖先的屈辱历史,被北魏世祖下令族诛,史称"国史之狱"。

早期的文字狱规模不大,只属偶发事件。到了北宋,文字狱开始形成规模。历史上最有名的一场称为"乌台诗案"的文字狱就发生在北宋。苏东坡因作《湖州谢上表》,被御史中丞李定等人控告"讥刺时政",被关受审,最终被贬至黄州,一大批好友受牵连。

元朝时思想管制较松,文字狱不甚,但也不是没有。公元1323年,宋恭帝因为怀念宋朝,写了几句的诗句:"寄语林和靖,梅花几度开?黄金台下客,应是不归来。"他的诗句触怒元朝朝廷,被忽必烈赐死。

文字狱在明朝开始盛行。朱元璋十分忌讳"光""秃""僧""贼"等字眼,就连和"僧"读音差不多的"生",和"贼"读音相近"则"字同样厌恶。据说当年杭州教授徐一夔就因在贺表里用了"光"字和"则"字,朱元璋认为是讽刺他当过"和尚"当过"贼",便受到惩罚。

到了清朝,文字狱达到了顶峰。清朝的文字狱起于顺治。也是从那时开始，朝庭始设了一个独特的官职，即言论检查官，履行言论出版审查职责。清朝发生较早，也是较大的一个文字狱案，是康熙时的庄廷鑨《明史》案。庄廷鑨从明朝宰相朱国桢的后人那里，买来一部朱国桢《明史》中的《列朝诸臣传》稿本，对未刊印的《列朝诸臣传》内容增补并刊印，内有对满人攻击之辞。公元1663年，被归安知县吴之荣告发，招致70余人被处死。雍正一是为了加强统治，二是为了排除异己，更是大兴文字狱。当时，社会上的百姓说话都非常小心，一不小心就会进大牢。和尚函可因携带了一本记录抗清悲壮事迹的史稿，在被清军查获后，受严刑折磨一年后被流放到沈阳。到了乾隆时期，文字狱到达登峰造极地步。人们不论说话，还是编书，只要出现一点不对，就有可能招致满门抄斩。清朝从顺治到乾隆时期，共兴文字狱160多次。顺治施文字狱7次，康熙施文字狱20多次，雍正施文字狱20多次，乾隆施文字狱高达130多次，其间遭迫害的文人墨客数不胜数。文字狱中，案犯轻者流放，重者被处死，更有连坐、诛九族等可怕后果。

由此可见，中国的文字狱可能从春秋开始，一直延续至明清。其持续时间之长，影响之大，后果之严重，令人震惊。许多文字狱都是断章取义，捕风捉影，无端使许多人，特别是文人，成为刀下冤魂。文字狱反映了封建王朝皇权独裁专制的种种弊端，直接或间接地造成了当时中国整个社会思想和文化的落后，严重影响了中国的进步和发展，造成了极为严重的后果。

从法治上说，文字狱是对公民言论自由权的最大剥夺。中华人民共和国的成立，标志着中国告别了几千年的封建专制体制，从此步入社会主义民主与法制的轨道。特别自党的十八大以来，中国进入了全面依法治国的新时代。我国《宪法》第35条明文规定：“中华人民共和国公民有言论、出版、集会、结社、游行、示威的自由。”公民的言论自由权利得到真正的保障。

2-008 从五马分尸到注射死刑

——死刑方法从野蛮走向文明

（2017年5月24日）

古今中外，死刑是最具威慑力的刑罚种类，故称“极刑”。随着死刑从“立”到“废”，死刑的执行方式也在悄悄地演化：从血腥走向人性，从野蛮走向文明。

“炮烙”可能是最早的“极刑”，据说是由先秦时期的殷纣王发明的，应用于纪元前11世纪的商朝末年。这种刑罚方法是将人绑在用炭火烧热的铜柱上烫死。还有另一种说法是：在铜柱上涂上油脂，下面烧起炭火，令犯人赤足行走在铜柱上，最终坠落炭火而被烧死。这两种解释差别不大，同样令人毛骨悚然。

此时，同时并存的死刑方法还有“醢”“脯”“镬烹”等。“醢”，就是把人剁成肉酱；“脯”，就是把人做成肉干；“镬烹”，就是把人扔进锅里煮成肉羹。这些“极刑”方法竟然都与饮食有关，反映了当时人们的联想程度。

此后，死刑方法不断被“发明”出来，如割喉、剖腹、投掷、活埋、活剥、肢解、凌迟和车裂等。其中，可以列为酷刑榜首的是最后两种。

凌迟，就是老百姓熟悉的“千刀万剐”。行刑的方法是将受刑人零割共3600刀，让其在万分痛苦中慢慢地死去。这种刑罚发现于五代时期，定型于辽代，作为法定刑一直沿用至清朝。

车裂，也称“五马分尸”，就是将人的头和四肢分别绑在5辆车上，套上马匹，或者直接用五头牛或马，分别向不同方向拉拽，直至人的身体被撕裂成六块（一头、两手、两脚、一躯体）。这一刑罚最早可以追溯到周代，唐朝之后，才逐步被放弃。法家代表人物商鞅就惨死于这一酷刑。

明朝在朝廷之上出现的法外之刑——“廷杖”。清朝另有“腰斩”之刑。

我国民国时期的“极刑”执行方法主要是“绞刑”。但军事处决一般采取“枪决”。

中华人民共和国成立后的一段时间内,“枪决”是死刑的唯一执行方法。到了1996年《刑事诉讼法》的修改,死刑方法才有了改变。该法第212条第2款规定:“死刑采用枪决或者注射等方法执行。”一个文明的死刑执行方式——“注射”由此产生。

1997年云南省昆明市中级人民法院率先实施了注射的死刑执行方法。1997年11月4日上午9时,死刑犯张某某成为中国实施注射死刑的第一人。从此,这一人道的处刑方法便被推广开来。

从“五马分尸”到“注射死刑”,这是中国的刑罚制度从血腥走向人性、从野蛮走向文明的历史轨迹。

2-009 “投机倒把罪”的存废

——中国市场经济和法治化的标向

(2017年5月31日)

在中国,被称为三大“口袋罪”之一的“投机倒把罪”(其他两个罪是“流氓罪”和“玩忽职守罪”),从成立到废止足足经历了18年。它的“设”为当时的国情所需,它的“废”是中国走向市场经济使然,乃是中国法治进步的标志。

尽管自新中国成立以后,我们一直没有停止过与投机倒把行为作斗争,但“投机倒把”行为的正式“入刑”,则是因为新中国第一部《刑法》的出台。1979年7月6日,第五届全国人民代表大会第二次会议通过的《刑法》第117条规定:“违反金融、外汇、金银、工商管理法规,投机倒把,情节严重的,处三年以下有期徒刑或者拘役,可以并处、单处罚金或者没收财产。”投机倒把罪被定义为:以获取非法利润为目的,违反金融、外汇、金银、物资、工商管理法规,非法从事工商业活动、扰乱国家金融和市场管理、破坏社会主义经济秩序,情节严重的行为。

为了与《刑法》相配套,1987年9月17日,国务院颁布了《投机倒把行政处罚暂行条例》,正式对尚未构成犯罪的“投机倒把”行为列入行政处罚的范围。根据该条例第3条规定,以牟取非法利润为目的,违反国家法规和政策,扰乱社会主义经济秩序的11种行为,都属于应当给予行政处罚的投机倒把行为:(1)倒卖国家禁止或者限制自由买卖的物资、物品的;(2)从零售商店或者其他渠道套购紧俏商品,就地加价倒卖的;(3)倒卖国家计划供应物资票证,倒卖发票、批件、许可证、执照、提货凭证、有价证券的;(4)倒卖文物、金银(包括金银制品)、外汇的;(5)倒卖经济合同,利用经济合同或者其他手段骗买骗卖的;(6)制造、推销冒牌商品、假商品、劣质商品,坑害消费者,或者掺杂使假、偷工减料情节严重的;(7)印制、销售、传播非法出版物(包括录音录像制品),获得非法利润的;(8)为投机倒把活动提供货源、支票、现金、银行账户以及其他方便条件,或者代出证明、发票,代订合同的;(9)利用报销凭证弄虚作假,进行不正当经营的;(10)垄断货源、欺行霸市、哄抬物价、扰乱市场的;(11)其他扰乱社会主义经济秩序的投机倒把行为。

在《刑法》和《投机倒把行政处罚暂行条例》的作用下,中国在打击制裁投机倒把(罪)方面取得了伟大成效。1982 年年初,中央下发打击经济领域犯罪活动的紧急通知,以“投机倒把罪”抓了一批走在市场经济“风口浪尖”上的人。在个私经济发源地温州,五金大王胡某某、矿灯大王程某某、螺丝大王刘某某、合同大王李某某、旧货大王王某某、目录大王叶某某、线圈大王郑某某以及电器大王郑某忠等几人被列为重要打击对象。这就是著名的“八大王事件”,也是当时全国打击投机倒把的一个缩影。1991 年,温州抬会事件的主角之一,郑某芬成为最后一个以“投机倒把罪”获死刑的人。

1984 年 10 月党的十二届三中全会突破了把计划经济同商品经济对立起来的传统观点,认为中国社会主义经济是“公有制基础上的有计划的商品经济”。以此次会议为标志,经济体制改革全面展开,经济政策进一步放宽。在这种背景下,“八大王”获得平反,其他许多投机倒把“错案”也被纠正。

随着市场经济体制的确立,投机倒把行为出现了明显分化,有的成为正常市场行为,有的则上升至法律规范。

在此背景下,1997 年 3 月,第八届全国人大第五次会议修订的《刑法》,将投机倒把罪除名,并分解出几种常见罪,分别是合同诈骗罪,非法经营罪,强迫交易罪,倒卖车票、船票罪,非法转让、倒卖土地使用权罪等。“投机倒把罪”在中国正式退出了历史舞台。

但在 1997 年《刑法》取消“投机倒把罪”之后,投机倒把条例却在一浪高过一浪的撤销呼声中延续到 2008 年。2008 年 1 月 15 日国务院《关于废止部分行政法规的决定》的公布,广受诟病的《投机倒把行政处罚暂行条例》正式谢幕退场。

2009 年 8 月 24 日提请第十一届全国人大常委会第十次会议再次审议

的关于修改部分法律的决定草案，对中国现行法律中存在的明显不适应社会主义市场经济和社会发展要求的规定作出了修改。根据草案的规定，《计量法》《野生动物保护法》《铁路法》《烟草专卖法》4 部法律中有关“投机倒把”“投机倒把罪”的规定予以删去并作出了修改。

至此，“投机倒把”的概念彻底退出现行法律法规，淡出社会经济生活。投机倒把罪的起落兴废，是当代中国经济运行态势、体制变迁路径的标识之一，它从一个侧面反映了对“什么是社会主义、怎样建设社会主义”认识的逐步深化，也见证了当代中国法治建设迈出的历史性步伐。

2-010 从“劳动光荣”到与“休息光荣”并重

——休息是劳动者的基本权利

(2017年3月29日)

新中国成立以来,特别在社会主义建设大发展的背景下,展现在我们眼前的是一位位的劳动英雄,从时传样、王进喜,到倪志福、郝建秀,从李素珍、徐虎、王选、袁隆平,到李斌、许振超、王建军、李银环、于凯……他们为我们树立了“劳动光荣”“懒惰可耻”的价值观。并且长期以来,“休息”往往被等同于“懒惰”,所以高喊“休息”者也就成了可耻者。

今天的我们,不仅要提“劳动光荣”,同样要提“休息光荣”。因为,休息是劳动者的一项基本权利。具体说来,休息权(right of rest)是指劳动者在一定的时间内进行休整和放松的权利,包括休整权、休假权、休闲权、安宁权,目的在于保证劳动者的疲劳得以解除,体力和精神得以恢复和发展;保证劳动者有条件进行业余进修,不断提高自己的业务水平和文化水平;保证劳动者有一定的时间料理家庭和个人的事务,丰富自己的家庭生活。

《世界人权宣言》将“休息权”定性为一种“人权”。其第24条规定:“人人有享有休息和闲暇的权利,包括工作时间有合理限制和定期给薪休假的权利。”在中国,早在1954年,休息权就被写进了第一部《宪法》。“五四宪法”第92条明文规定:“中华人民共和国劳动者有休息的权利。国家规定工人和职员的工作时间和休假制度,逐步扩充劳动者休息和休养的物质条件,以保证劳动者享受这种权利。”但由于各种原因,这项权利一直停留在纸面的宣示阶段。直至1995年,《劳动法》和国务院《关于职工工作时间的规定》出台,工时制度和休假制度才逐步建立起来。休息权也从权利宣示转变为一项可诉的权利。随后的几十年里,先后出台了《劳动合同法》(2007年、2012年)、《职工带薪年休假条例》(2007年)、《劳动争议调解仲裁法》(2007

年)等一系列相关法律法规,在实体与程序两方面构建出休息权的权利体系。这一系列的法律法规规定,都以现行《宪法》第43条规定为依据。该条规定:"中华人民共和国劳动者有休息的权利。国家发展劳动者休息和休养的设施,规定职工的工作时间和休假制度。"

休息权是自然人得以生存和发展的基本权利,属于基本人权的范围。同时,它也是自然人人格权必要的和基本的组成部分,是一项独立的人格权。在现代社会,休息权还是劳动者应当享有的与劳动权密切相关的一项基本权利。所以,我们要像尊重劳动权一样地尊重休息权。"劳动"光荣,"休息"同样光荣。

2-011 谁有权征税?

——从"照章纳税"到"税收法定"

(2018年12月12日、19日,2019年1月3日)

历代历朝都有"缴皇粮"之说,这就谈到了"税收"。

没有税收就没有国家和政府。因为没有税收,国家和政府就会因失去财政来源而关闭。但没有"税收法定"原则,公民的财产权就可能被豪夺殆尽。因为征税意味着,政府对公民私有财产可以直接而无偿地征收。难怪有人说:"征税的权力是事关毁灭的权力。"民主与法治的最大成就之一,就是将可怕的"征税权"关进法律的笼子里,实现"税收法定主义"。

征税权也称课税权,系指赋予政府开征、停征税收及减税免税、退税、补税和管理税收事务方面的决定权。对征税权的法律规制,就形成了税收法定原则。

税收法定原则是征税权法治化的结果,具体是指由立法者通过法律决定全部税收问题的基本原则。如果没有相应法律作前提,国家则不能征税,公民也没有纳税的义务。税收主体必须依照并且仅仅依照法律的规定征税;纳税人也必须依照并且只依法律的规定纳税。税收法定应当包括:税种法定、税收要素法定、征税程序法定。税收法定原则与刑法中的"罪刑法定原则"一起,共同构成了现代法治社会公民财产权和人身权保护的两大基石。

税收法定原则起源于欧洲中世纪时期的英国。按照当时封建社会"国王自理生计"的财政原则,英国王室及其政府支出的费用由国王负担。而在当时的英国,国王的收入主要靠王室地产的收入、王室的法庭收入、贡金等。但由于战争、王室奢侈等因素的影响,这些收入难以维持其整个财政支出。为了缓解财政上的紧张局面,国王开始向贵族和市民征税。但遭到了贵族联合市民们的反对。1215年,在双方的斗争中处于弱势的国王被迫与贵族代表签署了一个被称为“自由大宪章”的协议。该协议对国王征税权作出了明确的限制,确立了“未经代议机构同意的课税应当被禁止”的原则。美国独立战争起源于一场抗税运动,其1776年《独立宣言》列举了英国国王的罪行之一就是:“未经我们同意就向我们强行征税。”建国时,美国的建国者们认为,“无代表不纳税”的原则是建立在自然法基础上的。[①] 接着把这一精神写进宪法。美国《联邦宪法》第1条第7款规定:所有征税法案必须由众议院提出(All bills for raising revenue shall originate in the House of Representatives)。1789年,法国大革命中公布的《人权与公民权利宣言》也清楚地规定了公民对税赋有决定权。该宣言第14条规定:“所有公民都有权亲身或由其代表来确定赋税的必要性,自由地加以认可,注意其用途,决定税额、税率、客体、征收方式和时期。”这一传统延续到今天的法国《宪法》(1958年)。法国现行《宪法》第34条明文规定,“各种税收的基准、税率和征收方式”由议会以法律规定。

中国的税收制度的定位和发展与世界法治化、文明化趋向具有同步性和同向性。中国的征税行为从“行政行为”走向“立法行为”,从“照章纳税”走向“税收法定”,伴随和标志着中国法治演进的脚步。

中国从“五四宪法”到现行“八二宪法”,前后4部宪法都没有关于征税权的规定,税收立法权一直不明确。但“税收法定”的精神已早有显露:我国由全国人大常委会制定的《税收征收管理法》,从1992年到2015年的修改,一直将“征税权”的设定权授给了法律和行政法规,也就是授给了全国人大及其常委会和国务院。我国4部宪法虽然没有规定“征税权”归谁,但它已从“公民纳税义务法定”的视角体现了“税收法定”精神。“五四宪法”和“八二宪法”都规定:“中华人民共和国公民有依照法律纳税的义务。”这意味着,没有法律依据,公民不具有纳税的义务。2000年第九届全国人民代表大会通过了《立法法》,第8条明文将“税收基本制度”纳入“法律保留”范围,但

---

① [美]W. 克里昂·斯考森:《飞跃5000年》,毛喻原译,群言出版社2015年版,第40页。

第9条又规定全国人大及其常务委员会有权把"税收立法权"授给国务院。

但在规范制度的另一边,我国税收制度的现实情况一直在自我演变。早在1952年,政务院发布的全国税政实施要则规定税收立法权归中央政府,并颁布了一系列税收条例;1958年全国人大常委通过了《农业税条例》和《工商统一税条例(草案)》,这些条例废止了原来国务院制定的关于营业税、印花税等部分的税规,但国务院制定的其他税收条例却依然有效。到1977年,国务院批转的财政部关于税收管理体制的决定,又规定税法的颁布与实施、税种的开征与停征都由国务院统一规定;1984年,全国人大常委会授权国务院改革工商税制和发布试行有关税收条例(草案)。从这个授权看,税收立法权是属于全国人大常委会的;而接着在1985年,全国人大又授权国务院在经济体制改革与对外开放方面可以制定暂行规定或条例,这次授权似乎表明全国人大要确认税收立法权是属于全国人大的。此后,国务院依照这两次授权制定了大量税收暂行条例,行使税收立法权。

这两次授权,由于没有列出明确目的,没有遵循"一事一权"原则,其授权范围模糊不清,极为宽泛,只笼统说了授权范围是"改革工商税制"与"经济体制改革和对外开放方面的问题"。试想,有哪几个事项不属于"经济体制改革和对外开放方面的问题"?这样的"空白授权"几乎把所有税收事项都授权给政府部门决定。另外,一些征税的行政法规还是经国务院再一次授权,由财政部或国家税务总局制定,这不符合"被授权机关不得将该项权力转授给其他机关"的基本原则。此外,那两次授权没有规定时效,1984年的授权虽于2009年废止,但1985年的授权如今仍然有效,国务院依然依据这一授权行使税收立法权。

在我国现行的19个税种中,仅有个人所得税、企业所得税和车船税制定了法律,其余16个税种均以行政法规为依据,另有财政部与税务总局发布的数以百计涉税"细则""文件""通知",以及由中央部委与省级部门发出的成千上万文件。我们似乎还停留在"照章纳税"的时代和观念之中,只要有政策和文件依据,都可征收。税收基本上成了行政部门的"家事"。

2008年12月,国家推出了"养路费改汽油消费税"改革,国家发改委、交通部等几个部门的一个红头文件,就完成了这一“使命”。

2011 年,经国务院批准,财政部、国家税务总局联合下发营业税改增值税试点方案。从 2012 年 1 月 1 日起,在上海交通运输业和部分现代服务业开展营业税改征增值税试点,从而拉开了税收改革的序幕。

政府开征新税的积极性持续高涨,个人住房的房产税、社保税、二氧化碳税、环境税,还在跃跃欲试。有的地方甚至率先开征房产税。

另外,“税收法定”的呼声与政府征税热情在同步高涨。人们不禁要问:税收到底是行政机关的事,还是最高国家权力机关的事?税收到底应由政府的行政行为来确定,还是必须由全国人大及其常委会的法律来设定?当年的税法授权是否该由最高权力机关收回?

2013 年,党的十八届三中全会明确提出“落实税收法定原则”,这是为推动国家治理体系和治理能力现代化、全面推进依法治国而作出的重要战略部署。

2015 年 3 月 15 日,第十二届全国人民代表大会第三次会议通过了《关于修改〈中华人民共和国立法法〉的决定》。新《立法法》第 8 条第 6 项根据税收法定原则,明确“税种的设立、税率的确定和税收征收管理等税收基本制度”,只能由法律规定,强化了“法律保留原则”。新《立法法》克服了旧《立法法》对“税收基本制度”表述上的模糊性,为全面推进“税收法定”提供了法律依据和保障。

由此,中国已从“照章纳税”走向“税收法定”。

2-012 刑事赔偿:从“赔无罪”到“赔疑罪”

——“疑罪从挂”受害人可获国家赔偿

(2019年1月30日)

1994年5月12日,中国第八届全国人民代表大会常务委员会第七次会议通过了《国家赔偿法》。该法自1995年1月1日起施行。《国家赔偿法》的制定和实施,标志着中国刑事赔偿制度的确立,中国向司法人权保障迈出了重要的一步。作为刑事赔偿中的“冤案赔偿”,当初的制度体现的是“赔无罪,不赔轻罪”。即《国家赔偿法》第15条第3项规定,对于“依照审判监督程序再审改判无罪,原判刑罚已经执行的”,司法机关才承担赔偿责任。这一规定的另一意思就是:如果当事人从“重罪”改为“轻罪”的(如原判决刑期为15年,后改判刑期为5年,且已执行了10年的),则不作赔偿。

除了“轻罪”,“疑罪”就更不作赔偿了。所谓“疑罪”,是指怀疑当事人有罪,被抓进来了,但没有充分证据能证明他有罪,因而将案件“挂起来”,既不撤案,也不放人,从而造成当事人被“送押”多年。这是“疑罪从挂”的现象和结果。《国家赔偿法》2010年和2012年的修改都推进了国家赔偿制度的完善,但“疑罪从挂”受害人是否可以获得赔偿仍不够明确。

2015年12月14日最高人民法院审判委员会第1671次会议和2015年12月21日最高人民检察院第十二届检察委员会第46次会议分别通过并联合公布了最高人民法院、最高人民检察院《关于办理刑事赔偿案件适用法律若干问题的解释》。这一于2016年1月1日起施行的解释,明确了“疑罪从挂”案件受害人有权获得国家赔偿。

该解释规定:“解除、撤销拘留或者逮捕措施后虽尚未撤销案件、作出不起诉决定或者判决宣告无罪,但是符合下列情形之一的,属于国家赔偿法第十七条第一项、第二项规定的终止追究刑事责任……”这种可以认定为“终止追究刑事责任”,并进而可以获得国家赔偿的情景有6种:(1)办案机关决定对犯罪嫌疑人终止侦查的;(2)解除、撤销取保候审、监视居住、拘留、逮捕措施后,办案机关超过1年未移送起诉、作出不起诉决定或者撤销案件的;(3)取保候审、监视居住法定期限届满后,办案机关超过1年未移送起诉、作出不起诉决定或者撤销案件的;(4)人民检察院撤回起诉超过30日未作出不起诉决定的;(5)人民法院决定按撤诉处理后超过30日,人民检察院未作出不起诉决定的;(6)人民法院准许刑事自诉案件自诉人撤诉的,或者人民法院决定对刑事自诉案件按撤诉处理的。

“两高”的司法解释推进了中国刑事司法赔偿范围的扩大,实现了从“赔无罪”到“赔疑罪”的跨越,也有力地阻却了“不处理、不放人”的现象。

2-013 “同命不同价”的争论

——怎样看待“平等”?

(2020 年 11 月 2 日)

侵权行为导致人身死亡的,如何赔偿,应当“同命不同价”,还是“同命同价”? 这一新中国法治史上的重要争论,最终导致了“同命同价”原则的确立,显示了中国法治文明的进步。

死亡赔偿金是否应当区别城镇居民与农村居民,在 1986 年制定的《民法通则》(2009 年修正)条文中并无直接涉及,2004 年实施《道路交通安全法》(2007 年和 2011 年修正)同样没有直接反映,尽管实践中是区别对待的。

问题的起因与一个司法解释有关。2003 年 12 月 26 日最高人民法院发布了《关于审理人身损害赔偿案件适用法律若干问题的解释》(法释〔2003〕20 号)。该解释第 29 条第 1 句规定:“死亡赔偿金按照受诉法院所在地上一年度城镇居民人均可支配收入或者农村居民人均纯收入标准,按二十年计算。”2004 年 5 月 1 日,该解释生效后,中国各地相继出现了一些在同一侵权行为中死亡,受害人因户口不同(城镇居民户口与农村居民户口)而获得的死亡赔偿金相差巨大的情况。

2005 年 12 月 15 日凌晨 6 时,在重庆市同一条街,搭乘同一辆三轮车的 3 名花季少女同遭车祸丧生。3 个家庭体味着同样的悲痛。但接下来的区别对待又让人悲愤:遭遇同一车祸的两个城市女孩都得到 20 多万元赔偿,而死者何某就因户口在江北区的农村,而只获得肇事方 5.07 万元的赔偿,只是前者的 1/4。

2006 年,云南女演员的死亡赔偿案件,再次拷问“同命不同价”的合理性。舞蹈演员李某某是云南省昆明市嵩明县杨桥乡一普通农家的孩子。她 2000 年考进昆明某学院舞蹈系。2003 年毕业后,进入总部位于云南省临沧市云县某企业集团的下属文工团,一干就是3年。在此期间,团里许多舞蹈都是由她编排并领衔主演,同时她还为文工团培训出了许多舞蹈演员。她是团里被领导和同事公认的“台柱子”。2006年7月30日,刚满20岁的李某某和5名同事到云县爱华镇游玩。她在一条河边戏水时,被同事彭某和张某借着几分醉意强行拉到河中,不会游泳的李某某被湍急的河水冲走。经过漫长的法院审判,李某某家属最终只得到了3万多元的死亡赔偿金。判决依据就是李某某为农村户口。

2009年年初,《广东省公安机关2009年度道路交通事故人身损害赔偿有关项目计算标准》出台。根据这一标准,在交通事故中死亡的城镇居民最多能获赔76万多元,而农村居民则只有25万多元,相差3倍之多。这一标准公布后,引起舆论哗然,再次将“同命不同价”问题推到民众热议的“火山口”。

“同命不同价”的规定,源于国家户籍管理中存在城镇居民和农村居民的划分。这种城乡二元化体制,最终导致了死亡赔偿金的差距。如某省2005年10月1日至2006年9月30日执行的标准是:死亡赔偿金、残疾补偿金城镇居民是8617.48元/年,农村居民是2837.76元/年,相差3.04倍;被抚养人生活费城镇居民是6884.61元/年,农村居民是2472.29元/年,相差2.78倍。上述数字表明:一个城镇居民在交通事故中死亡各项赔偿可达20万元,而在同等条件下,一个农村居民在交通事故中死亡各项赔偿只有5万余元。例如,湖南省某县2005年1月10日发生一起交通事故,死亡1人。死者属城镇居民,其死亡赔偿金为17.2万元。同年10月14日在同一地段发生一起交通事故,死亡2人,均属农村居民,共赔偿11.3万元,“两个农民的命不如一个城里人的命”。

但是,我国的现行制度并不全部采用“同命不同价”。1994年制定的《国家赔偿法》采用了全国统一标准。其第27条第3项规定:“造成死亡的,应当支付死亡赔偿金、丧葬费,总额为国家上年度职工年平均工资的二十倍。”2012年修正的《国家赔偿法》依然保留了这一规定(第34条第3项)。但国家赔偿作为特别的公权赔偿制度无法覆盖民事侵权领域。

2003 年的一个行政法规，即《工伤保险条例》，它对职工死亡的赔偿金不是区别城镇居民与农村居民，而是按“统筹地区上年度职工月平均工资”的 48～60 个月标准计算（第 37 条）。2006 年《国内航空运输承运人赔偿责任限额规定》再次取消了居民与农民的分界（第 3 条）。同样，这两项特殊的民事赔偿制度无法替代普遍的民事赔偿制度。

2009 年《侵权责任法》的制定，终于向“同命同价”推进了一步。该法第 17 条规定：“因同一侵权行为造成多人死亡的，可以以相同数额确定死亡赔偿金。”但它的进步非常有限，它被紧紧地限定在“同一侵权行为造成多人死亡”的条件之内。

“同命不同价”在中国受到了舆论界的广泛质疑。不少学者认为，“同命不同价”观念导致的不同赔偿标准既与宪法相冲突，也有违现代社会人人平等理念。最高人民法院的司法解释早已引起社会的不满和愤怒。2007 年元旦，广州律师周玉忠通过快递，向全国人大常委会提请审查最高人民法院《关于审理人身损害赔偿案件适用法律若干问题的解释》的合宪性；与此前后，因重庆农村女孩何某遭遇车祸所遇的不公正赔偿，上海交通大学法学院周伟教授受受害人父母委托，也向全国人大常委会法工委提出违宪审查建议书。全国人大代表刘爱平 2006 年 3 月在参加全国人民代表大会时递交议案呼吁：“希望司法部门能认真权衡，取消农村居民与城镇居民人身损害赔偿悬殊差别。”

问题尚未得到彻底解决之前，一些地方人大和政府着手“破冰”尝试。2006 年 9 月 8 日，《广西壮族自治区道路交通安全条例》通过广西壮族自治区人民政府审查。审查稿第 52 条确定了农村、城镇居民在交通事故赔偿按统一标准。同年 12 月，贵州省人大常委会召开了《贵州省道路交通安全条例（草案）》立法听证会。这个草案打破这一惯常做法，规定统一按照本省上一年度城镇居民人均可支配收入标准计算赔偿标准，探索交通事故赔偿中的“同命同价”原则。

与此同时，各地法院也在寻找“变通”方法，以破除“同命不同价”的统一规定。

2006年1月8日晚,邬某驾驶微型客车回家,在四川成都市城南天河路上,因一辆中型货车违章超车,邬某被撞,经抢救无效身亡。成都高新区人民法院认为:邬某虽属农村户籍,但长期在市区居住,经商多年,并购置了房产,其收入并非农业收入,生活消费已等同于城市。如以农村居民标准赔偿,显然与受害人生前实际身份不符,有违我国人权保护的基本理念和公正适法的原则。法院最终以城市人口赔偿标准,判令货车司机王某支付邬某家属死亡赔偿金16.7万元。成都法律界认为这在法院判决史上具有里程碑意义。

2007年3月,上海市法院在审理一起道路交通事故人身损害赔偿纠纷案件中,判决原告安徽来沪务工者季先生适用上海市城镇居民标准获残疾赔偿金7.4万余元,连同医疗费、误工费和精神损害抚慰金等共计13.6万余元。法院所确立的先例是:凡在上海居住一年以上、有稳定收入来源者都有望享受与城镇居民相同的标准计算赔偿费用。

2009年5月9日,江苏省无锡市锡山区人民法院审结一起涉及4名安徽农民工的交通事故死亡赔偿案,同样采用了在城镇打工按城镇居民标准计算的规则。

2006年4月,安徽省高级人民法院发布有关指导意见规定:农村户口的未成年人在城镇上学、生活的,人身损害的残疾赔偿金、死亡赔偿金等按城镇居民的标准计算。

2006年6月,河南省高级人民法院制定下发的《关于加强涉及农民工权益案件审理工作,切实保护农民工合法权益的意见》中第15条明确规定:受害人为农民工的医疗损害、交通肇事及其他损害赔偿案件审理中,凡在城镇有经常居住地,且其主要收入来源地为城镇的,有关损害赔偿费用根据当地城镇居民的相关标准计算。

我们在点赞地方人大、政府以及地方法院积极"破冰"的同时,不得不指出,无论是"同命同价",还是"同命不同价",作为民事基本制度的民事赔偿原则,显然属于《立法法》第8条所规定的"法律保留事项"范围,除了法律,谁也无权规定。尽管如此,这些"无效的好意"毕竟在走向正义,"同命不同价”观念正在走向消亡。

反对“同命不同价”者，主要是依据人权和平等的观念。我国《宪法》规定“中华人民共和国公民在法律面前一律平等”（第33条第2款）。《民法通则》规定“公民的民事权利能力一律平等”（第10条）。他们认为人人生而平等，居民和农民不应当有贵贱之分。

但也有学者不同意这一观点，认为“同命同价”才真正导致了不平等。人的生命没有贵贱之分，但人作为劳动力是有差别的。由于每个人在成长过程中所投入的成本不同，投入成本多的人创造的价值也多，其死亡赔偿金当然就该多。人人拿一样的赔偿金如同人人拿一样的工资才是不平等的。平等从来不排斥“合理的差别”。

我认为，一个人作为劳动力客观上就是有差别的，要求公司给总经理与门卫发一样的工资才是不合理，从而也是不平等的。据此，一个公司老板要求获得比一个民工更多的赔偿金，也不是没有道理。但问题在于，死亡赔偿不是解决劳动力的报酬问题，它要体现侵权者对死亡生命的歉意，体现对侵权者侵权行为的惩罚，体现国家法律制度对人的生命的尊重。一个人出生之后、死亡之前，人与人之间客观上都是有差异的，并且必须承认这种差异，否则社会不会进步。但是，人的生命价值必须是平等的，人人生而平等，人人死而平等。人的生命没有贵贱之分。所以，我们呼吁，要通过国家的立法或立法修改彻底、全面地废止“同命不同价”的规则。

2-014 取名“北雁云依”的风波

——中国首例取名权行政诉讼案

（2020年11月9日）

2009年，山东省济南市市民吕某给女儿起了一个既不随父姓，也不随母姓的名字——“北雁云依”。他去济南市公安局历下区分局燕山派出所报户口时，派出所以姓名“北雁云依”不符合办理户口登记的条件为由，拒绝为其办理户口登记。随后，吕某又相继去了济南市公安局、市公安局历下分局，也得到了同样的答复。吕某认为燕山派出所拒绝以“北雁云依”为姓名为其女儿办理户口登记的具体行政行为侵犯其女儿合法权益，于2009年12月17日以被监护人“北雁云依”的名义向历下区法院提起行政诉讼，请求法院确认公安机关拒绝以“北雁云依”为姓名办理户口登记的行为违法。

此案经两次公开开庭，因案件涉及法律适用问题，需要送请有权机关作出解释或者确认，法院于2010年3月11日裁定中止审理。经最高人民法院报请全国人大常委会解释，全国人民代表大会常务委员会于2014年11月1日经第十二届全国人民代表大会常务委员会第十一次会议通过，作出了《关于〈中华人民共和国民法通则〉第九十九条第一款、〈中华人民共和国婚姻法〉第二十二条的解释》。2015年4月21日，济南市历下区人民法院恢复审理该案，4月24日驳回原告“北雁云依”要求确认被告燕山派出所拒绝以“北雁云依”为姓名办理户口登记行为违法的诉讼请求。

在诉讼过程中，当事人双方争辩激烈。公安机关答辩说：根据《民法通则》（1986年）第99条第1款和《婚姻法》（2001年）第22条的规定，公民取名必须随父姓或者母姓，现“北雁云依”的取名不符合这一要求。

原告的理由是：第一，取名“北雁云依”没有恶意，而且不违反社会道德，只是为了吉利。吕先生酷爱古文学，他曾详细解释“北雁云依”4个字的寓意:山东地属北方,古代有诗“北方有佳人,遗世而独立,一顾倾人城,再顾倾人国”;“雁”是北方的鸟类,“问世间情为何物,直教人生死相许”这句诗的创作灵感,就是来自大雁;“云”是云彩,且在古诗词中频频使用;“依”则来自《诗经》,“昔我往矣,杨柳依依”。第二,《民法通则》第 99 条第 1 款和《婚姻法》第 22 条规定可以随父姓或者母姓,并没有禁止随第三姓。

历下区人民法院经审理认为,双方当事人主要对《民法通则》和《婚姻法》有关条文的适用问题存有分歧。现全国人大常委会对《民法通则》第 99 条第 1 款、《婚姻法》第 22 条作出解释。解释规定:“公民依法享有姓名权。公民行使姓名权,还应当尊重社会公德,不得损害社会公共利益。公民原则上应当随父姓或者母姓。有下列情形之一的,可以在父姓和母姓之外选取姓氏:(一)选取其他直系长辈血亲的姓氏;(二)因由法定扶养人以外的人抚养而选取抚养人姓氏;(三)有不违反公序良俗的其他正当理由。少数民族公民的姓氏可以从本民族的文化传统和风俗习惯。”该立法解释第 1 款重申了公民依法享有姓名权,同时指出,公民行使姓名权作为一项民事活动,应尊重社会公德,不得损害社会公共利益。第 2 款采用了“列举 + 一般条款”的形式,规定了可以在父姓和母姓之外选取姓氏的 3 种情形。第 3 款则针对少数民族公民,规定可以遵从本民族传统和习惯。而取名“北雁云依”,既无“其他正当理由”,也有违“公序良俗”。

诉讼结果虽然尘埃落定,但学界的争议远未结束。

本案所涉法律《民法通则》第 99 条第 1 款规定:“公民享有姓名权,有权决定、使用和依照规定改变自己的姓名,禁止他人干涉、盗用、假冒。”《婚姻法》第 22 条规定:“子女可以随父姓,可以随母姓。”

基于案情,对照法律,我有以下几点评论和想法:

第一,公民取名属于民事活动,受民法调整;但户口(姓名登记)是行政活动,受行政法调整。因而本案在法律适用上受两类法律(民法和行政法)调整,但公民针对公安机关的户口登记不服提起的诉讼属于行政诉讼,完全正确。

第二,本案涉及法律适用问题,即如何理解《民法通则》第 99 条第 1 款和《婚姻法》第22条。经第十二届全国人大常委会第十一次会议作出立法解释,法院依据该解释作出本判决,并无不当。

第三,至于2014年的立法解释是否可作为判断2009年行政行为的合法性,是否违反了“法不溯及既往”原则?笔者以为不然。因为法律不得溯及既往(除非符合《立法法》第93条规定),但是立法解释的效力应当溯及被解释法律的效力。

第四,全国人大常委会作立法解释在我国立法史上不是太多。本次是个进步,表明全国人大常委会在着力推进立法解释工作。但这次解释跨度较大,与其说是“解释”,不如说是新的“立法”。而且仅靠这次解释无法解决取名方面的各种问题(如取名字数限制等),我建议可考虑制定《公民姓名登记法》或者《公民取名法》。

第五,在全国人大常委会作出立法解释之前,公安机关同意当事人为其女儿登记“北雁云依”也无妨。一是因为“北雁云依”的取名无非是个“美好祝愿”,还够不上“有伤社会风化”;二是可以体现遵循“公权力——法不授权便无权,私权利——法不禁止便自由”的法治原则。

2-015 “撞了是否可以白撞?”

——中国20世纪末的一场“大讨论”

(2020年11月16日)

所谓“撞了白撞”,是指因行人、非机动车违章导致了交通事故,在机动车无过错情况下,应由行人、非机动车一方负全部责任。这个“撞了是否可以白撞”的“大讨论”在中国的20世纪末曾风靡一时。

1999年,沈阳市率先出台了《行人与机动车道路交通事故处理办法》。该办法规定:行人横穿马路不走人行横道线,与机动车发生交通事故,如果机动车无违章,行人负全部责任。这首次让“撞了白撞”以地方立法形式面世。2000年,上海市公安局发布了18种违章行为引发交通事故的违章者负事故的全部责任的通知。后来,国内推行或曾推行过类似规定的城市又有深圳、重庆、鞍山、抚顺、郑州、乌鲁木齐、济南等。由此就引发了一场波及全国的“大讨论”:到底是否可以“撞了白撞”?

支持者说:只要确立“撞了白撞”原则,行人和非机动车的违章行为才能被遏制住,中国的交通状态才会好转。况且,世界上不少国家就是这么做的。

而反对者说:在目前并非“撞了白撞”的制度下,有人连撞5个行人还不停车;如果“撞了白撞”,有人可能连撞10个行人也不停车了。况且,交通事故的责任划分,属于民事法律制度,地方无权规定。

2003年10月28日,中国第十届全国人民代表大会常务委员会第五次会议通过了《道路交通安全法(草案)》。这部高票通过并于2004年实施的中国第一部《道路交通安全法》,最终否定了“撞了白撞”的原则。该法第76条规定:“机动车发生交通事故造成人身伤亡、财产损失的,由保险公司在机动车第三者责任强制保险责任限额范围内予以赔偿;不足的部分,按照下列规定承担赔偿责任:……(二)机动车与非机动车驾驶人、行人之间发生交通事故,非机动车驾驶人、行人没有过错的,由机动车一方承担赔偿责任;有证据证明非机动车驾驶人、行人有过错的,根据过错程度适当减轻机动车一方的赔偿责任;机动车一方没有过错的,承担不超过百分之十的赔偿责任……"由此确立的恰恰是"机动车无过错也须承担责任"的"撞了不白撞"原则。这一原则在2007年和2011年《道路交通安全法》的两次修改中都被保留了下来。

中国"撞了是否可以白撞"的"大讨论",最终以"撞了不白撞"而得到终结。

我以为,根据中国现阶段的国民素质和法治环境,确立机动车"撞了不白撞"是正确的。它表明了"人性"的胜利,体现了对人权的尊重。

2-016 对中国首例"农民告县长"案的代理与思考

——写在中国行政诉讼制度建立30年之际

（2019年1月23日）

1989年4月4日，第七届全国人大常务委员会第二次会议通过了《行政诉讼法》。该法于1990年10月1日起施行。《行政诉讼法》的制定和施行，标志着"民告官"的诉讼制度在中国变成一项普遍性的公民权利救济制度。当我们今天回顾中国行政诉讼制度建立30年之际，人们无不提及被称为中国首例"农民告县长"，即农民包某某一家状告苍南县政府一案。我作为该案农民包某某一家二审的诉讼代理人之一，特撰此文，以示庆贺中国行政诉讼制度建立30年，同时也对已经去世农民包某某老先生表示敬意。

接受农民委托

记得1988年10月，我的好朋友，浙江的楼献律师来北京找我。他告诉我，浙江温州发生了一起农民状告县政府强制拆除房屋的案件。此案作为中国首例"民告官"案受到了全国几百家媒体的关注。由于该案原告是农民，被告县政府的法定代表人县长又亲自出庭，所以该案又被媒体报道为中国首例"农民告县长"案。该案的一审结果，法院判决农民方败诉，而他们觉得原告农民是有道理的，所以希望我能作为农民方的诉讼代理人参加二审诉讼活动。

当时我正在中国政法大学读行政法专业的研究生，师从应松年教授和行政法导师组。导师组里除了应松年教授，还有张尚鷟、王明扬、潘汉典、朱维究、黄曙海等专家。读研究生之前，我是杭州大学法律系的讲师，早在1985年已在浙江取得律师资格和律师（兼职）执照。考虑到这是一个行政案件（尽管当时适用民事诉讼程序），属于我的专业范围，又鉴于该案的影响，我便以浙江联合律师事务所第一所律师的身份接受了上诉人农民包某某一家的委托，和楼献律师一起参加了该案二审的诉讼活动。

记得从接受委托到出庭参加诉讼时间很短，不到一个月。我匆匆忙忙赶到浙江，到法院阅卷，到现场看被强拆（爆破）后所残留的半壁房屋，还和农民包某某一家面谈。好在楼献律师原本就是第一审的诉讼代理人，对案情非常了解，有助于我马上进入角色。

在我讲述第二审诉讼过程之前，必须回顾一下本案的起因和第一审诉讼过程。

案件的起因

温州市苍南县舥艚镇里有一道建于宋代的拦海防浪古堤。由于历年海潮的外移，堤坝渐渐失去堤坝的功能；加之“文化大革命”之初堤坝无人管理。从20世纪70年代开始，缺地缺房的农民看到堤坝宽阔平坦，开始在坝上建房。坝上盖房可省去地基的费用。这样，先后陆续有近200户人家在坝上建房，防海堤成了一条繁华的舥艚街，这里的住户都有街道编号（舥艚街××号。诉讼发生后，政府强行将“舥艚街”改名为“舥艚村”）。多年来也没有什么部门干涉过此事，所以人们在此安居乐业，相安无事。

本案当事人农民包某某一家，包括妻子、儿女等8人，就是其中的一户。大约1984年，苍南县农民包某某在舥艚镇东面的堤坝一旁抛石填土形成了3间屋基，便向舥艚镇城建办申请建房。建房审批表中有当地生产大队“同意建房，请主管部门审批”的意见和印章，接着镇城建办发文批复同意建房，土地部门还收取了708元土地款。1985年建成了3开间共3层的涉案房屋。房屋建成后，当事人还按程序申办并取得了县政府颁发的房屋所有权证。

1987年7月，苍南县政府为落实水电部《水利水电工程管理条例》和国务院《关于清除行洪蓄洪障碍，保障防洪安全的紧急通知》的指示精神，对坝上部分“影响”大坝防洪的违章建筑进行清除。当动员到包家拆房时，发生了争执。包家认为在坝上建房非他一家，而且他建房是经过政府审批的。但县政府认为包家房子是违章建筑。不久，县领导带着300多人对包家房子进行强制性爆破拆除。爆破的方法，是从房子的一面，从1层到3层炸除

1/5，从而使整座房子全面漏风，无法居住。

农民包某某一家自然接受不了，明明是政府部门批准建的房，而且又取得了政府颁发的房屋所有权证，怎么又成了违章建筑呢？他一家终于走上了曲折但在中国民主与法治史上意义深远的诉讼之路。

一审程序与判决

农民包某某不服县政府的强拆行为，从1987年7月开始，多次向县人民法院、市中级人民法院起诉，状告县政府违法拆房，均未能如愿。直到1988年3月，浙江省高级人民法院下文过问此事，温州市中级人民法院才受理了此案。

1988年8月25日，农民包某某一家诉苍南县人民政府强制拆除房屋案正式在苍南县开庭。由于要求旁听庭审的人数众多，庭审地点不得不从原定450个座位的苍南县法院移到了有1000多个座位的苍南县电影院。在苍南县电影院，本来是电影荧幕的地方挂起了巨大的国徽。浙江省温州市中级人民法院在此开庭审理农民包某某一家诉苍南县人民政府强制拆除房屋案。时年61岁，灰白头发、紫酱脸色、不懂普通话的农民包某某，带着儿女、妻子等8人坐在法庭的一侧；苍南县县长黄某某坐在法庭的另一侧。1000余名群众及26家新闻单位的近50名记者齐聚在当时充当临时审判庭的苍南电影院内旁听。法院印发了1000张旁听证，但依然是一证难求，精明的温州人甚至做起了生意，当时一张旁听证炒到了100元。

庭审从上午9时开始一直持续到晚上10时20分，长达12小时。1988年8月29日，一审法院即温州市中级人民法院作出了一审判决。判决认定包某某等所建房屋违反国务院水利电力部、浙江省人民政府关于保护水利设施、严禁毁堤建房的有关规定，是违章建筑。苍南县人民政府强行拆除其违章建造的部分房屋是合法的。依照水利电力部《水利水电工程管理条例》和国务院《关于清除行洪蓄洪障碍，保障防洪安全的紧急通知》等行政法规，驳回原告包某某等人的诉讼请求。

二审程序与判决

农民包某某一家，当然对第一审法院判决不服，依法提起了上诉。由于第一审由温州市中级人民法院审理,第二审当然就由浙江省高级人民法院审理。浙江省高级人民法院组成精干力量,于1988年11月18日在温州市公开开庭审理了本案。

我和楼献律师作为上诉人的代理人出庭参加诉讼。上诉人农民包某某一家依然出庭,其中农民包某某格外受人关注,常常被媒体追逐。被上诉人方同样有两位律师出庭代理,我们彼此非常熟悉。苍南县县长黄某某依然出庭,但在整个二审庭审中,他没有发言。

在庭审中,双方律师进行了3轮辩论。辩论焦点与一审相同,主要围绕包某某一家的建房是否合法,以及苍南县政府对该房的拆除是否合法。

上诉人包某某一家的观点是(通过律师提出):(1)他建房所在的防洪堤坝几十年来由于海潮外移已失去防洪功能,而且防洪坝(舥艚堤)早已演变成"舥艚街"。(2)他建房是经过所在村和镇政府的批准,并且向政府交纳了土地款,而这是农村建房的普遍程序。而且堤上的其他不少建房连这一程序也未经过,从未被认定过违法。(3)房屋建造后又领到了县政府颁发的房产证,而且他们一直"合法"地居住着。(4)所以,县政府炸毁其房屋是违法的,要求法院确认县政府行为违法并予赔偿。而被告苍南县政府答辩道:(1)由于原告房屋不是建筑在一般土地上,而是建筑在防洪设施上,这类房屋的审批除村委会和镇政府审批外,还必须报水利部门批准;(2)现在原告的建房虽经村委会和镇政府审批,但未经县级水利部门审批,因而属于违法建筑;(3)镇政府审批属于越权审批,越权审批无效,所建房屋应按违章建筑处理。包某某又提出:(1)舥艚堤(舥艚街)上的建房多少年来都是同样的审批程序,从未有经水利部门审批一说;(2)当年申请建房的《申请表》(政府机关制)上,也无水利部门的审批栏目。

该案没有当庭宣判。1988年12月26日,浙江省高级人民法院经审判委员会讨论后,作出了"驳回上诉,维持原判"的终审判决,宣判了农民包某某等人败诉。判决认定事实和理由与一审雷同。

事隔几年后,政府又允许包某某将被炸了1/5的房子修复回去,他一直居住在那。2002年10月15日,闻名于世的"中国民告官第一人",浙江省苍南县舥艚镇农民包某某老人因病去世。临终前,他把众多儿孙叫到床前嘱咐说:“我因当年一件小事(指民告官)而受到世人的关注和厚爱,我无憾今生,今后你们一定要学法、懂法、守法。”

案件的意义

从司法程序上说,该案到1988年12月26日已尘埃落定,以农民包某某一家败诉为终结,当事人事后的申诉也未被允许。但是,该案的影响力远未到此打住。我以为,该案发生的意义已远远超出诉讼结果的意义,它已成为新中国“民告官”(行政诉讼)制度史上,从而同样成为新中国民主与法治史上的一个标志性事件。

此案(1988年)发生于《行政诉讼法》制定颁布(1989年4月4日)的前一年,是人民法院用民事诉讼程序审理行政案件的一个特别司法事例。当时,治安行政诉讼和部分经济行政诉讼已始确立,但是以“民告官”为特征的行政诉讼尚未被确立为一项普遍的,与民事诉讼并行的程序制度。1982年颁布的《民事诉讼法(试行)》第3条第2款规定:“法律规定由人民法院审理的行政案件,适用本法规定。”所以,当时只能以民事诉讼程序审理行政案件。普遍确立“民告官”制度的《行政诉讼法》正在制定过程中,并且充满着争议。

农民包某某状告县政府案件二审判决后3个月零8天,《行政诉讼法》于1989年4月4日由中华人民共和国第七届全国人民代表大会第二次会议通过公布,自1990年10月1日起施行。从此,“民告官”的行政诉讼制度正式成为我国的普遍诉讼制度。这一制度对于保护公民、法人或者其他组织的合法权益,监督行政机关依法行使职权,推进法治政府建设,起到了不可低估和不可替代的积极作用。

可以说,农民包某某状告县政府案件,反映了中国公民对行政诉讼制度的普遍呼唤,催生了《行政诉讼法》的及时出台和行政诉讼制度的普遍建立。

为了纪念这一诉讼,包某某的一位孙子1990年出生时取名为“包诉讼”。

如果案件发生在今天

此案发生在“民告官”行政诉讼制度正在建立而尚未普遍建立时的1988

年。当时的法院敢于受理此案并两次(第一审和第二审)公开开庭审理,让人钦佩。时任苍南县政府的县长黄某某一审、二审开庭都能出庭,实属难得和可贵。2014年我国《行政诉讼法》的修改,才将“被诉行政机关负责人出庭应诉”确立为行政诉讼的一项基本原则。法院的判决结果和理由,虽然各有评说,但置于当时的时代背景,亦可理解。

但是,当我们站在30年后的今天,站在“民告官”行政诉讼制度已普遍建立并且已有效实施了30年后的今天,站在离“法治国家、法治政府、法治社会基本建成”目标只有17年的今天,重新评判这一案件的处理结果,还是存在可鉴之处。

第一,本案的一个情节是,农民包某某建房是经过村委会和镇政府审批的,而当地农民建房都是这样的程序。但政府答辩说,原告是在防洪设施上建房,只经村委会和镇政府审批不够,还须经县级水利部门审批。法院认定,镇政府审批,属于越权审批;越权审批无效,所建房屋应按违章建筑处理。可事实上,包家建房的申请表中的审批栏目中,只有村委会和镇政府的审批栏目,没有水利部门的审批栏目;况且,也无任何人告诉他经镇政府审批后去找县水利部门审批。当地舥艚堤(舥艚街)上几百户的建房没有一户被要求过经水利部门审批。所以,作这样的事实认定,会让哪个百姓服气?另外,一个法律上的问题是:即便属于政府机关越权审批,也不应当属于建房申请人的违法。正确的做法应当是:越权审批无效,所建房屋应当恢复原状;但申请人无任何违法(除非是骗取批准),这样就不应当通过对相对人的处罚程序,而应当通过对政府行为确认违法和无效程序来拆除所建房屋;政府机关应当另行安排土地让当事人建房,由此产生的损失均由越权审批的政府机关赔偿。以政府“越权审批”为由来认定原告在政府审批同意下的“建房违法”,从而处罚后者。

第二,要坚守“信赖利益保护原则”。本案的另一个情节是,农民包某某建房后,还取得了县政府颁发的《房屋所有权证》。当县政府去拆房时,农民包某某左手拿着县政府颁发的《房屋所有权证》,右手却拿着“强制拆除通知书”。这是不可理喻的极大的讽刺:一边,政府颁发的《房屋所有权证》,以国家公信力来宣示包某某房屋的合法性；另一边，一纸通知又认定包某某建房违法。如果真是包某某建房违法，那么就应当先依法撤销《房屋所有权证》，然后才可作后续处理。置政府颁发的《房屋所有权证》不顾，另行作出与《房屋所有权证》相反的决定，这明显违反“信赖利益保护”的法治原则。

第三，“早知如今，何必当初”。本案的一个案外事实是，经过这个诉讼后，包某某的房子在政府的默认下修建了回去；舥艚街（堤）上几百家房屋建筑始终没有一户被拆。几年前，我重游了苍南县的舥艚街，发现那边的建筑“涛声依旧”。早知今日，何必当初呢？如果舥艚街（堤）作为海堤上的建房是违法的，那么为什么当时只处罚包某某一家？如果可以默认或者转换为合法（通过补办手续等），那么当年何必如此兴师动众地对包家进行炸房？这可能也是“全面立法、普遍违法、选择执法”的一个例子。

这个案件如果移到“全面依法治国”背景下的今天来审理，人民法院又会作出怎样的判决呢？应当是确认有关政府部门审批行为违法和无效，由政府审批机关赔偿包某某建房所造成的损失。然后，为包某某另择地块，重新建房。绝对不能以“政府越权审批无效”为由，认定包某某建房违法。

2-017 在德国啤酒馆的“建议”

——“空酒瓶为何不收走?”

几十年前,我们去德国考察。德国的啤酒很有名,挺好喝,有扎啤、生啤、黑啤……去了德国就应当去品尝一下当地的啤酒。

我们进了一家啤酒馆。德国的服务员很客气,把几张桌子拼在一起,让我们坐成一圈,并告诉我们:啤酒馆里的任何啤酒都可直接拿来饮用,不用叫服务员,但要求把饮用过的啤酒容器(啤酒瓶、易拉罐等)放在自己的桌上,以便最后结账。

这个啤酒馆的生意很火,许多桌子上顾客走了但空酒瓶服务员没有收走。可能是来不及收,也可能要等下班时才收。连我们背后的一排桌子上,也都是空酒瓶。

在这样的场景下,我们有一位同志让导游将服务生叫过来,善意地向她提出了批评建议。他很认真地说道:“我要向你们提个建议。你们让我们自己随意取拿啤酒喝,然后把空酒瓶放在自己桌子上以便结账。但你们为什么不把其他桌子上的空酒瓶收走?到处都是空酒瓶,那我完全可以喝了啤酒把空酒瓶放在别人的桌上,我们不就白喝了吗?”

由于语言上的障碍,导游翻译了3遍,德国服务生才听懂了这个“批评”加“建议”。顿时,这个德国女服务生傻掉了,眼睛睁得大大地盯着提问的客人,连说了3个“Why”(“为什么呀”)。

这个德国服务生当然不理解,她在这里工作了几十年,从未有人提过这样的问题。德国人喝啤酒,哪有人会喝了啤酒之后就把空酒瓶放到别人桌上去啊?他们连想都没有想过,不要说做了。如果你在提这个问题,说明你在想这个问题;你在想这个问题,说明你才可能这么做。

这个事例说明,我们个别人的“规则”意识淡薄。但在全面依法治国,法治意识普遍提高的今天,已不大可能发生类似的情况。

2-018 只要“县太爷”的一句话

——发生在“农家乐”的故事

很多年前,我到一个县城去作法治报告。在开讲之前,那个城的县委书记亲自在全县干部大会上作了法治动员,我很为感动。心想:县委书记如此重视法治,这个县肯定迟早会变成“法治县”。

有这位县委书记为我“热场”,接下来我作法治报告也做得很带劲。

讲座之后我要去机场赶下一场讲座。这位书记很热情,坚持要送我去机场,中途陪我吃午饭。

我们的车在高速公路边的一个加油站进入一条不起眼的小路,绕了大半圈进入一家靠近高速公路边的“农家乐”。

“农家乐”的老板一见“县太爷”来了,热情地迎出来。

我一看就知道他们很熟,这可能是县委县政府的接待点。相信现在肯定被拆掉了。

我们吃饭时,老板一同来作陪,热情地为我们介绍各种“农家菜”的特色。其间,他抓住时机向书记汇报一个事:书记呀,你看,我们的“农家乐”,菜有特色,生意很好。但是人家来吃饭不方便啊,要从加油站背后绕道进来。不认识路的人还进不来。我几次直接向高速路开“口子”,几次都被交警封了,还被罚了款。书记,你看,能否让我的饭店直接向高速路开个“口子”呀?这样人家进来多方便呀!

见样子,书记的酒喝尽兴了,便说:那你们就开吧,下次交警来封,你们就说“我同意的”。

我在边上,看着这一切,很是惊讶。在地方,“县太爷”的权力真大啊!这时的他,已与在我作法治报告前动员的他判若两人了……

2-019 “延安窑洞对”

——以民主和法治打破历史兴亡的“周期律”

（2016年7月20日）

1945年7月4日下午，毛泽东邀请中国教育家黄炎培等人到他住的窑洞做客。毛泽东问黄炎培来延安考察有何感想？黄炎培坦然答道：“我生六十余年，耳闻的不说，所亲眼见到的，真所谓‘其兴也浡焉，其亡也忽焉’。一人，一家，一团体，一地方，乃至一国，不少单位都没有能跳出这周期律的支配力。大凡初时聚精会神，没有一事不用心，没有一人不卖力，也许那时艰难困苦，只有从万死中觅取一生。既而环境渐渐好转了，精神也就渐渐放下了。有的因为历时长久，自然地惰性发作，由少数演为多数，到风气养成，虽有大力，无法扭转，并且无法补救。也有为了区域一步步扩大了，它的扩大，有的出于自然发展，有的为功业欲所驱使，强于发展，到干部人才渐见竭蹶，艰于应付的时候，环境倒越加复杂起来了，控制力不免趋于薄弱了。一部历史，‘政怠宦成’的也有，‘人亡政息’的也有，‘求荣取辱’的也有，总之没有能跳出这周期律。”显然，黄炎培先生的这段话的意思是问，中国共产党能跳出这个周期律吗？

对黄炎培的坦诚直言，毛泽东当即非常自信地回答：“我们已经找到新路，我们能跳出这周期律。这条新路，就是民主。只有让人民来监督政府，政府才不敢松懈。只有人人起来负责，才不会人亡政息。”

黄炎培十分赞同毛泽东的观点。事后还写下了自己对毛泽东答话的感想：“我想：这话是对的。只有大政方针决之于公众，个人功业欲才不会发生。只有把每一地方的事，公之于每一地方的人，才能使地地得人，人人得事，用民主来打破这个周期律，怕是有效的。”

这就是著名的“延安窑洞对”。在这一“对话”中，黄炎培对数千年来政权兴亡的历史规律非常了解,也对我们党执掌政权后可能出现的变化表示了担忧。而毛泽东以民主理念表现出的要跳出这种历史兴亡周期律的自信,让当时的很多人,包括黄炎培这样的名士来说,的确是备受鼓舞的。

我们只有切实坚持毛主席当年提出的“法宝”,真正地奉行民主和法治,接受人民监督,才能走向道路自信、理论自信、制度自信和文化自信。

2-020 两个“世纪之问”

——李约瑟与钱学森的握手

(2018年12月17日)

20世纪,科学史家李约瑟在其鸿篇巨制《中国科学技术史》中提出了一个问题:为什么近代科学和科学革命只产生在欧洲?为什么直到中世纪中国还比欧洲先进,后来却让欧洲人领先了呢?这就是著名的“李约瑟难题”。

21世纪初,温家宝总理在看望中国著名的物理学家钱学森时,钱老发出这样的感慨:中国为什么出不了大师?这被人们称为“钱学森之问”。

李约瑟和钱学森在两个不同世纪所提出的两个不同问题,可称为“两个世纪之问”。这两个问题,前一个关于“科技”,后一个关于“教育”,但它们都为中国而问!

中国是世界四大文明之国(古埃及、古巴比伦、古印度和中国),也是科技史上拥有“四大发明”(造纸术、指南针、火药、活字印刷术)的国家。为什么到了近代反而落后了呢?

新中国的教育事业,党和政府非常重视。1993年中共中央国务院制定的《中国教育改革和发展纲要》明确提出教育投入要占国民生产总值4%的要求。2010年我们确立了“教育强国”战略,根据党的十七大关于“优先发展教育,建设人力资源强国”的战备部署,国务院制定发布了《国家中长期教育改革和发展规划纲要(2010—2020)》。中国大学经历了“211”“985”等工程。为什么还有“钱学森之问”?

我以为,关于第一个问题的答案,主要在于制度背景的不同,是自由资本主义与封建专制的差别。关于第二个问题,就没有那么简单了。导致第二个问题的因素很多,当然包括钱老提到的“创新环境”。教育要能培养出大师,需要有一套符合教育规则的教育管理制度和方法。为此,推进国家治理的现代化和法治化,会有助于推进这两个问题的解决。

2-021 “亲亲相隐”

——法与人性的对话

（2018年11月21日、28日）

“亲亲相隐”（Concealment），又称亲属容隐、亲属相隐，是中国古代刑律的一项原则。该原则的核心内容是，亲属之间可以藏匿、包庇犯罪而不负刑事责任；相反，告发亲属可以论罪。

这一由中华法系法律文化传统所孕育的特色法律制度，它的渊源可以追溯到西周。“亲亲、尊尊”是西周贯穿于周礼中的两条基本原则，也是中国宗法制度的萌芽。到春秋战国时期，以孔子为代表的儒家学说继承周礼传统。《论语·子路第十三》中记载了叶公和孔子一个对话：叶公对孔子说，我们中间如果有人，其父亲偷人家羊，儿子出来指证父亲的偷盗行为，这是合乎正道的。但是孔子说，对于这件事，父子应该互相隐匿，这才是我们所谓的正道之理。孔子的这句话成为日后“亲亲相隐”制度的基石。中国历代各朝多以孝治天下，以不同程度继承了这一思想。

三国、两晋、南北朝时期，亲亲相隐原则得到进一步确认。到了汉朝，汉宣帝确立“亲亲相隐”入律，并言道：“父子之亲，夫妇之道，天性也。虽有祸患，犹蒙死而存亡。诚爱结于心，仁厚之至也，岂能违之哉？”

到唐宋时，“亲亲相隐”进一步扩展，推及同居亦可相隐。《唐律疏议·名例》卷六规定：诸同居、若大功以上亲及外祖父母、外孙、外孙之妇、夫之兄弟及兄弟妻，有罪相为隐。《宋刑统·各例律》第六卷亦作了相类似的规定。《大明律》虽较唐律严苛，但同样规定了“同居亲属有罪互相容隐”“弟不证兄、妻不证夫、奴婢不证主”的法律原则。事实上中国历代法律不但鼓励相隐，而且从汉代起，儿子若向官府告发父亲的罪行，官府将以“不孝”罪对儿子处以重刑。更有甚者，历代法律还规定司法官员若强迫血亲相证犯罪同样也是犯罪。外族统治的清朝也无一例外地规定“子告父,若取告不实,子当处绞刑,若取告属实,子亦受杖一百,徒三年之刑”。

代表资产阶级的国民党政府亦继受“亲亲相隐”这一法律原则且相隐的范围更大。1935 年《中华民国刑法》第 167 条规定:为亲属利益而藏匿人犯及湮灭证据的人免除其刑或减轻其刑。同年发布的《中华民国刑事诉讼法》将相隐的范围扩大至五等亲以内的血亲,三等亲以内的姻亲。

在中国香港特别行政区和澳门特别行政区,“亲亲相隐”制度依然传承。香港特别行政区《诉讼证据条例》第 6 条规定:“本条例的规定,并不使丈夫有资格或可予强迫在任何刑事法律程序中为妻子提供证据或提供证据指证妻子,亦不使妻子有资格或可予强迫在任何刑事法律程序中为丈夫提供证据指证丈夫。”澳门特别行政区《刑事诉讼法典》第 121 条规定:“下列之人有权拒绝以证人身份作证:嫌犯之直系血亲、卑亲属、兄弟姐妹、二亲等内的姻亲、收养人、嫌犯所收养之人及嫌犯之配偶,以及与嫌犯在类似配偶的状况下共同生活的人,就婚姻存续或同居期间发生的事实。”

“亲亲相隐”制度并不为中国古代及我国港澳台地区所独有的。古希腊的宗教和伦理就反对子告父罪,在古罗马法中关于亲属相容隐规定则更多,甚至亲属之间相互告发要丧失继承权。源于罗马法而自成体系的大陆法系国家,都坚定地移植了罗马法中亲亲相隐的精神。1988 年意大利《刑事诉讼法典》第 199 条规定:被告人的近亲属,有收养关系、同居者、已分居的配偶没有义务作证。1994 年法国《刑事诉讼法》第 52 条规定:以下人员有权拒绝作证:(1)被指控人的订婚人;(2)被指控人的配偶、即使婚姻关系已不再存在;(3)与被指控人现在或曾经是直系亲属或者直系姻亲,现在或者曾经在旁系三亲等内有血缘关系或者在二亲等内有姻亲关系的人员。德国《民事诉讼法》第 383 条第 1 款规定,凡证人遇以下婚姻关系或亲属关系的,有权拒绝作证:(1)系一方当事人的未婚配偶;(2)系当事人一方的配偶,包括婚姻关系已不存在的;(3)系现在或者过去是当事人一方的直系血亲或直系姻亲,或三亲等以内的旁系血亲,或二亲等以内的旁系姻亲。此外,1974 年《日本改正刑法草案》第 159 条第 3 款、1953 年《韩国刑法典》第 151 条等均规定了婚姻关系的配偶，直系亲属之间有权拒绝作证。英美法系中虽然没有“容隐”之规定，但其证据法中都有“夫妻互隐”的特权规则。

这一中西方共同遵循的“亲亲相隐”法则，只是到了新中国成立之后，基于强调法的阶级性，奉行国家利益高于一切，“以事实为根据”原则绝对化，才将 2000 多年的这一法律制度随着“六法”彻底废除而被抛弃。从而主导中国 2000 多年的人们为亲属利益而知犯不举、掩盖犯罪、通风报信、资助逃跑、藏匿窝赃、毁灭罪证可以不受刑法处刑的“亲亲相隐”制度从我们的视野中消失。

我国刑法设定的“伪证罪”“窝藏、包庇罪”“掩饰、隐瞒犯罪所得、犯罪所得收益罪”，以及刑事诉讼法规定的证人“作证义务”，使中国的亲属之间要不“大义灭亲”，要不共同“锒铛入狱”。当我们看着违背人性的“大义灭亲”，或者，面对因父母、夫妻共同入狱后孤儿寡母艰难度日情形，面对老弱病残无助的眼神，面对因父母均入狱而无力交纳学费的子女流落街头，我们是否应当反思我们的法律设定窝藏、包庇、伪证罪主体上是否具有正义性？

中国的学者们已在呼吁，中国的法律已在悄悄改进。2012 年《刑事诉讼法》的修改，增加了以下规定（第 188 条第 1 款）：“经人民法院通知，证人没有正当理由不出庭作证的，人民法院可以强制其到庭，但是被告人的配偶、父母、子女除外。”2015 年最高人民法院所发布的《关于审理掩饰、隐瞒犯罪所得、犯罪所得收益刑事案件适用法律若干问题的解释》已开始体现当代的“亲亲相隐”精神。中国的法治正在静悄悄地演进着。

承认“容隐权”是一项法定权利。它以人性伦理为基础。孟德斯鸠说过，为了保存法纪，反而破坏人性，是为恶法。乾隆皇帝曾经指出：“人情即是天道，人情即是国法。”在一定范围内允许“亲亲相隐”，可以平衡人性与秩序、人权与公共利益的关系。它将使我们走向良法善治，走向现代文明。

2-022 公民"结婚权"的两大"回归"

——"婚姻自由"的真正实现

(2017年4月5日)

我国公民男女的结婚权,经历了两个"回归":一是从"单位"回归到"自然人";二是从"大学"回归到"大学生"。前者以2003年国务院《婚姻登记条例》出台为"标志",后者以2005年教育部新修订的《普通高等学校学生管理规定》为"时点"。

"婚姻自由",系指婚姻当事人按照法律的规定在婚姻问题上所享有的充分自主的权利,任何组织和个人不得强制或干涉。"结婚权",是指符合法定条件的婚姻当事人,有自愿结婚(包括离婚)和不受他人干涉的权利。"婚姻自由"是由我国《宪法》和《婚姻法》所确立的婚姻制度的基本原则,"结婚权"是由我国《宪法》和《婚姻法》所确立的公民基本权利。不能保证"结婚权",就谈不上"婚姻自由"。

新中国第一部《宪法》即"五四宪法"第96条第2款规定:"婚姻……受国家的保护。"现行《宪法》(1982年)第49条,除保留"五四宪法"的上述规定外,还增加了"禁止破坏婚姻自由"的规定。我国1980年制定、2001年修订的《婚姻法》都同样规定:"结婚必须男女双方完全自愿,不许任何一方对他方加以强迫或任何第三者加以干涉。"

但在第一个"回归"之前,我国公民的"婚姻自由"首先受到了"单位"的限制。根源与一个条例有关。1994年,由国务院批准、民政部发布的《婚姻登记管理条例》第9条第1款规定:"当事人结婚的,必须双方亲自到一方户口所在地的婚姻登记管理机关申请结婚登记;申请时,应当持下列证件和证明:(一)户口证明;(二)居民身份证;(三)所在单位、村民委员会或者居民委员会出具的婚姻状况证明。"

按理说，所在单位、村民委员会或者居民委员会出具的《婚姻状况证明》只是用来证明当事人为“单身”这一事实而已。但是，这一证明在实际中演变成《单位介绍信》，而《单位介绍信》又演变为“单位审批”。实际的操作是：只要单位不同意开《介绍信》，等于单位“不同意”当事人结婚；而单位“不同意”当事人结婚，登记机关就会拒绝给当事人登记结婚，尽管理由是“材料不全”。所以，在2003年以前，我们一直是在“结婚需要单位同意”的观念和规则下生活的。《宪法》和《婚姻法》所设定的“婚姻自由”便遭到了扭曲。

2003年国务院的一个行政法规，即《婚姻登记条例》，促成了公民“结婚权”的“第一个回归”。该条例废除了结婚登记需要男女双方提供《单位证明》的制度。从此，公民的结婚不再受制于单位领导的意志，只要符合法定条件的，就可获得结婚登记。这是中国公民“婚姻自由”的第一次落地。

与结婚权“第一个回归”比较，我国公民结婚权的“第二个回归”相对来得晚一些，直至2005年才被等到。

新中国成立以来，大学生的结婚权一直是被限制的。而一个明文的限制依据恰恰是到了20世纪90年代末才正式出现。1989年，原国家教委颁布了《普通高等学校学生管理规定》，该规定于1990年1月20日开始实施。其第30条明确规定：“在校学习期间擅自结婚而未办理退学手续的学生，作退学处理。”并在第33条强调，“取消学籍或退学的学生，均不得申请复学。”该规定非常明确地禁止了大学生在校期间的结婚权。从此，大学管理就游离于《宪法》和《婚姻法》之外。

按理说，原国家教委颁布的《普通高等学校学生管理规定》充其量只是一个“部门规章”而已。规章怎么能够限制由宪法和婚姻法设定的，并作为公民基本权利的结婚权呢？我国新修订的《立法法》（2015年）第80条第2款明文规定：“部门规章规定的事项应当属于执行法律或者国务院的行政法规、决定、命令的事项。没有法律或者国务院的行政法规、决定、命令的依据，部门规章不得设定减损公民、法人和其他组织权利或者增加其义务的规范，不得增加本部门的权力或者减少本部门的法定职责。”

但当时的环境,人们还没有达到像今天这样对法治的重视程度。规定按规定,行为归行为,这是常有的事。

2001年,教育部关于高考报名的通知取消了往年规定的“未婚,年龄一般不超过二十五周岁”的限制,在中国引发了一场“关于符合法定结婚条件的在校大学生是否可以结婚”的大讨论。

2003年国务院《婚姻登记条例》,取消了1994年旧条例(《婚姻登记管理条例》)所确立的,“当事人结婚需要单位提供证明”的不合理规定,加速了对覆盖在大学生结婚权上面冰雪的融化。

2003年6月15日,武汉华中师范大学23岁的四年级男生陈某和武汉市一家公司24岁的职员张某在酒店举办婚宴,同学50多人前往祝贺。这是武汉市第一例在校大学生公开举行的婚礼,这恐怕也是中国第一例在校大学生的结婚事例。

2005年,在“依法治国—依法行政—依法治校”的历史背景下,教育部修订了《普通高等学校学生管理规定》。新规定明文取消了禁止学生结婚的条款,终于实现了公民的结婚权从“大学”到“大学生”的“回归”!

2-023 “黑户人”回到了阳光普照之下

——中国法治彰显:人人生而平等

(2016年1月20日)

2015年12月9日下午中央全面深化改革领导小组第十九次会议,强调要全面解决无户口人员登记户口问题。2016年1月14日国务院办公厅发布了《关于解决无户口人员登记户口问题的意见》(国办发〔2015〕96号),落实了对8类无户口人员(不符合计划生育政策的无户口人员、未办理《出生医学证明》的无户口人员、未办理收养手续的事实收养无户口人员、被宣告失踪或者宣告死亡后户口被注销人员、农村地区因婚嫁被注销原籍户口的人员、户口迁移证件遗失或者超过有效期限造成的无户口人员、我国公民与外国人、无国籍人非婚生育的无户口人员和其他无户口人员)的户口登记工作,特别是明确“禁止设立不符合户口登记规定的任何前置条件”。从此,“黑户口”在中国将成为历史。

我以为,此事怎么点赞都不为过。其意义远胜于中国2003年城市流浪乞讨人员收容遣送制度和2013年劳动教养制度的废止,因为它让1300多万的无辜孩子从“黑暗”中解放出来,回到阳光普照之下。

“黑户口”是老百姓对那些公安机关没有登记在册,统计机构也没有统计在内的人群的俗称。据第六次全国人口普查显示,全国“黑户”有1300万个,占总人口的1%。我想,实际的数字只会增加,不会减少。而且在“黑户”统计中,有60%左右的人为超生,还包括没有主动上户口、弃婴、未婚生育、相关证件丢失、户籍办理程序烦琐或基层部门不作为等多种原因导致的无户籍人员。

没有户口就没有身份证。我国户口和身份证有许多附属功能,是与每个中国人的社会生活息息相关的特殊证件。每个人的出生、上学、就业、参军、结婚、迁徙……无不受到户口和身份证的制约。没有户口分不上土地，上不了学，不能外出打工，也结不了婚。没有身份证上不了车、看不了病，更不要说是享受奢侈的政治权利(选举与被选举权、担任国家公职等)。

在“黑户”的时代背景下，隐藏着多少心酸故事。

福建女孩吴某过了整整20年的“黑户”生活。她说：“没有户口，没法参加高考，外出打工、游玩都成了难题。”20多年前，吴某的母亲从云南来到福州生活，与城门镇壁头村村民结婚，并在20年前在家里生下吴某。因是接生婆接生，所以吴某没有出生证。因父母对于户口的重要性认识不足，吴某从小到大便一直是“黑户”。从小学到初中，吴某上学都是找村里熟人说情，或说证件正在办理。因户口问题，吴某无法参加高考便选择打工。但没有户籍、身份证及任何可以证明自己身份的相关文件，打工时吴某屡屡遭遇困难。最令吴某难过的是，朋友邀约去外省玩，每次都因没有身份证，火车、飞机都无法乘坐只好作罢。

扬州一位13岁小秋香最近告别了“黑户口”。近日，宝应县柳堡派出所专程派民警到柳堡村六桥组董某家，送上一本崭新的《居民户口簿》，小秋香告别13年“黑户口”，终于有了合法的身份。70多岁的董奶奶从民警手上接过新户口簿，流下了激动的眼泪。董奶奶的小孙女小秋香，其父亲董某是一名盗窃的前科人员，一直在外打工，平常根本不管小孩。母亲生下小孩后下落不明，小女孩与奶奶相依为命。孙女出生在小卫生院，没有出生证，后又听说未婚生育要罚款，也就一直没有补办出生证。13年来，小秋香没法上学，都是去求情幼儿园、小学的校长，才得以让孙女借读，可是眼看小孩马上就要升初中，没有户口连中考都报不到名。

据说某地一位黑户女孩，不得已结婚时借用了姐姐的身份证。当她姐姐要结婚时，就无法结婚，而她要离婚又无法离婚。

有网友说，这是早就应该解决的问题。可怜黑户人口，事实上被剥夺了工作权、受教育权、结婚权和政治权利，乃至做人的权利。他们长期成为社会的“另类”，已经成为一个影响社会公平和谐的重大问题。

黑户的存在，造成一些地区以筹集城镇建设经费为由，征收城镇增容费，公开进行户口买卖。据统计，迄今为止，全国累计出售各种城镇户口300多万个，收入达250亿元。一些沿海城市，也相继实行了投资入户、购房入户的蓝印户口政策。而户口买卖也是一些官员贪污腐败的途径之一。

无论“黑户”的父母做了什么，“黑户”的孩子是没有“原罪”的。让“黑户变白”无疑是一项利国利民的措施，更是中国法治进步的伟大成就，它真正实现了人人生而平等，真正体现了人权原则。

兴奋之余让人思考，也值得思考的是：“黑户”何以产生？“黑户口”源于中国大力推行计划生育的大背景。本来，按照相关法规，黑户问题本不应该存在。根据《户口登记条例》的规定，对出生的中国公民予以户口登记，没有任何附加条件。可是在那特殊背景下，户口登记成为各地计生工作的一个沉重的筹码。当时以计划生育的国策绑架了法律。按理说，国策可以指导立法，但立法之后，就必须严格按照法律办事。而且其实计划生育的国策与户口登记没有直接关联性。这就使我们不得不承认：以政策对抗法律，以政策压制法律的习惯性做法，以及工作方法上的“不当联结”，也是“黑户”存在的原因之一。

让“黑户变白”乃是法治的胜利、人权的胜利、社会正义的胜利。我们渴望让社会正义来得早一点、快一点、广一点和猛一点吧！

2-024 从“人权入宪”到“人权入法”

——从 2004 年《宪法》修正到 2012 年《刑事诉讼法》修改

(2021 年 3 月 15 日)

2004 年 3 月 14 日,第十届全国人民代表大会第二次会议通过了《宪法修正案》。这是对现行《宪法》的第四次修正。由全国人大通过的第四次宪法修正案,在《宪法》第 33 条增加了一款“国家尊重和保障人权”。这是中国“人权入宪”的标志。

2012 年 3 月 14 日第十一届全国人民代表大会第五次会议通过了《关于修改〈中华人民共和国刑事诉讼法〉的决定》,1979 年制定的《刑事诉讼法》再次得到修改。与 1996 年修改不同的是,这次修改将“尊重和保障人权”写进“刑事诉讼法的任务”,并新增了许多保护人权的措施,如规定“不得强迫任何人证实自己有罪”,坚守“对所认定事实已排除合理怀疑”严格证明标准,对“传唤、拘传持续的时间不得超过十二小时”等限时规定,“不得以连续传唤、拘传的形式变相拘禁犯罪嫌疑人。传唤、拘传犯罪嫌疑人,应当保证犯罪嫌疑人的饮食和必要的休息时间”,免除了强制“被告人的配偶、父母、子女”出庭作证义务,等等。

如果说 2004 年的第四次《宪法修正案》标志了中国让“人权入宪”,那么 2012 年《刑事诉讼法》的修改标志了中国让“人权入法”。从“入宪”到“入法”,8 年的时间让“人权”真正落地,这是了不起的法治成就。

2-025 从“叩头”到“宣誓”

——宪法宣誓与宪法权威

(2016年12月17日)

2014年10月,党的十八届四中全会所通过的《关于全面推进依法治国若干重大问题的决定》,首次提出将每年12月4日定为国家宪法日,建立宪法宣誓制度。2014年11月1日,第十二届全国人民代表大会常务委员会第十一次会议通过了《关于设立国家宪法日的决定》,把党的意志转化为国家的意志。2015年7月1日,第十二届全国人民代表大会常务委员会第十五次会议表决通过了《关于实行宪法宣誓制度的决定》,具体落实了宪法宣誓的有关程序,将实行宪法宣誓人员的范围确定为,“各级人民代表大会及县级以上各级人民代表大会常务委员会选举或者决定任命的国家工作人员,以及各级人民政府、人民法院、人民检察院任命的国家工作人员”,并确定了70个字的宪法宣誓的誓词:“我宣誓:忠于中华人民共和国宪法,维护宪法权威,履行法定职责,忠于祖国,忠于人民,恪尽职守、廉洁奉公,接受人民监督,为建设富强、民主、文明、和谐的社会主义国家努力奋斗!”宪法宣誓制度从2016年1月1日起正式实施。2016年1月15日,由全套共5件的中华人民共和国宪法宣誓规范法器首发式在北京人民大会堂举行。宪法宣誓制度在中国完整落地生根。

中国只有共产党的入党宣誓制度,而没有国家宣誓制度,更没有宪法宣誓制度。中国人习惯于向老祖宗“叩头”,但不习惯于向国家宣誓。然而世界上,宪法宣誓制度由来已久。自1919年德国《魏玛宪法》首次确认国家公职人员就职宣誓制度以后,很多国家如德国、意大利、希腊、荷兰、芬兰、葡萄牙、新加坡、南非等国的宪法中都明确规定,国家官员任职前要进行忠于宪法的宣誓。据统计,在193个有成文宪法的国家中,明确作出相关规定的有

177个。特别是国家总统,就任时就必须进行宪法宣誓。

中国自2016年起正式实施宪法宣誓制度,实现了中国法治史上的伟大变迁。

中国宪法宣誓制度的确立,是基于中国宪法作为国家根本法的权威性。宪法的"权威性"表现在,它作为最高的法律规范,首先具有"最高的适用力"。宪法具有最高的法律效力,一切法律、行政法规、地方性法规、自治条例和单行条例、规章都不得同宪法相抵触。其次表现为"最高的约束力"。全国各族人民、一切国家机关和武装力量、各政党和各社会团体、各企业事业组织,都必须以宪法为根本的活动准则,并且负有维护宪法尊严、保证宪法实施的职责。任何组织或者个人都不得有超越宪法和法律的特权,一切违反宪法和法律的行为都必须予以追究。如果宪法不能被适用,并且不能为任何组织和个人所遵守,宪法的权威性就无从谈起。

宪法的权威性是一国民主和法治的衡量标准和集中体现。宪法没有权威性的国家,不可能是民主和法治的国家。国家的一切权力是宪法给的,是人民通过宪法授予的;公民的一切权利也是宪法给的,是人民通过宪法赋予的。没有宪法权威,就没有党的权威和人民的权威。因为宪法是在党的领导下,将人民意志上升为国家意志的最高成果。宪法是党的领导、人民当家作主和依法治国有机统一的最高体现。坚持依法治国,首先是依宪治国;坚持依法执政,首先是依宪执政;坚持依法行政,同样首先必须依宪行政。法治国家、法治政府和法治社会是坚持宪法法律至上、维护宪法权威的国家、政府和社会。

国家工作人员进行宪法宣誓,这种神圣的仪式是一种学习、宣传,也是一种庄严的承诺。它有助于树立宪法意识,恪守宪法原则,弘扬宪法精神,履行宪法使命;有助于彰显宪法权威,激励和教育国家工作人员忠于宪法、遵守宪法、维护宪法,加强宪法实施。

2-026 全国人大公布十大备案审查案例

——“法规”本身必须“合法”

(2018年9月、10月)

2017年12月24日上午,《全国人民代表大会常务委员会法制工作委员会关于十二届全国人大以来暨2017年备案审查工作情况的报告》提交十二届全国人大常委会第三十一次会议审议。该报告首次集中公布了近年来全国人大备案审查中推动相关部门纠正“带病文件”的十大案例。

案例1:一辆电动自行车引发的合法性审查。2015年10月,浙江省杭州市居民潘某某骑行的一辆电动自行车被杭州市交警依据《杭州市道路交通安全管理条例》扣留。潘某某认为,与上位法对照,该条例在国家道路交通安全法有关规定之外,增设了“扣留非机动车并托运回原籍”的行政强制手段,违反了国家的法律规定。于是,潘某某给全国人大常委会写信,建议对此条例进行合法性审查。根据审查建议,全国人大常委会法工委对《杭州市道路交通安全管理条例》有关规定的相关问题进行监督纠正。2017年6月,相关地方性法规作出了修改。

案例2:叫停“附条件逮捕”制度。“附条件逮捕”最早出现在《人民检察院审查逮捕质量标准(试行)》(2006年8月17日最高人民检察院第十届检察委员会第五十九次会议通过)中,最高人民检察院侦查监督厅于2013年4月19日发布的《关于人民检察院审查逮捕工作中适用“附条件逮捕”的意见(试行)》再次作出明确。“附条件逮捕”意指在重大案件中,现有证据已证明嫌疑人基本构成犯罪,侦查机关认为进一步侦查能收集到定罪所必需的证据,经检察长或检委会决定可以批捕。2016年9月,内蒙古律师苗永军代理某案件,当事人被依照最高人民检察院制定的《关于人民检察院审查逮捕工作中适用“附条件逮捕”的意见(试行)》“附条件逮捕”。苗永军认为,“附条件逮捕”时,侦查机关并未掌握定罪所必需的证据,实际上就是降低了逮捕的门槛,这有违我国《刑事诉讼法》的规定。为此,他向全国人大常委会法工委提出了对该规定的审查申请。根据审查建议,全国人大常委会法工委与最高人民检察院进行了沟通。2017 年 4 月 28 日,最高人民检察院下发《关于在审查逮捕工作中不再适用“附条件逮捕”》的通知,要求从即日起在审查逮捕工作中不再适用“附条件逮捕”。争议 11 年的“附条件逮捕”制度终被废止。

案例 3:纠正“以审计结果作为工程竣工结算依据”。近年来,北京、上海、山东、江西等多个地区先后出台地方性审计条例或审计监督条例,规定政府投资和以政府投资为主的建设项目“以审计结果作为工程竣工结算依据”。中国建筑业协会调研认为,此规定一定程度上混淆了行政法律关系与民事法律关系的界限,超越了《审计法》和《审计法实施条例》规定的审计监督职能,也与合同双方平等自愿原则相矛盾,在实践中损害了施工企业的合法权益。为此,中国建筑业行业组织多次向全国人大常委会法工委提交审查申请。全国人大常委会法工委于 2017 年 2 月致函各省、自治区、直辖市人大常委会,要求对地方性法规中直接规定以审计结果作为竣工结算依据,或者规定建设单位应当在招标文件或合同中要求以审计结果作为竣工结算依据的条款进行清理,适时予以纠正。目前已有多个地方对相关地方性法规作出修改。

案例 4:修改“超生即辞退”条款。2017 年 5 月,上海财经大学法学院教授王全兴等 4 名学者联名向全国人大常委会“上书”,提出 7 个省份计生新规中,用人单位可对超生职工解除劳动合同或者辞退、开除的条款,不仅与《劳动合同法》相抵触,同时与新形势下国家计生政策转型的取向不符,建议对相关规定进行审查。经审查研究,全国人大法工委 2017 年 9 月致函有关地方人大常委会,建议对有关地方性法规中类似的控制措施和处罚处分处理规定作出修改。目前已有多个地方对相关地方性法规作出修改。

案例 5:废除“著名商标制度”。2017 年 4 月,来自上海大学等 20 多所高校的 108 名知识产权专业研究生联名向全国人大法工委提出审查建议,对地方性法规中规定的著名商标制度进行审查研究。这批学生在调查研究中发现，现实中被广泛用于商业宣传的著名商标，没有上位法依据。地方关于著名商标的法规、规章和规范性文件，都宣称是根据我国《商标法》制定，而在商标法中却没有“著名商标”这一概念。全国人大法工委经审查研究，于11月致函有关地方人大常委会，要求对有关著名商标制度的地方性法规予以清理废止，并致函国务院法制办公室，建议其对涉及著名商标制度的地方人民政府规章和部门规范性文件同步进行清理。

案例6：推动解决《婚姻法》第24条的争议。《最高人民法院关于适用〈中华人民共和国婚姻法〉若干问题的解释（二）》（法释〔2003〕19号）第24条规定：“债权人就婚姻关系存续期间夫妻一方以个人名义所负债务主张权利的，应当按夫妻共同债务处理，但夫妻一方能够证明债权人与债务人明确约定为个人债务，或者能够证明属于婚姻法第十九条第三款规定情形的除外。”该条在实践中导致不少人离婚“被负债”。2016年以来，多位公民针对此规定向全国人大常委会提交近千件审查建议。2017年全国人民代表大会期间，又有45位全国人大代表分别联名提出5件建议，要求对其进行审查。全国人大常委会法工委于同年召开座谈会，邀请提出建议的人大代表参加，并与最高人民法院有关部门进行沟通研究，推动解决有关问题。2017年2月20日，最高人民法院审判委员会第1710次会议通过了《关于适用〈中华人民共和国婚姻法〉若干问题的解释（二）的补充规定》（法释〔2017〕6号）。

案例7：解决“拘传原告和被执行人的司法解释与民事诉讼法规定不一致”情况。第十二届全国人民代表大会以来，全国人大常委会收到“两高”报送备案的128件司法解释。法工委逐件审查后发现，民事诉讼法司法解释中有关拘传原告和被执行人的规定与民事诉讼法的规定不一致。在全国人大常委会有关专门委员会大力支持下，推动制定机关于2017年2月作出妥善处理。

案例8：修改“有关非法行医的司法解释”。第十二届全国人大以来，人大常委会收到“两高”报送备案的128件司法解释，法工委逐件审查后发现，有关非法行医的司法解释中将个人未取得医疗机构执业许可证开办医疗机构的行为认定为非法行医犯罪,与刑法规定不一致。经过与最高人民法院反复沟通并跟踪督促,最高人民法院已于2016年12月对相关规定作出修改。

案例9:取消或下放行政审批事项后,专项审查107件地方性法规。2015年,全国人大法工委结合全国人大常委会3次打包修改法律取消或者下放部分行政审批事项,启动专项审查,对与法律修改内容有关的107件地方性法规逐件进行审查研究。督促地方人大常委会对30件与修改后的法律规定不一致的地方性法规及时作出修改。

案例10:针对专门规定自然保护区的49件地方性法规进行专项审查。2017年6月,在党中央通报甘肃祁连山自然保护区存在的突出问题与深刻教训后,全国人大法工委对专门规定自然保护区的49件地方性法规集中进行专项审查研究。2017年9月,全国人大法工委致函各省、自治区直辖市人大常委会,要求对涉及自然保护区、环境保护和生态文明建设的地方性法规进行全面自查和清理,杜绝故意放水、降低标准,管控不严等问题。截至目前,已有30个省、自治区、直辖市人大常委会书面反馈清理情况和处理意见,总共已修改、废止相关地方性法规35件,拟修改、废止680件。

全国人民代表大会常务委员会法制工作委员会向全国人民代表大会常务委员会提交法规备案审查报告,并集中公布了全国人大备案审查中推动相关部门纠正“带病文件”的十大案例,这在新中国的历史上还是第一次。它标志了中国人大备案审查工作将进入常态化,并为“合宪性审查”奠定基础。

根据《宪法》第67条和《立法法》第97条、第98条和第100条的规定,全国人大常委会对行政法规和地方性法规具有备案审查权。而且,根据《立法法》第99条规定,有关部门、组织和个人对于违宪和违法的法规,都可以向全国人民代表大会常务委员会书面提出进行审查的要求和建议。有关的专门委员会和常务委员会工作机构可以对报送备案的规范性文件进行主动审查。可是,多少年来,有关部门、组织和个人对于违宪和违法的法规向全国人民代表大会常务委员会书面提出进行审查的要求和建议不多。有关的专门委员会和常务委员会工作机构对报送备案的规范性文件进行主动审查也不多。但自从2015年《立法法》修改以来,公民和组织提出法规审查建议日益增多。据统计,第十二届全国人大以来,截至2017年,全国人大常委会法工委共收到公民、组织提出的各类审查建议1527件。特别是2017年党的十九大报告提出:“加强宪法实施和监督,推进合宪性审查工作,维护宪法权威。”在这样的背景下,全国人民代表大会常务委员会法制工作委员会首次向全国人民代表大会常务委员会提交法规备案审查报告,并首次集中公布了全国人大备案审查中推动相关部门纠正“带病文件”的十大案例,由此释放了一个积极的信号:全国人大常委会将重视对法规的合宪合法性审查。中国的合宪合法性审查将从此走向常态化、程序化。

2-027 中国的法治是“速成饼干”和“压缩饼干”

——漫长的文明史与短暂的法治史

(2021年3月22日)

法治建设需要时间。中国拥有悠久的文明史,但只有很短的现代法治史。

世界上不少国家的法治,经历了长达数百年,乃至近千年的演进。英国的法治可以追溯到1215年的《自由大宪章》,至今已有805年;美国的法治可以追溯到1787年制定、1789年通过(13个州签字生效)的《联邦宪法》,至今已有233年;日本的法治可以追溯到1868年的明治维新,至今已有152年。

而中国的法治是在党的领导下发动人民群众在短短的一二十年时间内推进的。我们从“五四宪法”算起,还只有66年;从1978年党的十一届三中全会算起,就只有42年;从1997年党的十五大算起,只有23年;从2014年党的十八届四中全会发布《中共中央关于全面推进依法治国若干重大问题的决定》算起,才只有6年。从这一点上讲,中国是了不起的,我们在短短的几十年时间里完成了西方几百年的路程。但也因此,使我们的法治不够精细,因为法治需要时间。

记得党的十八届四中全会刚结束,央视来采访我,要我解读四中全会的精神。我谈了许多。我最后说,我们中国的法治因为时间短,还不够精细。中国的法治是个“速成饼干”和“压缩饼干”。

我们的法治是在党的领导下发动人民群众迅速推进的。这就是我们的特色。

中国的法治停不得,也急不得,它需要时间!

2-028 “中国特色”到底“特”在哪里？

——另一种“四特”理论

中国是一个非常强调“特色”的国家：中国特色社会主义理论、中国特色社会主义道路、中国特色社会主义制度、中国特色社会主义文化、中国特色社会主义市场经济……这次党的十八届四中全会又提出“中国特色社会主义法治道路”，以至于有人说，中国把什么都说成是“中国特色”，这本身就是中国的“一大特色”。

对此，我认为这一评价有点“过”了。“中国特色社会主义法治道路”是有道理的，因为中国法治的道路特色取决于法治特色，法治特色取决于国情特色。那么，中国的特色到底特在哪里呢？

为此，我去查找了许多资料。有一种观点说：“中国特色”表现为“四特”，即独特的政治、独特的经济、独特的文化和独特的历史。这种“四特”理论太抽象，等于什么也没说，它可以套用到任何国家。有人说“地大物博”是中国的特色，这也不成立。中国在地球上并不是地最大，而且物也不博。

我以为，“中国特色”主要在4个方面，这是另外的一种“四特”理论：

第一特色：中国共产党的领导。因为党的十八届四中全会的决定说，“党的领导是中国特色社会主义最本质的特征”。再从中国的实际情况看，中国实行的是“中国共产党领导的多党合作和政治协商制度”，共产党是唯一的执政党，而且没有一个领域不受党的领导。党的领导具有唯一性和全面性。

第二特色：人口多。我国是世界上人口最多的国家。人少不成问题的问题，人多都会变成问题。

第三特色：地方差异大。虽然世界上没有一个国家没有地方差异，但确实中国的地方差异是最大的。东部与西部，沿海与中部，差异明显。有人说,我们中国,有的地方像纽约,有的地方像欧洲,有的地方则像非洲。

第四特色:我们拥有悠久的文明史,但只有很短的现代法治史。世界上不少国家的法治,经历了长达数百年,乃至近千年的演进。而中国的法治是在党的领导下发动人民群众在短短的几十年甚至是十几年时间内推进的。

2-029 孙中山上书李鸿章

——为实现“世界第一富强之国”

（2016年11月16日）

中国是一个大国，但不曾是强国。怎样才能强国？这是一个世纪以来，中国人一直在寻找的答案。

但人们在追寻答案中走进了历史迷雾，使人看到的是一个个王朝“其兴也勃焉，其亡也忽焉”的历史周期律。

“强国”灵丹妙药在哪里？

孙中山为了实现他的“世界第一富强之国”的目标，在1894年上书李鸿章，并在《上李鸿章书》中提出了自己的改革纲领：“人能尽其才，地能尽其利，物能尽其用，货能畅其流。”认为此四者，富强之大经，治国之大本也。四者既得，中国“必能驾欧洲而上之”。

当时孙中山为什么给李鸿章而不是慈禧太后写信？可能考虑到李鸿章是当时朝廷中最大的汉官。当时孙中山提出的4句话、16个字，作为强国之策是非常肤浅的。

后期的他想用“三民主义”和“五权分立”理论拯救中国。在世只有58年零8个月的他，来不及看到中国尔后历史所提供的真正答案。

尽管如此，孙中山当时提出“三民主义”还是非常了不起的。孙中山提出的“三民主义”是什么？是“民权”“民族”和“民生”。“民权”就是指“民主”，人民当家作主。“民族”，他起初表现为“反满”，于是提出“驱除鞑虏”，后来改为“五族共和”，表现为爱国主义。“民生”，与我们今天提的民生一样，具体指民众的吃住行。说得完整些，是指民众的基本生存和生活状态，以及民众的基本发展机会、基本发展能力和基本权益保护的状况，等等。

2-030 国家管理形态的三个阶段

——军事阶段、建设阶段、治理阶段

地球上有了人才有社会,社会发展到一定的阶段才出现国家。

人类所居住的地球已有近50亿年的历史。人类的产生可以追溯到500万年以前。

人类产生以后,只要有两个人以上,便形成社会关系。社会发展到一定阶段,就出现国家。人类历史上的第一个国家可以追溯到公元前4~3世纪古埃及国王美尼斯所创建的第一王朝。在中国历史上最早的政府,可能是公元前2100多年前的夏王朝。国家产生之后,便成为人类和社会的管理者。

从历史上看,国家的管理形态又可分为3个阶段:军事阶段—建设阶段—治理阶段。

在这3个阶段中,管理的主要任务、主题词,也会相应地变化。

当一个国家出现两个以上的政治主体和军事力量时,社会就进入通过军事手段夺取政权的军事阶段。当某种政治力量夺取政权以后,它就要解决人们的温饱,发展经济,社会就进入建设阶段。当人们的温饱解决了,经济发展了,这时人们的需求就更高了,会提出文化权利、精神权利,要求参政议政等,社会就进入管理阶段。

在军事阶段,主要任务是打仗,到处见到的是战场,硝烟弥漫。这一阶段的主题词是"战役""胜利"。在建设阶段,主要任务是解决百姓的温饱,促进经济发展,到处见到的是工地,尘土飞扬。这一阶段的主题词是"工程""项目"。在治理阶段,主要任务是平衡人们的利益。这时,"这里的黎明静悄悄……"一切都安静下来的。这一阶段的主题词,可能是"系统""法治",还有"互联网+",等等。

2-031 从“工业强国”到“法治强国”

——中国的强国之略

(2016年5月25日)

新中国成立以后,如何让中国走向富强,这是摆在共产党人面前的重要任务。

“工业强国”

关于强国战略,最早由毛主席提出“工业强国”。

独立了的中国如何实现强国之路,一直是毛主席最为关心的问题。看到18世纪下半叶率先在英国发生的工业革命给世界主要国家带来的影响,毛泽东自然形成将农业国转变为工业国的强国战略思想。在新中国成立前夕的党的七届二中全会上,毛泽东强调了“使中国稳步地由农业国转变为工业国,把中国建设成一个伟大的社会主义国家”的英明构想。

1954年6月,毛泽东尖锐地指出:“现在我们能造什么?能造桌子椅子,能造茶碗茶壶,能种粮食,还能磨成面粉,还能造纸。但是,一辆汽车、一架飞机、一辆坦克、一辆拖拉机都不能造。”

针对当时贫穷落后的农业大国,毛泽东提出“工业强国”是非常及时而正确的。

“科技强国”

邓小平同志提出了“科技强国”。因为工业能否发展,要靠科技支撑。

党的十一届三中全会,邓小平同志领导我们党拨乱反正。

他到国外走了一下,感觉中国与发达国家在科技上的差距很大,他就提出了科技强国,中国应当走“科技强国之路”。

为了支持这一强国战略,邓小平有句名言,就是“科学技术是第一生产力”。

当今世界,国与国之间的竞争,主要是科技实力的竞争。现代军事战争之成败,很大因素取于科技实力的对比。

"人才强国"

"人才强国"是由以江泽民同志为核心的党中央提出的强国战略。

科技强与不强,关键又取决于人才,特别是科技人才。

江泽民同志在党的十六大报告中提出要把"尊重劳动、尊重知识、尊重人才、尊重创造"作为党和国家的一项重大方针在全社会认真贯彻。

2002年,党中央国务院制定下发了《2002—2005年全国人才队伍建设规划纲要》,首次提出了"实施人才强国战略",2010年又颁布实施了《国家中长期人才发展规划纲要(2010—2020)》,其核心目标是进入人才强国。

人才可以强国,中国应当走"人才强国之路"。这也不无道理。

一个多世纪以前,梁启超先生曾经说过:"少年强则国强,少年兴则国兴"。只有人才众多优良,国家才能真正强大。

人才强国正是党和政府面对新世纪、新阶段的发展任务和时代挑战提出的一项重大战略。人才强国的战略核心是"人才兴国"。国家兴盛,人才为本。依靠人才兴邦,走人才强国之路,大力提升国家核心竞争力和综合国力,是人才强国战略的核心要义。

"教育强国"

这是由以胡锦涛同志为总书记的党中央提出的强国战略。

人才又是以教育为基础,人才是通过教育培养出来的。

教育可以强国。从教育大国走向教育强国,乃是我们的又一兴国之略。

2010年5月,根据党的十七大关于"优先发展教育,建设人力资源强国"的战备部署,国务院制定发布了《国家中长期教育改革和发展规划纲要(2010—2020)》。那时又提出要保证教育投入国民收入的4%。

世界上的任何强国必然同时是教育强国。百年大计,教育为本。教育兴则人才兴,人才强则国家强。教育强国是人才强国的基础。

"文化强国"

以胡锦涛同志为总书记的党中央同时还提出"文化强国"。

文化可以强国。“坚持中国特色社会主义文化发展道路,努力建设社会主义文化强国。”2011 年 10 月,党的十七届六中全会从时代要求与战略全局出发,以高度的文化自觉和文化自信,第一次提出了建设社会主义文化强国的奋斗目标。

“文化强国”战略和国家整体战略是相互依存的。“文化强国”战略包含在国家整体战略之中,没有“文化强国”战略不可能有完整的、使国家真正强大起来的整体战略。

“海洋强国”

2012 年,党的十八大报告提出了“海洋强国”。党的十八大报告指出:“提高海洋资源开发能力,发展海洋经济,保护海洋生态环境,坚决维护国家海洋权益,建设海洋强国。”

2013 年 7 月 30 日,习近平同志主持中共中央政治局第八次集体学习并强调:关心海洋,认识海洋,经略海洋,推动海洋强国建设不断取得新成就。

中国位于亚洲大陆东南部,濒临西北太平洋,大陆海岸线自鸭绿江口至北仑河口,长达 1.8 万多公里,如果加上 5000 多座大小岛屿的海岸线,总长 3.2 万多公里。海洋既是中国的建设资源,又是中国的安全屏障。

“改革开放强国”

这是以习近平同志为核心的党中央提出的强国战略。

2013 年 2 月,习近平同志在党的十八届二中全会上说:“要坚定不移走改革开放的强国之路,做到改革不停步、开放不止步。”

2013 年年底,习近平同志在广东考察时再次强调:要坚定不移走改革开放强国之路。

“网络强国”

2014 年 2 月 27 日下午,中共中央总书记、国家主席、中央军委主席、中央网络安全和信息化领导小组组长习近平强调:“网络安全和信息化是事关国家安全和国家发展、事关广大人民群众工作生活的重大战略问题,要从国际国内大势出发,总体布局,统筹各方,创新发展,努力把我国建设成为网络强国。”

“制造强国”

2015年5月19日，经李克强总理签批，国务院印发《中国制造业发展纲要(2015—2025)》，部署全面推进实施制造强国战略。这是我国实施制造强国战略第一个10年的行动纲领。制造业是国民经济的主体，是科技创新的主战场。当今世界，一个国家如果在制造业上不能处于领先地位，这个国家也就不能处于领先地位。

2015年10月29日，中国共产党第十八届中央委员会第五次全体会议公报再次确认和强调了“人才强国”“文化强国”“网络强国”“制造强国”。

“法治强国”

工业强国、科技强国、人才强国、教育强国、文化强国、海洋强国、网络强国、改革开放强国和制造强国……它们构成了中国伟大而系统的强国战略体系，它们都是中国不可或缺的强国之略。此外，我们还必须坚持“法治强国”，因为上述强国战略的实现都有赖于“法治强国”之环境。党的十八届四中全会确立的“全面依法治国”的伟大布局自然支撑着“法治强国”理念和战略。

我们要走工业强国之路、科技强国之路、人才强国之路、教育强国之路、文化强国之路、海洋强国之路、网络强国之路、改革开放强国之路和制造强国之路……我们还要走，更要走法治强国之路。法治是中国的强国途径，法治强国是中国的战略目标。

让我们以法治强国，让我们走向法治强国。

2-032 “法制”“法治”“全面法治”

——新中国法治史上的三个阶段两大飞跃

(2021年12月1日)

从理论布局上看,新中国经历了从“法制—法治—全面法治”3个阶段,实现了从“法制”到“法治”、从“法治”到“全面法治”的两大飞跃。

1949年中华人民共和国刚成立,中国百废待兴,国民党残余部队还在,土匪盛行,帝国主义对我们实行全面封锁……我们还来不及喘口气,第二年,1950年又被迫与美国人在朝鲜打了一仗。抗美援朝,保家卫国,一切为了前线,当时我们又没有时间搞法制。1953年7月,双方签订《朝鲜停战协定》,从此抗美援朝胜利结束。到1954年我们有时间搞法制了,所以制定了第一部宪法——“五四宪法”。“五四宪法”的制定,标志了中国步入社会主义法制建设轨道,迎来第一个法制建设高潮。

1978年以党的十一届三中全会为标志,中国拨乱反正,实行改革开放,明确提出发展社会主义民主、健全社会主义法制,确立了“有法可依、有法必依、执法必严、违法必究”的基本方针,努力开创民主法制建设的新局面,中国社会主义法制建设得到恢复和发展。

党的十五大和十六大都提出“到2010年形成有中国特色社会主义法律体系”的任务。2011年3月,吴邦国同志在人民大会堂宣布,中国特色的社会主义法律体系已经形成。中国各方面都做到了“有法可依”。这标志着中国社会主义“法制”建设阶段的主要任务已经完成。

与此同时,1997年我们实现了从“法制”到“法治”的转型。1997年党的十五大把“依法治国”确立为党领导人民治国理政的基本方略,把建设“社会主义法治国家”确立为治国理政的建设目标,实现了从“法制”向“法治”的历史性转变,中国特色的社会主义法治道路进入到一个新阶段。

实现从“法制”到“法治”的飞跃，标志着我们党的法治理论和法治实践进入到一个新阶段和新高度。它使我国的法治建设从单纯的制度建设扩展到状态建设，使我们对法的功能认识从单纯的“专政工具”扩展到以“公平正义”治理国家和社会之“重器”，同时也为我们尔后十八届四中全会实现从“法律体系”向“法治体系”的转变提供了理论基础和法治建设的实践基础。

如果说1997年党的十五大标志着我们实现了从“法制”到“法治”转变，那么党的十五大之后，我们党关于“法治”的理论和实践就开始走向“全面法治”。

2012年党的十八大围绕全面建成小康社会的奋斗目标，首次提出“全面推进依法治国”的战略举措，首次确立“科学立法、严格执法、公正司法、全民守法”社会主义法治建设新十六字方针。

2013年党的十八届三中全会，党中央提出了“法治中国”建设的新目标。并围绕这一目标，确立“坚持依法治国、依法执政、依法行政共同推进，坚持法治国家、法治政府、法治社会一体建设”的新路径。

2014年党的十八届四中全会确立“全面推进依法治国”总布局，确立建设中国特色社会主义法治体系、建设社会主义法治国家总目标。它所设计的五大法治体系和六大具体任务，使推进依法治国突出了“全面性”，标志了我们党关于“全面法治”理论的成熟，标志了我国开启了“全面依法治国”的新征程。

2015年党的十八届五中全会首次对“全面建成小康社会，全面深化改革，全面依法治国，全面从严治党”这“四个全面”作了整体定位，将“全面依法治国”纳入“四个全面”战略布局的总体框架之内，从而实现了从“法治”到“全面法治”的第二次转变。

第 3 篇

法治理念

ARTICLE 3

3-001 从刘邦约法三章谈起

——法治立国

(2016年4月20日)

法治是一种正义、科学、文明的选择,是一种强国之略。法治立国、法治稳国、法治救国、法治强国,是人类文明发展的经验总结。

法治立国,是指法治能够立国。具体说,夺取政权、建立国家,需要依靠法治。

中国秦末汉初,楚汉之争,刘邦的家族背景和军事实力远不敌项羽,最后打败了西楚霸王项羽,统一中国,建立汉朝。虽然原因有诸多方面,但他入咸阳后并不乱杀无辜而是约法三章,即“杀人者死,伤人及盗抵罪”,建立秩序,获得民心,无疑是重要原因;相反,项羽入关坑秦兵20万,无以立国。

刘邦做事有规矩,能留住并用好能人张良、萧何和韩信,而项羽喜乐无常,能人在他身边没有安全感,他连一个范增也不能留用。

我们党早在开辟井冈山革命根据地时,就确立了三大纪律、六项注意(后来发展成八项注意),规定部队必须遵守。

三大纪律是:第一,行动听指挥;第二,不拿工人农民一点东西;第三,打土豪要归公。六项注意是:(1)上门板;(2)捆铺草;(3)说话和气;(4)买卖公平;(5)借东西要还;(6)损坏东西要赔。

后来,六项注意又增加“洗澡避女人”和“不搜俘虏腰包”两项内容,从而发展成三大纪律、八项注意。

这是以规则治军,用约法调整人与人之间关系的反映。三大纪律、八项注意赢得了老百姓的拥护,对于建立和巩固革命根据地起到了重要的保证作用。

1949年9月29日,中国人民政治协商会议第一届全体会议通过了《中国人民政治协商会议共同纲领》。这部起临时宪法作用的建国纲领,为中华人民共和国的成立提供了法律依据。1954 年 9 月 20 日,第一届全国人民代表大会第一次会议通过了《宪法》,它以根本大法的形式确立了我国的政治制度和经济制度。

法治能建国倒并不是说法治能代替革命和其他手段直接取得政权,而是指法治对于取得政权、建立国家非常重要:第一,在夺取政权过程中,不仅是军事的较量,更是人心的较量和法治的较量;第二,政权要有合法基础。没有合法基础的政权是建立不起来,建立起来也会不稳固的。

3-002 法治让人类远离暴力

——法治稳国

(2016年4月27日)

世界上法治越不健全的国家便是政局越不稳定的国家。

2011年10月卡扎菲的死亡为执政42年的卡扎菲政权画上句号。卡扎菲政权虽是西方霸权的牺牲品,但就这个政权本身而言,它以效忠于自己的非正式组织机制取代正式的国家组织机制,以自己的家族和部落为基础,建立起个人的集权统治,法律紊乱,法治空虚。这种政权不是他灭,就是自灭。

法治是解决各类纠纷的最可靠、最和平的方式和途径。法治意味着,人与人之间的纠纷,应当由独立的第三方以公正的程序解决,它可远离暴力、杀戮、战争,远离血腥。

中国历史上5000年里发生了6539次战争,反映当时人类法治成熟度的低下。纠纷不是用法治解决就得靠军事解决。法治会向战争说"不"。

几千年来,人类为寻找判断是非的标准和解决纠纷的方法,从神明裁判、决斗走到了今天的仲裁和诉讼。历史证明,法治是预防和化解矛盾的最好方法。

而在人治状态下,掌权者的权力会不受控制,最后导致专制。父权子承的国家不会是法治国家。法治将权力关进笼子。法治能使国家保持相对延续使其不至于因领导人的变更而发生动荡,更在于法治为国家领导人的更迭创设了规则和轨道,从而保证国家领导人的产生和变更不会演变成武力争斗。

在人治状态下,国家管理无标准、无程序,必然导致社会无序和矛盾。在人治状态下,公民的基本权利得不到有效保护,人人自危,甚至连国家领导人的人身安全也得不到保障。法治将权力关进制度的笼子,权利得到应有的保障。

只有实行法治的国家,才是稳定的国家。没有法治就意味着没有规则,没有规则就不会有秩序;没有规则和秩序,人们对一切都不可预期。一个让人们不可预期的国家就会充满投机、抱怨,从而导致无序和冲突。法治永远优于人治。人治只能治一时,人死之后便是人亡政息,而法治却能治一世,能让国家永保安定。

3-003 法治可让国家起死回生

——法治救国

(2016年5月4日)

法治还能救国。国家在危急关头,有时法律能让国家闯过难关、起死回生。

中国自甲午战败,日渐陷入被帝国主义列强肢解瓜分之绝境,有识之士提出各种救国方策,均未奏效。因此维新派人士最早建议继受外国法律、变法图强。但统治集团内部帝党与后党之间,关于应否变法,意见相左。至1900年,因八国联军攻占北京,促使朝野上下达成共识:中国要富强,非学习西方法律制度不可!

1901年西太后颁布上谕,实行“新政改革”。1902年,光绪帝下诏:“参酌外国法律,改订律例。”1907年委派沈家本、俞廉三、英瑞为修律大臣,设立修订法律馆,主持起草民刑法典。沈家本通过到日本考察的侍郎董康,邀请日本东京控诉院判事松冈义正、帝国大学刑法教授冈田朝太郎、司法省事务官小河滋次郎、帝国大学商法教授志田钾太郎来华,协助起草法典,并在京师法律学堂担任教习。中国之继受外国法,于兹揭幕。

“新政改革”实质是法治改革,但因触动慈禧太后执政神经,最终受到扼杀,清朝就无法自救。

当一个国家处于经济或军事的危急之中,利用法律手段来调控和刺激经济、应对经济危机;或者组织力量、调配物资,应对战争,不乏有许多成功先例。

3-004 人类最伟大的发明是“法律”

——人类的历史是一部不断发现发明的历史

(2016年5月18日)

人类的历史是一部不断发现和不断发明的历史!

中国自古拥有造纸术、指南针、火药、活字印刷术四大发明。世界科技史上的三次革命,使人类从“自在”走向“自为”:18世纪60年代第一次工业革命把人类带入蒸汽时代,19世纪70年代二次工业革命把人类带入电气时代,20世纪四五十年代第三次科技革命将人类带进了呼风唤雨的时代。

但是,在人类所有的发明中,“法律”的发明才是最伟大的发明。习近平总书记在一次讲话中引用和阐发了这一观点。

何以这样说?正如当代著名法学家E.博登海默所解释的:“别的发明使人类学会了驾驭自然,而法律让人类学会了如何驾驭自己。”

我们地球的起源,可能可以追溯到几十亿年以前;我们人类的起源,可能可以追溯到几百万年以前。人类在地球上产生以后,便面临两大关系的处理:一是人与自然的关系;二是人与人的关系。

对第一大关系处理不好,必然影响人类的生存和发展,如地震、海啸、飓风、气候变暖……我们的各种科技发明,主要是为了应对自然危机。

人类所面对的第二大关系更为棘手,因为人类最大的敌人是人类自己。人口、资源、生态、环境、腐败、走私、吸毒、艾滋病、贫富分化、价值失落、文明冲突等问题,正在拷问人类的驾驭能力。人类所拥有的核武器已足以毁灭地球几十遍,我们有能力毁灭自己。

人类所发明的“法律”为国家、社会和个人的行为设定了公平规则。人类共同形成的规则被人类所遵循,从而维护了秩序及平等。法律平衡了人们之间的权益,以调解、仲裁和诉讼等方式解决国与国之间、人与人之间的争议,可以让人类远离暴力、杀戮、战争和流血。

人类几千年的文明轨迹是从人治走向法治,而不是相反。

这说明,法治是人类走向文明的途径,是人类走向文明的标志,是人类走向文明的必然。

3-005 什么能够征服全世界？

——不是武力、宗教，唯有法律

（2016年8月31日）

19世纪德国的一位著名法学家耶林（Rudolph von Jhering，1818～1892年）曾讲过："罗马帝国曾三次征服世界，第一次是以武力，第二次是以宗教，第三次是以法律。武力因罗马帝国的灭亡而消亡，宗教随人民思想觉悟的提高、科学的发展而缩小了影响，唯有法律征服世界是最为永久的征服。"

耶林无非是说，起源于公元前6～8世纪，尔后不断丰富扩张的意大利法律理论和法律制度，对全球的影响力至今尚在。

确实，罗马法不仅影响到大陆法系，同样影响到英美法系。属于大陆法系的中华法系，亦有不少罗马法痕迹。

拿破仑一生战功赫赫。但是，他的所有战功都因1815年的滑铁卢战役而烟消云散，唯有他的《法国民法典》（也称"拿破仑法典"）的影响力经久不衰。

难怪中国的古人，先秦法家商鞅说："智者作法，愚者制焉；贤者更礼，不肖者拘焉。"（《史记·商君列传》）

这一切都在表明法律的作用。

法律为何如此神奇？因为它是人类正义精神的载体。人类需要正义，因而需要法律。

3-006 “世界正义工程”与“法治指数”

——法治建设从“定性”到“定量”

(2019年7月17日)

当下的中国,“法治指数”已成为一个时髦的概念和重要工作,全国各地评审“法治指数”热情高涨。虽然中国及中国各地的“法治指数”可以有不同标准,但我们还是要搞清楚“法治指数”是怎么来的。

所谓“法治指数”(the Rule of Law Index),系指判断、衡量一个国家的法治(Rule of Law)状况及其程度的量化标准和评估体系。国际上的“法治指数”是由美国律师协会联合国际律师协会、泛美律师协会、泛太平洋律师协会等律师组织发起的“世界正义工程”(the World Justice Project)中提出并得到世界各国响应的、作为衡量一国法治状况的重要“量化”标准和趋于完善的评估体系。“世界正义工程”分别于2008年7月2~5日和2009年11月11~14日在奥地利维也纳先后举办的第二届“世界正义论坛”(the World Justice Forum)上号召各国政府和非政府机构作出长期承诺,一同促进“法治”在世界范围内的不断发展、促进公平正义的早日实现。其中,“世界正义工程”的重要贡献之一就是提出并不断完善“法治指数”。

“世界正义工程”经过与100多个国家的17个专业领域的领导和专家等的长期考察研讨,规范了为各国普遍接受的“法治”工作定义的4项基本原则。它们是:(1)政府及其官员均受法律约束;(2)法律应当明确、公开、稳定、公正,并保护包括人身和财产安全在内的各项基本权利;(3)法律的颁布、管理和执行程序应公开、公平、高效;(4)司法职业担纲者应由德才兼备、独立自主的法官、律师和司法人员组成,这些人员应数量充足、资源充沛并具有一定代表性。每一个原则构成一组,该指数体系便分成了4组,16个一级指数和68个二级指数。

第一组(原则一):政府及其官员均受法律约束。

指数1

1.政府及其官员的权力通过宪法或其他基本法加以界定和限制。

1.1　政府的权力通过成文宪法、不成文宪法或其他基本法加以界定和限制。

1.2　基本法的修改只能依据该基本法中规定的规则与程序进行。

1.3　基本法所保障的权利与特权只能依据该基本法中规定的规则与程序加以中止。

指数2

2.政府及其官员的权力通过政府机构之间的制衡与非政府力量的制约受到限制。

2.1　基本法在政府各部门之间适当分配职权,以保证相互制衡。

2.2　政府建立对各部门进行独立审计与评查的正式程序。

2.3　立法与司法机关履行职责时可要求行政机关向其提供最新、准确的信息。如确有必要,行政机关对于敏感信息可不予提供。

2.4　政府向公众与媒体提供及时而准确的信息。法律规定的不提供信息的例外情况应当严格限制,而且要有正当理由。

2.5　政府官员、媒体工作者和渎职行为检举人得到应有保护以免受打击报复。

指数3

3.政府官员严格依法办事,承担相应的法律责任。

3.1　政府官员对其不当行为承担法律责任,包括滥用职权谋取私利、超越职权范围和侵犯他人基本权利。

3.2　政府官员可被强制履行法定职责,并不得从事任何违反法律的行为。

3.3　政府建立审查其官员相关行为的正式程序,并对不当行为采取有效的制裁手段,包括通过公开的程序罢免高级官员。

指数4

4. 军队、警察和监狱的工作人员严格依法办事,并承担相应的法律责任。

4.1　基本法规定由文职政府控制警察和军队。

4.2　军队、警察和监狱的工作人员对其不当行为承担法律责任,包括滥用职权谋取私利、超越职权范围和侵犯他人基本权利。

4.3　军队、警察和监狱的工作人员可被强制履行法定职责,并不得从事任何违反法律的行为。

4.4　政府建立审查军队、警察和监狱的工作人员相关行为的正式程序,并对不当行为进行有效制裁。

指数5

5. 政府受其缔结的国际协定与习惯国际法的约束。

5.1　政府对其管辖范围内的人员履行国际法上的义务。

5.2　政府根据其缔结的国际协定与习惯国际法处理与外国政府和国民之间的关系,并寻求解决国际争端。

第二组(原则二):法律应当明确、公开、稳定、公正,并保护包括人身和财产安全在内的各项基本权利。

指数6

6. 法律应明确、公开、稳定。

6.1　法律应为公众所理解。

6.2　法律法规应使用各种官方语言及时公布、定期更新,并应方便残疾人获取和使用。

6.3　法律应足够稳定,以使公众明确判断法律所允许和禁止的行为范围,法律不应以秘密方式或通过行政法令修改或规避。

指数7

7. 法律是公正的,并保护人们的基本权利。

7.1　法律禁止基于经济与社会地位的任何歧视,包括种族、肤色、民族、社会出身、社会等级、国籍、外侨身份、宗教、语言、政治见解与派别、性别、婚姻状况、性取向、性别认同、年龄、健康状况等。

7.2 法律保护个人迁徙自由、意志自由,保护隐私权、言论自由、集会自由、结社自由和劳资谈判之权利。

7.3 法律保护思想自由、良知和宗教自由,不要求非宗教信徒服从宗教法律。

7.4 法律禁止强制劳役与童工。

7.5 法律保障刑事被告的权利并禁止刑法溯及既往。

7.6 法律保护因基本权利受到侵犯而向有管辖权的法庭寻求有效救济的权利。

指数 8

8. 法律保护人身安全。

8.1 法律保护公民免受政府的不公正待遇或处罚,包括酷刑、任意逮捕、拘禁和流放。

8.2 法律禁止并惩罚侵害人身安全的犯罪。

指数 9

9. 法律保护财产安全及从事私人经济活动之权利。

9.1 法律保护拥有、转让、租赁或许可财产的权利(包括不动产、个人财产和知识产权)。

9.2 法律禁止任意剥夺财产之行为,包括政府未作正当补偿而征用财产。

9.3 法律禁止并惩罚侵犯财产的犯罪。

9.4 法律保护从事合理监管下的私人经济活动之权利。

第三组(原则三):法律的颁布、实施和执行程序应当开放、公平、高效。

指数 10

10. 法律的颁布、实施和执行程序应当对公众开放。

10.1 立法与行政程序的进行应当事先及时发布通知并向公众开放。

10.2 立法过程应当允许参与人各抒己见并充分考虑各种不同观点。

10.3 行政过程应当允许参与人各抒己见并充分考虑各种不同观点,

建立利害关系人出席机制。

10.4　正式的法律草案与立法和行政活动的会议记录应当及时向公众提供。

10.5　行政决定和司法裁判应当及时公布并广泛印发。

10.6　公众可以方便地获得警方的帮助。

指数 11

11. 法律的实施和执行应当公正、高效。

11.1　法律应当得到有效执行。

11.2　适用和执行法律不得武断专横、有失公平，不得谋求特定的政治利益，不得对合法言行进行打击报复。

11.3　法律的实施和执行不得受到公职人员或私人团体的不当干预。

11.4　实施和执行法律的国家公职人员不得向个人和团体收取过高或不当费用，不得以及时履行职责为由向个人和团体收受财物，法律有明文规定的除外。

11.5　不得无故拖延行政程序，且应及时执行行政裁决。

11.6　警察队伍应当训练有素、数量充足、装备精良且具有广泛的社会代表性。

11.7　矫正机构应当具有良好的条件。

第四组（原则四）：法官、律师和司法工作者应当称职、独立，具备职业道德，而且数量充足、装备精良并具有一定社会代表性。

指数 12

12. 法官、检察官和其他司法工作者应当中立、负责。

12.1　司法程序和司法判决应当摒除偏见，排除公职人员或私人团体的不当影响。

12.2　检察官、法官和其他司法工作者应当严格遵守高标准的司法人员行为准则，如有不当行为应当受到惩戒。

12.3　检察官、法官和其他司法工作者的选任、晋升、派遣、薪酬、经费保障、免职、惩戒，应当符合促进司法独立、培养司法责任的目的，而且这些人员应当具有广泛的社会代表性。

指数 13

13. 司法制度应当高效、开放、有效。

13.1 检察官、法官和司法工作者应当德才兼备、训练有素,并且数量充足、装备精良。

13.2 不应无故延误司法程序与判决执行。

13.3 法律应当对违法行为造成的后果提供及时、有效的救济,从而进一步防止违法行为的发生。

13.4 法院应当具备良好的办公条件,并设置在交通便利、安全可靠的地区。

13.5 检察官、法官或其他司法工作者不应向寻求司法救济的当事人收取过高费用或其他不当财物。

13.6 不应对司法救济的诉求设置不当障碍。

13.7 身体或智力有残障的刑事被告人应当获得必要的法律援助、辅导服务及其他帮助,以方便其更充分地参与刑事辩护。

13.8 法庭应当为有需求的刑事被告人提供准确的翻译服务,以方便其与法庭之间能够准确地互相理解。

指数 14

14. 诉讼当事人应当由合格且独立的律师或代理人向其提供法律咨询或代理服务。

14.1 被控违法而可能受到刑事处罚的人有权在各个重要的诉讼阶段获得合格的律师或代理人的代理服务。法院有义务为无支付能力的被告提供合格的代理服务。

14.2 建立非营利性的或政府资助的法律服务机构,以确保全体公民无论经济或社会地位如何,在民事和刑事案件中均有权获得合格的法律咨询或代理服务。

14.3 律师或代理人独立于政府,遵守高标准的职业道德准则,如有不当行为应当受到惩戒。

14.4 律师或代理人应当德才兼备、训练有素并且数量充足。

指数15

15.替代性纠纷解决机制提供独立、中立、公平、高效的司法救济。

15.1 调解员与仲裁员应当中立、独立,不受政府控制。

15.2 调解员与仲裁员应当遵守高标准的职业道德准则并为其不当行为接受惩戒。

15.3 调解员与仲裁员应当德才兼备、训练有素并且数量充足。

15.4 替代性纠纷解决机制提供高效的司法救济。

15.5 除非当事人同意,替代性纠纷解决的结果不具有拘束力,但法律有明文规定或法院强制要求的除外。

指数16

16.传统的、社区的及宗教的纠纷解决机制均应当提供独立、公平、公正的司法救济。

16.1 传统纠纷解决机制、社区纠纷解决机制与宗教纠纷解决机制的裁判者应当独立公正、遵守高标准的职业道德准则并为其不当行为接受惩戒。

16.2 传统纠纷解决机制、社区纠纷解决机制与宗教纠纷解决机制应当尊重和保障个人的基本权利。

16.3 除非当事人同意,传统纠纷解决机制、社区纠纷解决机制与宗教纠纷解决机制的结果不具有拘束力。

“法治指数”的评估方式,主要利用两大数据来源对法治状况进行分析评估。首先采用“普通人口抽查”(GPP)方式,由资深的专业公司对每个国家中3个城市的1000名受访者进行抽样调查,每3年进行一次;其次采用“专家型受访者问卷”(QRQ)方式,每年进行一次,受访者包括民商法、刑事司法、劳工法和公共健康等各领域的专家学者。

(参考“360百科”,http://baike.so.com/doc/746646-790281.html,最后访问日期:2016年4月24日。)

3-007 到底什么是“法治”

——从柏拉图到哈耶克

（2021年5月31日）

法治为什么具有神奇的力量？我们还得事先搞清楚，到底什么是法治？

“法治”是个综合而古老的命题，自古希腊和古代中国先秦哲人提出“法治”并阐述其思想以来，历代思想家前赴后继地探索着这一亘古的命题，已讲了好几千年了。

第一个讲“法治”的是古希腊的柏拉图。他在《法律篇》中说，法治就是“服从法律之统治”。

他的学生亚里士多德，大家很熟悉。他发展了老师的这一思想。他在《政治学》里第一次为“法治”下了一个定义：“所谓法治，应包含两重意义：已成立的法律获得普遍的服从，而大家所服从的法律又应该是本身制定得良好的法律。”“良法”就是从这个时候提出来的。

“普遍服从良法”的观念和原则，被后来的西塞罗发展为“权力从属于法律”的公法观点。

到了近代，英国著名的自然法学家洛克，从权利和平等的视角来表达“法治”，即认为在自然法的指导下，人人有权获得天赋权利，国家必须以正式公布的法律进行统治，法律面前人人平等。他认为，能够保护人的自然权利的国家，才是法治国家。

如果说，洛克是从“私权”的角度来谈论法治，那么，孟德斯鸠是从“公权”的角度来谈论法治。法国著名的启蒙思想家孟德斯鸠将近代法治理论作了制度化设计，形成了立法权、司法权和行政权的分权理论。他的法治思想以分权学说为基础，主张任何权力与自由都有边界并受制约。他认为，如果一个国家权力不作划分，集中到一个主体身上，不能保证一个公权受到另一个公权的制约,那就谈不上法治。

另外,卢梭依其社会契约论阐述了他的法治思想,认为国家与公民的关系是“契约关系”者属于法治,是“命令关系”者就不是法治。

19 世纪末英国著名法学家戴雪提出了法治的思想主要是:政府的权力要受到法律的控制,公民的自由和权利要得到法律的保护,政府与公民法律支配平等,受同样的法律和同样的法院管辖。

英国现代思想家哈耶克主张,任何法治均得从预设规则着手,“法治的意思就是指政府在一切活动中都应受到事前规定并宣布的规则的约束——这种规则使一个人有可能十分肯定地预见到当局在某一情况中会怎样使用它的强制权力,和根据对此的了解计划它自己的个人事务”。他的意思是:一个国家必须有规则,而且该规则是“预设”的,不是事后设立的,这使一国的人们在这种规则中生活,人人都能预期自己的未来,这才是“法治状态”。

“法治”是一个开放性的历史概念,它随着社会的发展而不断地丰富内涵。

3-008 《德里宣言》与法治标准

——500名法学家的呼声

（2016年9月28日）

1959年，在印度德里召开了“国际法学家会议”，来自世界各地的500多名法学家参加了会议。会议最终通过了一个被称为《德里宣言》的文件，它将法治概括为三项原则：一是立法机关发挥创设和维护得以使每个人保持“人类尊严”的各种条件；二是既要制止行政权滥用，又要使政府能有效维护法律秩序，借以保证人们具有充分的社会和经济生活条件；三是实行司法独立和律师自由。1961年1月在尼日利亚首都拉各斯召开的法学家大会上重申了这三大原则，而且被称为“拉各斯法则”。

对于这三条标准，初看与我们传统的法治标准或者今天的法治标准比较，似乎有点“另类”，至少在表述上。但我认为还是有一定的合理性，因为它至少包含了以下的法治要素：

第一，立法环节，必须是“良法”，即保持“人类尊严”；

第二，执行环节，政府必须是权威政府（有能力维持法律秩序），同时必须是受制约的政府；

第三，司法环节，司法能够公正，律师能够自由从业。

我以为，这些已经体现了“法治”的主要特征。

3-009 “法治”不仅仅是“依法办事”

——到底什么是“法治”?

(2019年8月7日)

自1978年党的十一届三中全会以来,我们讲“法制”已讲了38年;自1997年党的十五大以来,讲“法治”已讲了19年;自1986年以来,讲“五年普法”,已进入“六五普法”和“七五普法”,讲“法”已讲了31年。尽管如此,我们还不敢说:领导干部都已真正弄懂了“法治”。

如果我们问一下领导干部:“什么是法治?”

十有八九,他们会这么回答:法治就是依法办事,违法要追究责任。我们一些领导干部对法治的认识只停留在这一点上。

其实,“依法办事,违法要追究责任”,这当然属于法治的要求,但这在法治中是很小的一部分,很窄的一点而已。如果说这就是法治,那么秦始皇时代就做到了,他制定了不少法律,威逼官员和百姓去遵守,违反者要追究责任。但皇权远在法律之上,所以这不是真正的法治。

那么,什么是真正的“法治”呢?

“法治”是个综合而古老的命题,自古希腊和古代中国先秦哲人提出“法治”并阐述其思想以来,历代思想家前赴后继地探索着这一亘古的命题,已讲了好几千年了。

我国关于“法治”的理论研究非常丰厚。为法治设计了种种标准,其中李步云教授提出过10条标准。我以为,“法治”是个系统,不可能是个单一标准。作为一个“系统”考察,衡量一个国家是否处于法治状态,主要应当考察以下几个标准:

第一,法的存在——这是法治的前提。国家要有法,没有法就谈不上法治;法越多,国家的法治化程度越高。

第二,法的正义性——这是法治的内在标准。所制定的法必须是“良法”,“恶法”不是法,“恶法”越多,离法治就越远。而“良法”的标准就在于要求法律的内容符合“正义性”。

第三,法的至上性——这是法治的内在要求。法治国家必然坚持宪法法律至上,坚持法大于权,而不是权大于法。

第四,法的预设性、公开性、稳定性、平等性——这是法治的适用要求。法必须是预设的,让人们可以根据预制的法律预期自己的行为后果。法又必须是公开的,不公开的法律不得约束人们的行为,不知者无罪。法还必须是稳定的。法律不能朝令夕改,不以公共利益并经过正当法律程序不得收回已赋公民的权益,公民的信赖权利得到有效保护。法是平等的。法律面前人人平等,任何组织和个人不存在法律适用上的特权。

第五,权利的保障性和权力的制约性——这是法治的核心。法治的核心是“规范公权,保障私权”。公民的基本权利不受尊重和得不到保护的国家不是法治国家;同时,公权力不受监督和制约的国家也不是法治国家。

第六,公正的司法和司法的公正——这是法治的保障。一个国家如果没有公正的司法肯定不是法治。司法的核心价值就是“公正”。作为法治国家:一是存在公正的司法机构,它能依法独立行使裁决权。二是任何人不经合法审判不能被定有罪。三是司法判决能得到严格执行。四是实行司法终审。

法治是一种制度,是一种理论,是一种信仰,是一种精神,是一种标准,更是一种状态。

法治是指法治精神,这种精神通过几百个法律原则和成千上万个法律条文来体现,如公平正义、人权保障、权利义务的统一、立法先行、法不溯及既往、信赖利益的保护、法律保留、正当程序、比例原则、意思自治、罪刑法定、非法证据排除、无罪推定、疑罪从无,等等。上述精神渗透到国家的各项制度和人们的行为之中,由此形成的状态就是法治。

3-010 法治能折多少股份?

——法治是国家不可或缺的无形资产

(2016年12月21日)

如果你想成立一个公司,你想拿什么入股?

现金、债权、房产、机器设备、专利……这些都可以。但你可能没有想过,“法治”也可入股。

世界银行的研究结果表明,法治程度可决定一个国家57%的无形资本价值。

这意味着什么?如果在一家公司里,你有15%的股份,可能就控股了(相对控股);如果有51%的股份,那是绝对地控股。

现在将一个国家看作一个公司,你不需要资金投入,你只要将法治搞好了,就拥有57%的股份,绝对地控股。

之所以将法治看作无形资产是因为,法治能够带来更多的有形资产和无形资产。

3-011 “恶法”不是“法”

——法治是良法之治

（2021 年 7 月 26 日）

在世界法制史上，一直存在“恶法是不是法”的争论。当我们讨论“恶法是不是法”时，其实不是讨论“恶法”是不是形式上的“法”，而是指“恶法”是否具有法的效力，人们是否有服从的义务。

在这一命题的讨论中，我们法律人应当主张“恶法不是法”，“恶法”不应当被执行和被服从。因为法治是“良法”之治。

“良法”是法治的标准和前提。没有“良法”就谈不上执法公正和司法公正。马克思在《关于林木盗窃法的辩论》一文中指出：“如果认为立法者偏私的情况下可以有公正的法官，那简直是愚蠢而不切实际的幻想！既然法律是自私自利的，那么大公无私的判决还有什么用处呢？法官只能一丝不苟地表达法律的自私自利，只能无所顾忌地运用它。在这种情况下，公正是判决的形式，但绝不是判决的内容。内容已经被法律预先规定了。”[①]

“法治是良法之治”的思想最早可以追溯到公元 2000 多年前的古希腊。亚里士多德是第一个提出“良法之治”的思想家。其在传世之作《政治学》中提出法治的两条标准是：在法治状态下，“法律要获得人们的普遍服从，而大家所服从的法律又是本身制定得良好的法律”（Obedience to the laws laid down，and well-enacted laws laid down by which people aside）。[②]

渊源于 13 世纪的弗斯特罗戈蒂（Westrogoths）法律传统，“有害的法律不是法律”（the law which proves mischievous is no longer law）的准则，一直

① 马克思：《第六届莱茵省议会的辩论（第三篇论文）——关于林木盗窃法的辩论》，载《马克思恩格斯全集》（第 13 卷），人民出版社 1995 年版。

② 周天玮：《法治理想国》，商务印书馆 1999 年版，第 88 页。

载在瑞典与芬兰等国法律汇编的首页上。

坚守"恶法不是法"的原则,是基于人类历史上的惨痛教训。

当年第二次世界大战期间,希特勒用《身份法》《剥夺犹太人财产法》《强制劳役法》3部法律,"名正言顺"而且"合法"地屠杀了600多万名犹太人。1945年在国际"纽伦堡审判"中,所有纳粹战犯用同一个"理由"为自己辩护:"我们不过是在执行法律,而执行法律的人不受法律追究。"这个"执行法律的人不受法律追究"的法律古训曾一度迫使国际法庭休庭。如果这一"理由"成立,那么几乎所有纳粹战犯都会被无罪释放。关键时刻,德国著名哲学家拉德布鲁赫提出了非常精辟的观点。他说:"法律分法上之法和法下之法,以人类的共同理性,以人的尊严和权利作为展示内容的法是法上之法;凡是以背弃人类理性,漠视人的尊严、践踏人的权利为特征的法都是法下之法。法下之法是恶法。恶法非法也。"他的这一思想很快使法官们达成了共识,保证了纽伦堡审判的继续和顺利完成。纽伦堡审判不仅宣布了纳粹战犯的罪行,而且意味着向全世界宣布了"恶法非法",并且公民有义务不服从"恶法"的法治信条。

1963年,美国黑人领袖马丁·路德·金组织游行未被批准而被判刑。他在监狱里写了一封著名的《寄自伯明翰监狱的信》。他在信中写道:"存在着两种法律:公正的法律和不公正的法律。我会第一个倡导服从公正的法律。人不仅有法律责任,也有道德责任,去服从公正的法律。反之,人也有道德责任,去不服从不公正的法律。我会同意圣奥古斯丁的话:'不公正的法律,就等于无法无天。'"①

那么,如何区别"良法"与"恶法"呢?

古巴比伦《汉谟拉比法典》的卷首语写道:"我在这块土地上创造了法和公正,在这时光里我使人们幸福。"古罗马法学家西塞罗也说:"人民的福祉是最高的法律。"还说,"法"是根植于自然的最高理性,它规定哪些事应该

① [美]马丁·路德·金:《〈寄自伯明翰监狱的信〉及其他》,载何怀宏编:《西方公民不服从的传统》,吉林人民出版社2001年版,第66页。

做，哪些事不应该做。当这种理性在人类的思维中确立下来，它就是法律。[①] 中世纪经院哲学家和神学家托马斯·阿奎那说，法律的首要和主要的目的是公共幸福的安排。[②] 马克思说："法律是人们自由的圣经。"[③]这无疑是从各个角度阐述的"良法"标准。

我们以为，"良法"主要有3个标准：一是法通过民主程序制定，而不是个人专断的产物；二是它代表人民的意志，而不是个人意志的体现；三是法的内容符合正义标准，反映人类文明的趋向。

我们党和政府高度重视"良法之治"。党的十八届四中全会通过的《中共中央关于全面推进依法治国若干重大问题的决定》指出："法律是治国之重器，良法是善治之前提。"古人亦说："立善法于天下，则天下治；立善法于一国，则一国治。"[④]

---

① 西塞罗：《论法律》。转引自尹晋华主编：《法律的真谛——写给执法者的书》，中国检察出版社2006年版，第65页。

② 托马斯·阿奎那：《阿奎那政治著作选》。转引自尹晋华主编：《法律的真谛——写给执法者的书》，中国检察出版社2006年版，第16页。

③ 《马克思恩格斯全集》（第1卷），人民出版社1995年版，第71页。

④ （北宋）王安石：《周公论》。盖君子之为政，立善法于天下，则天下治；立善法于一国，则一国治。如其不能立法，而欲人人悦之，则日亦不足矣。使周公知为政，则宜立学校之法于天下矣；不知立学校而徒能劳身以待天下之士，则不唯力有所不足，而势亦有所不得也。

3-012 温家宝谈“法治”

——“法比天大”就是“法治”

（2021 年 8 月 9 日）

2008 年的“五四青年节”，时任总理的温家宝同志去中国政法大学和学生们座谈。温总理很亲和，和学生们无话不谈。学生们也向总理问了许多问题，总理一一作了回答。其中有一位学生向总理提了这么一个问题：“总理，你认为什么是法治？”

我认为，这个问题问得太大了。我们搞了几十年的法学，也无法几句话能把这个问题讲清楚。

让我们没想到的是，温总理竟然用一句话回答了这个问题，而且回答得非常简洁、生动、形象而准确。温总理说：“法比天大”，这就是法治。

这个回答太棒了！我以后就想借用温总理的这句话来解释“法治”。

在中华文化中，“天”的地位是很特殊的。蒙族人是将“天”叫作“长生天”，是崇拜“长生天”的。我们汉族人也将“天”看作最高、最重、最大的东西，常说“这是天大的事”“民以食为天”。所以，如果能够将“法”看作比“天”还大，那肯定就是“法治”了。

温家宝同志还进一步解释了“法比天大”的含义：第一，宪法和法律的尊严高于一切。第二，在法律面前人人平等。第三，一切组织和机构都要在宪法和法律的范围内活动。第四，立法要发扬民主，法律要在群众中宣传普及。第五，有法可依、有法必依、执法必严、违法必究。“天下之事不难于立法，而难于法之必行。”有法不依，不如无法。

我以为，“法比天大”，这最好不过地表达了“法治”的核心价值和核心要求。

3-013 法大还是权大?

——法大于权还是权大于法是法治与人治的分水岭

(2021年8月23日)

关于“法”与“权”的关系,“法”是指国家法律,这里说的“权”是指国家机关及其工作人员的职权。

现实中不是什么问题都可以“比大小”,但“权与法”还是可以“比大小”,并且应当“比大小”的。“权与法”之间谁“大”谁“小”的比较,不仅是人治还是法治的分水岭,而且是一个国家、一个政府、一个社会和一个政党法治程度的衡量标尺。

那么,“权”与“法”到底谁大于谁? 虽然在事实上,“法”有时斗不过“权”。正如有人说:“在法律与权力的冲突中,法律很少能成为胜利者。”① “尤其在拥有暴力的权力面前,法律是没有发言权的。”②但是理论观点必须明确。我国《宪法》回答了这个问题。《宪法》第5条规定:“中华人民共和国实行依法治国,建设社会主义法治国家。国家维护社会主义法制的统一和尊严。一切法律、行政法规和地方性法规都不得同宪法相抵触。一切国家机关和武装力量、各政党和各社会团体、各企业事业组织都必须遵守宪法和法律。一切违反宪法和法律的行为,必须予以追究。任何组织或者个人都不得有超越宪法和法律的特权。”《中国共产党章程》也在总纲中写道:“党必须在宪法和法律的范围内活动。”

权大于法的国家肯定不是法治国家,权大于法的政府肯定不是法治政

---

① [美]汉娜·阿伦特:《论革命》,陈周旺译,译林出版社2007年版,第135页。

② 古罗马西塞罗(Marcus Tullius Cicero)语。转引自程汉大:《西方宪政史论》,中国政法大学出版社2015年版,第18页。

府,权大于法的社会也肯定不是法治社会。同样反过来说,法大于权不仅标志了法治状态,而且其“大小程度”反映了国家、政府、社会和政党的法治成熟程度。

3-014 衡量“法治”的特殊方法

——七种情景模拟

“法治”必须拥有可衡量的标准。否则我们届时凭什么宣布法治国家、法治政府、法治社会已经实现？

关于法治的理论标准人类已研究了2500多年。世界上的“法治指数”也已比较成熟。今天我想从法治“表征”的视角推出一种新的检测方法，即“情景模拟”。“情景模拟”的具体做法是，在一国设想一种特别的情景，当这种情景发生时，这个国家会有什么反应，从而用以判断这个国家是否属于法治国家，以及它的法治成熟度。以下几种情景可以考虑：

“情景测试”之一：看外商是否敢到你所在的地方来投资？外商敢于到你这个国家或你这个地方来投资，说明你所处的法治环境是好的，别人是放心的。如果你“招商引资，关门打狗”，外商的投资是“肉包子打狗，有去无回”，等等，人家怎么可能放心地来投资呢？

“情景测试”之二：看我们的富人们是否有安全感？如果我们的富人们感觉他的财产是安全的，他就无须向国外转移财产，无须在手上准备五六个护照，准备时刻向国外跑。

“情景测试”之三：看律师们是否敢于为刑事被告辩护而不用担心法律以外的风险？一个“人治国家”不会有真正的律师制度。在人治状态下，律师会被看作专门与法庭作对。容不下律师的国家肯定不是法治国家。

“情景测试”之四：看人们是否敢说真话，我们是否听得到真话？在“人治状态”下，法律范围内的言论自由是得不到保障的，甚至会出现“因言获罪”。

“情景测试”之五：看这个国家的百姓是否学会了排队，能否在传送电梯带上靠边站立？公民的法治素养是法治国家的社会基础。百姓学会了排队，就意味着学会了遵守规则，进而意味着懂得了守法。

我认为，通过这5个情景测试衡量法治就足矣。

3-015 没有“法治”,天迟早会塌下来

——“真信”“装信”还是“不信”?

(2021 年 9 月 6 日)

我们党和政府对“法治”高度重视,从“一五”普法到“七五”普法已宣讲了 30 多年的法治了。但从领导干部到人民群众是否真的全都“信仰”了“法治”? 我以为未必。即便是我们的“关键少数”,也未必全部相信“法治”。

我们地方干部对“法治”的相信程度,可以分为 3 种人:一是“真信”。他们越来越成为“多数”。他们已真正地理解了“法治”和“法治的作用”,认识到中国如果拒绝法治,接下来的路就可能走不下去。二是“装信”。他们并未真正了解“法治”,从而无法真正认识到“法治”的重要性。他们只是看中央在讲法治,他们也跟着讲法治而已。三是“不信”。还存在一些人压根儿就不相信法治,认为在中国靠的还是“权力”。他们甚至认为,“要依法无法完成任务,要完成任务无法依法”,将法治与效率对立起来。

为什么至今还不是所有的领导干部都信仰法治呢? 因为还不是所有的人都真的明白“没有法治,天是否真的会塌下来”这个问题。也就是说,没有真正认识全法治的作用。

没有法治,一个国家就没有明确、稳定的规则,人们会处于无序状态,并不可预期自己的行为后果。人们就会无所适从,并且抱怨社会不公,从而处处充满怨气。

没有法治,公权力就得不到有效制约,公民权利就可能成为公权力滥用的牺牲品。而且,今天的合法行为可能在明天被新的法律定性为违法而受到惩罚,从而使人人没有安全感。

没有法治,就不可能有科学决策。因为在人治状态下,民主、科学的决策程序不可能被遵循,决策领导层听不到充分而真实的信息,大多由领导在

一片“赞美”声中拍板。对领导的错误决策,群众没有力量来加以避免和纠正。

没有法治,如同一个人成为没有规矩的人一样,一个国家会成为没有规矩的国家,从而失心于民。失去民心,最终将失去国家。

所以,我们的结论是:世界上天塌下来的国家,倒并非全是因为它没有法治;但是,如果没有法治,它的天迟早会塌下来。

这就是中国为什么要全面推进依法治国的道理。

3-016 乾隆十三年孝贤皇后去世的风暴

——谈法的明确性与可预期性

(2017年6月14日)

本周我在陪伴小女儿去八八空间上舞蹈课时,阅读了张宏杰先生《饥饿的盛世——乾隆时代的得与失》(重庆出版社2016年版)一书,正好读到了“乾隆十三年的风暴”。

“风暴”说的是:乾隆十三年(公元1748年),孝贤皇后去世。孝贤皇后,生于康熙五十一年(公元1712年),满洲镶黄旗人,比乾隆帝小一岁。孝贤皇后为富察氏,出身名门,性格温婉平和,有良好的风度和修养。她和皇帝一起经历了人生的风风雨雨。精明能干的她,管理后宫,安排好皇子的生活和教育,和皇太后相处融洽,让皇帝毫无后顾之忧。她在皇帝心中无人能取代。皇帝是个性情中人,对孝贤皇后感情深厚。深受乾隆宠爱的孝贤皇后去世,使乾隆万分悲痛。

清制辫发,十天半月就要剃头一次。按满族旧习,帝皇及皇后之丧,官员们在百日内不能剃发,以表示自己钻心悲痛。但是,这只是一个不成文的风俗,在大清会典中并无记载。开国日久,大多官员,甚至满族官员都已不再清楚这一旧习。再说,雍正皇帝去世时,许多官员百日内剃发,朝廷并没有追究责任。默认的现状已经表明这一旧规的废弃。在这样的背景下,孝贤皇后之丧中,许多人不在意地剃了头。乾隆发现后,大动肝火,认为这证明官员们对已故皇后“大不敬”,心中无哀痛之情;同时证明朝纲不振,百年成法开始被破坏。

一开始,他下令将几个剃头官员一律处死。后来发现,剃头的人实在太多,几乎无省不有,法不责众,才不得不轻判。但对于江南河道总督周学健这样的一品高官居然也剃头,他却无法容忍。震怒之下,他赐周学健及另一个违制剃头的湖广总督塞楞额自尽,湖南巡抚、湖北巡抚因此革职。

有人评论说,乾隆十三年是乾隆执政从宽转严的分界点,并与孝贤皇后去世有关。但是,我想说,一个国家的管理“从宽”也好,“从严”也罢,不得为个人家世情绪好恶左右,不得因皇后去世而“转严”,也不得因“喜得贵子”而“转宽”,应当以国情及治理规律为准。另外从法治上说,法治是强调法的明确性与行为结果的可预期性。为此,有两点可以评论:第一,帝皇及皇后之丧,官员们在百日内到底能不能剃发?必须有明确的规则。即便是不成文的规则,也应当有明确昭示。本案中,此乃不成文旧习,且官方的默示(雍正皇帝去世时,官员百日内剃发未作追究)已表明此规可以不循。忽然又以此追责,实属不可,否则如何让百姓信任国家政策。第二,法治要让国民对自己行为结果可以预期,否则人们就无所适从。本案由于规则的不明确导致了国民行为结果的不明确,实属不法。我们要坚守“罪行法定”的法治原则,“没有法律就没有犯罪,没有法律就没有刑罚”。

3-017 “水治”与“刀制”有何区别?

——从“刀把子”到“平衡器”

(2021年9月20日)

新中国的“法制(治)”概念,经历了从“法制”到“法治”的转变。这一概念表达的变化,不仅仅是文字表达变化而已,更是一种法治理念的提升和转变。

自新中国成立以来,我们起初用的是“法制”这一概念。1954年《宪法》的制定,标志了中国步入社会主义法制建设轨道。接下来的10年“文化大革命”,彻底摧毁了中国的社会主义“法制”。1978年以党的十一届三中全会为标志,中国拨乱反正,实行改革开放,明确提出发展社会主义民主、健全社会主义法制,确立了“有法可依、有法必依、执法必严、违法必究”的基本方针,中国社会主义法制建设得到恢复和发展。

1997年党的十五大把“依法治国”确立为党领导人民治国理政的基本方略,把建设“社会主义法治国家”确立为治国理政的建设目标,我们在理论上实现了从讲“法制”到讲“法治”的历史性转变。

那么,“法制”与“法治”到底有什么区别?从“法制”到“法治”的转型到底有什么意义?

“法制”与“法治”,在英文表述上,“字”和“音”都不同,前者表述为“law system”,后者表述为“rule of law”,比较好区别。而我们中文是“音”同“字”不同,“法制”与“法治”,读音是一样的,但写法不一样。“法制”中的“制”与“法治”中的“治”,这两个字的“偏旁”不同。“法制”中的“制”,是“刀”侧旁,而“法治”中的“治”,是“水”字旁。于是我们就用“刀制”与“水治”来区别,讲“刀制”就是指讲“法制”,讲“水治”就是讲“法治”。

那么,“法制”与“法治”(“刀制”与“水治”)到底有什么区别呢?我以为,最主要的区别有两点:一是内容的范围问题;二是法的功能问题。

关于内容的范围。“法制”主要是指法律制度,它是解决是否“有法可依”的问题,而“法治”是指一种国家的治理状态。这种状态的特征在于:第一,要有法;第二,这法必须是良法,如果是“恶法”就不是“法治”;第三,这种良法会被普遍遵守,宪法和法律处于至高无上的地位。这样就看出来了,“法制”是“法治”的前提和基础,但它不是“法治”的全部;“法治”包含了“法制”,但“法制”不等于就是“法治”。“法制”是一个“平面”,“法治”是一个“立体”;“法制”是“静态”的,而“法治”是“动态”的。

关于法的功能问题。这与“偏旁”直接有关了。可能也是巧合。“法制”是“刀”侧旁,它将法主要看作阶级斗争的工具,是无产阶级专政的工具。也就是马克思说的,“一个阶级压迫另一个阶级的工具”。一句话,是无产阶级镇压反革命的“刀把子”。

而“法治”的偏旁是“水”字。“法”总是与“水”有联系,无论最早的“灋”,还是现在的简化字“法”,都有“水”字偏旁。为什么?因为在自然界,人们认为只有“水”才是最“平”的。水总是从高处向低处流,一直流到平衡才静止。所以才有“水平”一说,因为“水”总是“平”的。“山”是不“平”的,所以没有“山平”一说。想起来,我们老祖宗发明“水平”一词可真有“水平”啊!“法”的核心价值和精神是“公正”,“公正”的核心又是“平等”。法总是与“公平正义”有关。我们到欧洲,在其法院大厅里总可看到一座女神雕像,站立着的女神身材高挑,眼睛还被黑布蒙着(意味不讲人情),一手握着宝剑(表示法的权威),一手托着天平(表示平等)。我国人民法院的标志,周围是麦穗,中间是一个“天平称”。世界上人们总是用“公平正义”来表示“法”。

如果说在“法制”阶段,人们将“法”主要是看作专政工具和“刀把子”,那么到了“法治”阶段,虽然“法”作为“刀把子”的功能没有完全消失,但“法”的主要功能被看作以“公平正义”调整社会关系的“平衡器”。党的十八届四中全会说得好,“法律是治国之重器,良法是善治之前提”。“法”是以“公平正义”治理国家和社会的“重器”。

实现从“法制”到“法治”的飞跃,标志着我们党的法治理论和法治实践进入到一个新阶段和新高度。它使我国的法治建设从单纯的制度建设扩展到状态建设,使我们对法的功能认识从单纯的“专政工具”扩展到以“公平正义”治理国家和社会之“重器”。这是中国法治理论和法治实践的进步。

3-018 治理与管理的最大区别是什么？

——治理是管理的高级形态

（2021年9月13日）

我们以前习惯于提“管理”，国家管理、政府管理、社会管理，等等。

2013年11月，党的十八届三中全会通过的《中共中央关于全面深化改革若干重大问题的决定》，提出推进国家治理现代化。这下就像在电脑上做“替换”一样，一夜之间用“治理”代替了“管理”。从此，国家管理被称作国家治理，政府管理被称作政府治理，社会管理被称作社会治理。

那么，“管理”与“治理”到底有什么区别吗？

治理虽不是一种管理阶段，但它是管理阶段的高级形态。

“管理”与“治理”的区别点很多，但最主要的有两点：一是主体上；二是手段上。

从主体上看，“管理”是有甲乙方的，政府是管理方，老百姓是被管理方。用行政法学的语言来说，一方是行政主体，另一方是相对人。而“治理”中没有甲乙方，大家都是管理方，社会实行共同管理。

从手段上看，“管理”中的主要手段是“命令”和“强制”，管理方命令和强制被管理方从事某种行为，而在“治理”中，管理手段主要是“合作”和“协商”。

所以说，治理是管理的高级形态。

3-019 “政治”可分为“政权”与“治权”

——“国家治理”属于“治权”的范畴

（2016年2月24日）

2013年党的十八届三中全会首次提出“推进国家治理现代化”。那么，什么是“国家治理”？

“国家治理”是一个与国家功能密切相关的“政治”概念。

“政治”这个词，中文是由两个字组成的，即“政”+“治”，外文都是一个词，如英文是“politics”，法语文是“politique”，德文是“Politisch”，它们都来自希腊语“πολιτικός”。

但无论是两个字还是一个词，中外大多学者都认为“政治”可分为两个部分，由两个意思组成。

如西方19世纪的思想家弗兰克·约翰·古德诺（Frank Johnson Goodnow）在威尔逊提出政治行政二分法的基础上，在《政治与行政》一书中将政治层面的国家职能划分为“国家意志的形成”和“国家意志的实施”，前者称为“政治”，后者称为“行政”。可能是由于翻译的缘故，古德诺的“政治”与“行政”，其实就是中国的“政”与“治”。

中国的《词源》和《辞海》都表明，中国自古对“政治”是分拆成“政”与“治”来解释的。中国人解释“政治”，没有比孙中山先生解释得更为通俗和明白的了。

孙中山在《三民主义》和其他有关著作中，把“政治”解释得非常清楚。他说，“政治”可以分为“政”与“治”，“政”构成“政权”，“治”构成“治权”。“政权”是解决国家权力的归属问题，“治权”是解决国家权力的行使问题。如果套用民法学理论，那就是，“政权”是解决“所有权”问题，“治权”是解决“使用权”问题。

根据“政治”的这一解释,我们党在十八届三中全会中提出的“国家治理”,到底属于“政权”的范畴还是“治权”的范畴呢?我认为是“治权”的范畴。

3-020 “不更射为鄙！”

——战争也有规则

（2019年2月13日）

法治就是规则之治，即要求人们的一切行为，包括战争行为，都必须遵守人类共同制定或者自然形成的规则。如同任何游戏都必须服从游戏规则一样。做不到这一点，就谈不上法治。

中国自古就有守法的传统。

春秋时期，打仗以车战为主。习惯的做法是，双方选择好一处平坦开阔的地点，并约好时间，大致同时抵达。等列好队伍之后，双方鸣起战鼓，驱车冲向对方。这就是所谓的“结日定地，各居一面，鸣鼓而战，不相诈”。

《左传·昭公二十一年》记载了这么一件事：当年的宋国公子城与华豹开战，双方战车在赭丘相遇。华豹张弓搭箭，向公子城射来，结果却偏离目标。未等公子城反射，华豹动作敏捷，又一次搭箭上弦。

公子城一见，对他不屑地大喊：“不更射为鄙！”意思是：战争的规则是双方一人一箭，轮流对射。你射了我一箭，现在应该轮到我射你一箭了。你不守规则，岂不太卑鄙了！

华豹闻言，就放下弓，老老实实地等公子城搭弓，结果被公子城一箭射死。

史书并没有嘲笑华豹愚蠢，相反却肯定他以生命维护了武士的尊严。我同样认为，华豹虽败犹荣，因为他遵守了规则，体现了诚信，恰恰是法治的卫士。

3-021 法治是规则之治

——从一年一度的高考谈起

(2016年6月15日)

一年一度的"高考"牵动全国人民的心！每年从复习迎考到参加高考这段时间,全社会的关注点都以考生为中心:施工场地被禁止施工,各类影响复习高考的噪声都会被限制,成千上万的爱心车为他们免费接送……

从恢复高考制度我本人所参加的第一届(77级)至今,分数面前人人平等的高考规则已被坚守了40多年,这是中国被坚守得最为成功的规则。尽管这一考试制度也存在争议,但我还是认为它是一项最公平的制度。因为它受一项牢固的考试规则支配着,统一考试,从高分到低分录取。规则产生了标准,标准让人们可预期,实现了分数面前人人平等,它可最大限度地抵制腐败。设想一下,如果让我们回归到"文化大革命"时代的免试推荐和保送,那又会引发权力、金钱和关系的博弈。这会导致每位家长的投入更大,更具有不确定性。

有规则比没有规则要好;一项不够完美但比较稳定的规则也比更加完美但不够稳定的规则要好！法治就是规则之治。无规矩不成方圆。

治理一个国家,"规则之治"才是现代的治理方式。正如习近平总书记所说:"人类社会发展的事实证明,依法治理是最可靠、最稳定的治理。"(习近平在庆祝澳门回归祖国十五周年大会暨澳门特别行政区第四届政府就职典礼大会上讲话,2014年12月20日)

规则之治,才属于法治的治理方式。一个国家,小到交通规则,大到国家领导人的产生,都必须有规则。一个国家没有预设、明确、稳定的规则,人们对自己的行为后果就没有预期性,从而导致无序,同时使人们无安全感。规则的缺失,便是腐败的温床。

3-022 平等对人的故事

——法律平等原则在生活中的闪光

(2017年2月22日)

“平等”是中国社会主义核心价值观的基本要素之一。“平等原则”乃是一项重要法治原则。平等的基本内涵是：人与人之间，不得因民族、种族、性别、职业、家庭出身、宗教信仰、教育程度、财产状况等因素受到不公平的对待。“平等”既要体现在立法上，从而保证了“良法”；也要体现在法的实施上，从而形成了法律适用上的平等。“平等”既要体现在政治上，也应当体现在生活中。我所收集的以下几个故事，都从不同的视角反映了人类对平等的追求。

故事一：一次，英国女王维多利亚(Queen Victoria)忙于接见王公，把她的丈夫阿尔倍托冷落在一边。丈夫很生气，就悄悄回到卧室。不久有人敲门，丈夫问：“谁？”回答：“我是女王。”门没有开，女王又敲门。房内又问：“谁？”女王和气地说：“维多利亚！”可是门依然紧闭。女王气极，想想还是要回去，于是再敲门，并婉和地回答：“你的妻子。”丈夫边笑边打开了房门。

故事二：世界著名的文学家，爱尔兰剧作家萧伯纳(George Bernard Shaw)，一次到苏联访问，在街头遇见一位聪明伶俐的小姑娘，就和她一起玩耍。离别时他对小姑娘说：“回去告诉你妈妈，今天和你玩的是世界著名的萧伯纳。”不料那位小姑娘竟学着萧伯纳的语气说：“你回去告诉你妈妈，今天和你玩的是苏联小姑娘卡嘉。”这件事给萧伯纳很大的震动，他感慨地说：“一个人无论他有多大的成就，他在人格上和任何人都是平等的。”

故事三：俄国作家屠格涅夫(Иван Сергеевич Тургенев)，有一次在街上散步，一个乞丐跪倒在地求道：“先生，给我一点食物吧。”屠格涅夫寻遍全身没有一点可吃的东西。只好说：“兄弟啊！对不起！我没带吃的！”这时，那乞丐站起身,脸上挂着泪花,紧握作家的手说:“谢谢你!我本已走投无路,打算讨点吃的后就离开这个世界。您的一声‘兄弟’让我感到这世间还有真情在,它给了我活下去的勇气。”

虽然这几个故事很难考证它的真实性,但我愿它们是真实的,因为这几个平等的故事折射出了许多光芒:平等可以得到平等的回报;平等会给人带来希望。一个平等的社会才是一个法治的社会,同样也是一个文明的社会。

3-023 防止不当联结现象抬头

——从禁止不当联结原则谈起

(2019年4月17日、24日,5月8日)

禁止不当联结原则(the principle of prohibition of improper connection),是要求国家公权力行为必须与立法目的保持合理正当的关联。它基于实质关联性之要求,阻却公权力主体作出公权力行为时,将不相关的主体和不相关的行为因素进行无端关联,从而导致让无故的主体承受他人主体的不利后果,或者让一个主体过度承受一个行为的多种不利后果。随着各国司法审查范围的扩大、强度的加深、行政法法律原则的分化组合,禁止不当联结的基本要求逐步从其他法律理念、原则中分化出来,成为一项公法原则、宪法原则和行政法一般法律原则,而受到普遍适用。该原则在理论上渊源于比例原则、合理性原则、禁止恣意原则、法治国与依法行政原则,有着悠久的思想渊源。

禁止不当联结原则是基于公民基本权利保护的考虑。公民的基本权利是由宪法和法律直接设定的基本人权,包括人身权、财产权、政治权、住宅权、通信权、储蓄权等。在民主和法治国家,坚守"公民的基本权利没有法律依据并经过正当程序不受限制和剥夺"的信条。如果国家的公权在处置公民的私权时,可以在法律之外无端联结,层层加码,势必突破法律界限,公民的基本权利失去安全的屏障。

禁止不当联结原则是基于立法目的与实施手段对应性的考虑。强调立法目的与实施手段之间的相关性、对应性,乃是法治精神的内在要求。如果认为,只要符合目的,就可不择手段,那就与法治精神相背离。在法治国家里,手段的合法性有时比目的的合法性更受重视,因为手段的违法性势必会背离目的的合法性。

禁止不当联结原则是禁止株连、责任自负原则演化的最高成果。在人类的法治文明进化中,从株连到罪责自负,从连带责任到个人责任,乃是人类法治文明的成果。在奴隶社会和封建专制时代,统治阶级为了维持自身的统治,不惜对劳动人民实施残暴的镇压措施。体现株连原则的连坐制度最为典型。《汉谟拉比法典》规定:父母犯罪,其子女也当承担刑事责任;盗卖他人财物的罪犯如果死亡,其家属负担5倍于原物的赔偿金。在法兰西王国,路易十四颁发敕令规定株连原则,一人犯罪,祸及全家和全村,即使是幼儿与精神病患者也不能幸免。在中国,连坐起源甚早,夏、西周、春秋、战国时期都有连坐制度。商鞅变法时,立相坐之法,十家为伍,有问题要互相纠举揭发,否则连坐。如不告奸,腰斩;匿奸与降敌同罪。我国《唐律》明文规定:“诸谋反及大逆者皆斩,父子年十六岁以上皆绞。”《唐律》关于株连的规定,一直为宋、元、明、清所沿用。除族诛外,还有缘坐、连坐、没籍等团体责任方式。资产阶级民主革命之后,株连原则被摒弃,代之而起的是罪责自负原则,“任何人不因他人的不法行为受处罚”(Nemo punitur pro alieno delicto)。

禁止不当联结最早作为一项宪法原则而存在,后扩展为公法原则和行政法原则。在中国,禁止不当联结原则,是《宪法》(2018年)第5条第1款所确立的“依法治国,建设社会主义法治国家”的具体要求。作为行政法的原则,它因尚无“行政程序法”而未被直接表达,但在行政许可法、行政处罚法和行政强制法中已有不同程度的体现。特别是“不相关考虑”已被列入“滥用职权”的一种表现而受到行政法和行政诉讼法的控制,禁止不当联结已作为反滥用职权的一项原则得到贯彻。在结婚离婚登记制度中,这一原则让结婚离婚的决定权真正回归于男女当事人本身。1994年《婚姻登记管理条例》第9条、第14条规定:当事人结婚的、离婚的应当持有所在单位、村民委员会或者居民委员会出具的介绍信。这样一来,单位领导不同意或者办事员不开具介绍信的,男女就无法登记结婚和离婚。本来,单位开具介绍信与结婚、离婚的本质没有任何合理的关联性,上述法律条文理所当然地违反了“禁止不当联结原则”。也正是基于此种考虑,2003年新《婚姻登记条例》废除了上述“不当联结”的条文。这一原则应用至刑法领域也取得明显成效。我国现行《刑法》与1979年《刑法》彻底贯彻了任何人不因他人的不法行为受处罚的个人责任原则。1979年《刑法》第55条第2款规定：“在判处没收财产的时候，不得没收属于犯罪分子家属所有或者应有的财产。”现行《刑法》（经1997年、2009年、2011年和2017年修正）第59条除了保留这一规定外，还特别规定：“没收全部财产的，应当对犯罪分子个人及其抚养的家属保留必需的生活费用。”这不仅肯定了个人责任原则，而且向前迈进了一步；不仅不株连无辜，而且尽量使无辜者的生活不受影响。

但是，在禁止不当联结原则的普及，法治文明的进步同时，禁止不当联结原则所阻却的“不当联结”行为还顽固地残留着。即便在今天，它既存在于立法领域，也存在于执法领域；既表现为主体之间的不当联结，也表现为行为之间的不当联结。这种反法治原则的“不当联结”现象依然存在：

——我国2006年3月开始实施的《娱乐场所管理条例》第5条第2项规定：因犯罪曾被剥夺政治权利的不得开办娱乐场所或者在娱乐场所内从业。这有不当联结之嫌，因为政治权利与经济权利缺乏正当的关联。政治权利旨在实现人民主权原则和制度，经济权利乃是在国家不禁止的领域实行经营活动和获利的权利。政治权利与经济权利在性质、功能上均存在较大的差异，两者完全可以适当分离。

——公安部2004年、2008年和2012年制定的《机动车登记规定》（第54条）都规定：机动车涉及道路交通安全违法行为和交通事故未处理完毕的，不予核发检验合格标志。这样规定的目的在于凭借年检的关口强制违章公民缴清拖欠的行政罚款，从而降低执法成本，在操作上是可以理解的。但就法理概念而言，车辆年检与违章不接受处理是两种不相关的行为：年检旨在掌握车辆状况，以确保汽车行驶品质进而维护人民生命、身体等人身安全和财产法益；而罚款交纳涉及的是行政处罚的执行问题。当事人不交纳违章罚款问题完全可以通过完善行政处罚及其执行程序来解决。把不相关的两者捆绑起来，会给相对人造成不必要的伤害，有违行政管理的本来目的。

——某省《公务员录用体检标准》规定:“女性要第二性征发育正常,乳房对称,无包块等方为合格。”担任公务员事关公民的政治权和劳动权,禁止公民担任公务员,应当具有法律依据,并且依据所规定的事项应当与担任公务员具有实质上的关联性。“乳房对称,无包块”,不仅不属于《公务员法》(2018年)第26条所规定的禁止录用事由,而且与公务员录取之间不存在正当的联结性。

在执法领域,这种“不当联结”违法行为不仅历史上出现过,而且今天依旧,还在一定范围内存在,甚至作为“管理创新”和“先进经验”被继续推陈出新:

——在前些年,有些乡镇在开展计划生育工作时,打出了“儿子走了,找老子;老子走了,拆房子”的野蛮口号。还抓全家“办学习班”,等女儿来换人质。某地追捕儿子,抓父亲,让儿子来换。

——某地交警规定,大人闯红灯要列入“黑名单”,除了对其限贷限购限行限准入外,还要影响其子女上学。

——在某地的拆迁事件中,县政府为了启动建设项目,下发文件规定具有株连性质的“四包两停”政策,从而导致该县160多名公职人员因为是被拆迁户的亲属而受到牵连,其中十几人被开除或调离原工作岗位。有的公务员为了避免受到拆迁户亲属的牵连,不得不忍痛和配偶离婚。

——有单位规定,公务员只要有交通违规(超速、违章停车、违反禁令标志等)行为,在单位就一律公布其违规行为,并将作出相应的纪律处分。

——为了打造一支身体各项指标都能达到优秀的警察队伍,某市公安局巡防支队发布一项瘦身命令:腰围超过二尺七的在编民警将面临下岗风险。

——某省有关部门共同下发的《关于做好全省考试录用法院、检察院工作人员工作的通知》规定:审判业务、检察业务职位的考生,除必须符合其他条件外,还要求男性身高为1.65米以上,女性身高为1.56米以上。

——十几年前,在我国一些省份均规定乙肝携带者不得报考公务员。2003年11月20日,一封由1611位公民签名《要求对全国31省(市、区)公务员录用限制乙肝(病毒)携带者规定进行违宪审查和加强乙肝(病毒)携带者立法保护的建议书》,被送到了全国人大常委会。同时,我国学术界也从平等权保护的角度发出呼吁,错误的做法终于被纠正。

——2009年某县通过了《某某县大众信用管理试行办法》及《某某县大众信用信息评估细则》,2010年开始实施。该县为此还专门成立了"大众信用征集管理办公室",根据上述两个文件对全县民众个人的信用信息进行搜集。正面信息包括获得表彰奖励、从事社会公益事业、做好事等;负面信息包括欠贷、欠费、家庭暴力、不履行赡养义务、违反交通规则、围堵党政机关、无理缠访等。信用信息记录被详细地赋予了10~100分的分值,而后纳入一个以1000分为基准的级别评估体系里,负面信息记录减分,正面信息记录加分,并最终转化为4个等级:A级为诚信级别,分值在970分以上;B级为较诚信级别,分值在850~969分;C级为诚信警示级别,分值在600~849分;D级为不诚信级别,分值在599分以下。不同等级公民,在政审考察,资格、执照、政策性扶持、补助项目,以及本人在入学、就业、低保、社会救助等方面受到对应的不同对待。

上述做法有违"禁止不当联结原则",从而背离了法治。

3-024 “传统思维”有哪些表现?

——从传统思维到法治思维

领导干部要提高运用法治思维深化改革、推动发展、化解矛盾、维护稳定能力,是党的十八大以来党中央所重点强调的要求之一,也是在新时期推进国家治理现代化的体现。为此我们必须实现从传统思维向现代思维(重点是法治思维)转变。如果在思维上没有从传统思维转变为法治思维,我们党就无法真正实现从“革命党”向“执政党”的转变。那么,什么是传统思维?它表现为什么呢?

传统思维是我们党在过去长期的特殊困难时期,在土地革命、新民主主义革命,特别是抗日战争、解放战争、抗美援朝过程中,所形成的一些工作方法和思维模式。这些方法和思维完全适应那个时代,为我们取得抗日战争、解放战争、抗美援朝胜利所不可或缺。但到了社会主义建设时期,尤其是全面建成小康社会、全面深化改革、全面依法治国、全面从严治党的新时期,一些传统的方法和思维,有些依然适用,也有的不太适用,更多的是不能再死抱不放手了。这些传统性思维,主要表现为“目标论”“运动论”“战役论”“神速论”“特事论”“结果论”。

第一,“目标论”。由于战争是“你死我活”的斗争,“胜利”是战争的最高目标,任何战争主体都会举全部之力去实现这一目标,不计成本。这在战争年代无可指责,但在和平年代如果依然如此处事,往往会违反科学规律,只讲形式“政绩”,不讲实际“成本”。例如,在中国,“维稳”是“重中之重”固然正确,但个别地方只追求形式上的“零上访”,不计效果和成本,以至于有人说,中国的维稳经费超过军费。现代治理是讲究成本的治理,否则是对纳税人不负责任,对人民的不负责任。

第二,“运动论”。在战争年代为实现某一政治目标,往往需要发动全体人民群众,动员一切力量,投入一切资源来进行。发动人民群众、人人参加的“人民战争”是无价至宝,它保证了土地革命、抗日战争、解放战争、抗美援朝等的胜利。但在和平时期带来的问题是,凡事靠全民发动,人人参加,就会演变成“群众运动”。有人估计,自新中国成立以来到党的十一届三中全会之前,中国搞大小“运动”可能有几十次。这种方法往往起到破坏作用。

第三,“战役论”。在战争年代,打仗就是“战役”。“战役”就必须采取急风暴雨方式,无法也不能按常态和正常程序办事。但如果将“战役论”带入和平年代,就不免事事作为“战役”对待,件件采取急风暴雨方式,破坏常态和正常程序。个别地方将正常的司法工作变成“马蹄式”的“专项斗争”来对待:1 月是“反盗窃”专项活动;2 月是“反双抢(抢劫、抢夺)”专项活动;3 月是“扫黄打非”专项活动……从而将许多“常态工作”变成了“应急工作”,将许多“长期性”工作变成了“阶段性”的“临时”工作,违背了管理的科学性。

第四,“神速论”。战争的胜利贵在神速。但在和平时期过分强调“神速”,往往导致求“快”不求“稳”。急功近利的“政绩观”和“政绩工程”无疑是这一思维的反映。我们个别地方,一边快速造楼,一边又在快速炸楼;一边在快速像制定行政文件一样出台法规,一边又在快速地修改和废止法规,违反了“立法讲成熟、行政讲效率、司法讲公正”的规律和要求。

第五,“特事论”。战争年代,由于环境不稳定,情况瞬息多变,来不及建立规则,往往特事特办。思维上往往会重视“特殊性”,轻视“一般性”;往往“先个别后一般”而不是“从一般到个别”。如同发现有拐卖妇女现象,就设定一个“拐卖妇女罪”;接着发现有拐卖儿童现象,再设定一个“拐卖儿童罪”,然后合并为“拐卖妇女儿童罪”;事后又发现有拐卖男人现象,就无法将它装入这个罪名之中。这种思维习惯和行为习惯现在还依稀可见。这不符合从一般到个别的规则思维。法治思维的特点是强调一般高于个别,一般先于例外。

第六,“结果论”。战争以胜败论英雄,取得战争的胜利是军事上的最高目标。战役失败,往往要追究指挥官的领导责任,不论他是否有错。“顶不住,你拿脑袋来见我”,这是战场上上级指挥官针对下级指挥官叫喊的一句耳熟话,而且确实可以付诸实施。以结果的成败追究领导人的责任,不问他是否有过错,是传统思维的一个特点。这在战场上是必要的,但在和平时期,采用这一方式追究领导人责任,自然就违背了以“因果关系”为前提的过错责任制度。法治思维强调责任法定,以因果关系为成立条件。一个人的行为与某种结果必须有法律上的因果关系,才能追究这个人的责任。在我们现行的考核和问责制度中,个别地方出现的只讲结果不讲因果关系的责任追究方式为法治思维所不认可。

习近平总书记说:“谋划工作要运用法治思维,处理问题要运用法治方式。”我们要摈弃“传统思维”,坚持和树立“法治思想”。

3-025 从哈佛图书馆火灾说起

——桥归桥，路归路

（2019 年 2 月 20 日）

在全面推进依法治国的进程中，树立法治思维，学会用法治方式处理问题至关重要。法治思维具有种种特点，其中“桥归桥，路归路”就是它的特点之一。

这可以从 255 年前的哈佛图书馆的一场火灾讲起。

1764 年的一天深夜，美国哈佛大学校内发生了一场火灾。这场不知什么原因引起的火灾，烧毁了哈佛大学本部的一个图书分馆。哈佛大学图书馆是美国最古老、世界上藏书最多、规模最大的大学图书馆。它拥有 1500 多万册图书，包括 90 多个不同专业的学术分馆，分别设立在波士顿地区、华盛顿特区、意大利的佛罗伦萨市及世界其他一些城市，仅在哈佛大学校本部就有几十个分馆。这个被大火吞噬的哈佛大学校内分馆储藏着很多珍贵的古书绝籍，它们也惨遭厄运，让人痛心疾首。

第二天，学校上下得知这场重大事故后，有一名学生显得忐忑不安、面色凝重。

突发的火灾把这名普通学生推到了一个特殊的位置，逼迫他作出两难选择。因为在这之前，他违反图书馆规则，悄悄把哈佛牧师捐赠的一本书带出馆外，准备优哉游哉地阅读完后再归还。突然之间，这本书就成为哈佛捐赠的 250 本书中的唯一珍本。怎么办？是神不知鬼不觉地据为己有，还是光明坦荡地承认错误？经过一番激烈的思想斗争后，惴惴不安的学生终于敲开了校长办公室的门，说明情况后郑重地将书交还给了学校。

霍里厄克校长接下来的举动更令人吃惊：他一方面收下书，对学生表示感谢，对学生的勇气和诚实予以褒奖；另一方面，他又作出了一个决定，将学生开除出校,理由是他违反了学校的借书规则。

这就是"桥归桥,路归路"的思维和处事方式。这个学生既有值得肯定和褒奖的勇气,同时也存在必须惩处的违规行为。褒奖归褒奖,惩处归惩处。不同的法律关系就应当泾渭分明。

真要树立"桥归桥,路归路"的思维也不是一件容易的事。现实中有这样的案例:A 向 B 借钱,B 没有还款;B 向 A 购房,也因此不付购房款,作为对价;接着,B 又将房反租给 A,A 就同样不付房租,作为报复。法律是不允许这样混合处理的,而应当作为 3 个法律关系(借款关系、购房关系和租赁关系)分别处理。

一位男士出差,因航班取消而半夜返家。发现有一男人和其夫人通奸。一气之下,将通奸男人打成重伤。结果该男人被判刑并被要求赔偿。这种结果不少中国人不能接受:道德上的侵权人恰恰成为法律上的被害人,而道德上的被害人又恰恰成为法律上的侵害人并受到惩处。但从法治思维上思考,这样的处理结果是可以被接受的,因为道德关系与法律关系是两种不同的社会关系。

法治上的分轨思维源自法律适用上的特点。从法律适用上讲,不同的社会关系由不同的法律来调整,不同的违法应当承担不同的法律责任,不同的纠纷适用不同的诉讼途径和程序;即便在同一诉讼种类如民事诉讼中,不同的纠纷又要适用不同的案由并提出不同的诉讼请求,没有找准轨道可能导致有理者反而败诉。"桥归桥,路归路"处理方式的益处是:让不同的车各行其道,防止私刑和私力救济,阻却社会秩序的混乱。

这一思维还提醒我们,处理社会纠纷一定要分清法律关系和责任,不能无原则地"和稀泥"。据说一位大学教授夫妻俩闹离婚,女方揭示男方另有财产并提供了证据,法院判决平分夫妻共有财产;男方也说女方另有家产,但提不出证据,法院驳回其诉讼请求。男教师从此整天上访。最后上级维稳办找来学校领导说,让学校拿出钱来补给整天上访的男教师算了。这种做法万万不可取。它违反了"桥归桥,路归路"的处理规则,势必导致"不闹不解决,小闹小解决,大闹大解决",让闹事者获益的后果和诱惑。

3-026 从两个“80%”看依法行政的重要性

——公民从摇篮到坟墓都与政府打交道

(2016年8月3日)

我们国家1997年提出“依法治国”,到2002年深化到“依法行政”,直至2012年习近平同志提出“坚持依法治国、依法执政、依法行政共同推进,坚持法治国家、法治政府、法治社会一体建设”理论。这里都涉及“依法治国”与“依法行政”的关系。

我认为,依法行政是依法治国的关键。

为什么这么说?依法治国是解决整个国家方方面面要“依法”的问题,而国家机关及职能包括立法、行政、检察、审判和军事等。依法行政仅仅是解决政府行政的法治化问题。但是,1/5的行政职能却占据了80%的国家和社会事务。

一个公民,他可以做到一辈子不与立法打交道,他不是人大代表,不参加立法;他也可以做到一辈子不与司法打交道,有幸一辈子不上法庭打“官司”;他还可以做到一辈子不与军队打交道,他没有当过兵……但他做不到一辈子不与政府行政打交道。

有人还用两个“80%”的统计数字来说明政府地位的重要性。

第一个“80%”是说,在我国的所在法律法规中,有80%的法律法规是由政府直接执行的。我国现有法律240多个,行政法规700多个,地方性法规近万个,它们中有80%的法律法规是直接作为政府行政工作的法律依据。

第二个“80%”是说,在我国的公务员队伍中,有80%的公务员是在政府部门工作的。据说我们现有公务员702万人,参公人员109万人,总计是811万人。关于“公务员”的范围,根据1993年《国家公务员暂行条例》的规定,公务员仅指行政机关中的在编人员;而2005年《公务法》将公务员概念扩大至“指依法履行公职、纳入国家行政编制、由国家财政负担工资福利的工作人员”，即扩大到党政所有部门。即便是这样的范围，行政工作人员依然占所有公务员中的80％。

我不知道这两个“80％”最早是从哪里来的，也不敢保证这两个数字的准确性。但有一点是肯定的，在所有国家职能中，政府的行政职能无疑是最大、最普遍的职能。

所以，如果政府“依法行政”做到了，整个国家的“依法治国”在很大程度上就做到了。

3-027 曹志伟的“万里长征(证)图”

——各自为政(证)导致公民行走“万里长征(证)”

中国几乎人人知道发生于1934年10月至1936年10月的“红军二万五千里长征”。时隔70多年,广州市有一位政协委员叫曹志伟,先后晒出了两张新的“长征(证)图”,以反映企业和公民办证的艰难。

2013年2月,曹志伟在市政协会议上向市长晒出了一张反映企业办“证”难的审批流程——“万里长征(证)图”。他指着图说:“目前,在广州投资一个项目,需经历20个委、办、局,53个处、室、中心、站,100个审批环节,盖108个章,全流程共需要799个审批工作日,另还需办理36项缴费手续和缴费。”这在全国引起轰动,李克强总理也多次提到这张“图”。

一年以后,曹志伟在2014年晒出了第二张图,“人在证(征)途”的3.8米长卷,以反映公民一生中办证艰难。我们一生到底要办多少个证,曹志伟回答,可能有400多个,常用的有103个。

我不知道曹志伟统计的103个证是哪些,但有人在网上列出了下面这些“证”,我想肯定是包括在内的:

家庭婚姻类(24个):

准生证、初婚初育证、婚检证、妊娠诊断证、出生证、计划生育证、流动人口计划生育证、独生子女父母光荣证、预防接种证、健康证、结婚证、涉外婚姻证明、新婚培训证、婚育培训合格证、计划生育保健服务证、节育证(又称上环证)、离婚证、单身证明、领养证、未婚证、生存证明、火化证和安葬证、死亡证、养老保险证。

学习工作类(19个):

学生证、毕业证、学位证、报到证、在读证明、贷款证明、借书证、英语四六级证、上岗证、职业资格证、工作证、从业资格证、执业资格证、教师资格证、社保证、下岗证、失业证、离职证明、驾驶证。

身份类(12个):

户口本、身份证、三侨生证明、军人证、团员证、党员证、公务员证、留学回国人员证明、老人证、残疾证、无犯罪证明、离休证和退休证。

迁徙旅行类(7个):

护照、边境证、港澳通行证、出境证件、居住证和暂住证、特区边防证、外出务工证。

财产相关类(14个):

房产证和土地证、房屋他项权证、国有土地使用证、土地使用证和契税证、行驶证、养路费证、营运证、营业执照、经营许可证、税务登记证、卫生许可证、消防许可证、收入证明、贫困证明。

其他类(4个):

献血证、游泳证、气象证明、宠物证。

有的省甚至连收割玉米、焚烧秸秆都要办证。

这些证肯定还未统计全。我们在"证"中生活已经麻木。不统计不知道,一统计吓一跳。

我们真的需要办这么多证吗?有些证当然还是需要的,但这些证中是否有可以取消或者合并的余地?证多,企业和公民自然花钱、花时间多。不少国家,公民一张社会福利卡,什么信息都在上面,一张卡走遍天下。

我们为什么会有这么多的证?因为证的背后有各部门各自为"政",导致了各自为"证"。

从法律视角考察,上述证大多属于"行政许可"。按照《行政许可法》(2003年)的要求,必须实行"许可法定",而且即使属于可以许可的事项,只要"(一)公民、法人或者其他组织能够自主决定的;(二)市场竞争机制能够有效调节的;(三)行业组织或者中介机构能够自律管理的;(四)行政机关采用事后监督等其他行政管理方式能够解决的",也可以不设定许可。因此,只要严格执行《行政许可法》,"长征(证)"自然会缩短。

自党的十八大以来,国务院继续坚持简政放权,分批取消和下放行政审批等事项几百项,深受社会欢迎。

3-028 野地里的兔子与集市里的兔子

——所有权制度对社会稳定的作用

(2016年7月13日)

法律上的所有权制度,能够稳定社会秩序,从而促进社会和谐。试想一下,如果社会上没有所有权制度,你的就是我的,我的就是你的,谁抢了、谁用了就是谁的,那么人们每时每刻都会处于争夺财产的拼杀之中。

战国时期有一位名叫慎到的“法家”人物,做过一个非常生动的比喻。他说:当一只兔子在野地里奔跑,为什么后面会有数百人拼命追捕,争先恐后,甚至互相拼杀?但是在集市里,也有成群成堆的兔子,却无人追赶、抢占?慎到解释说:这并非因为在前一场合人人都想要兔子,而后一场合人的心思变了——不要兔子了,而是因为,在野地里兔子没有被解决“所有权”问题,它们成了“无主财产”,当然人人想抢占了。而在集市上里,法律已明确了兔子的“所有权”,知道了兔子的主人是谁,所以就没有人会白费力气了。

这说明,所有权制度具有“定分止争”的重要功能。

3-029 被政治绑架的"司法"

——法官、律师和证人的"变异"

(2019年8月28日)

马克思说,司法是社会正义的最后防线。所以人们总是期待公正的司法通过公正的程序作出公正的裁判,从而有效维护和保障每一位社会成员的合法权利和正当利益。但是,我们必须清醒地看到,从而必须清醒地认识到,真正的司法要以真正的民主政治为基础,在专制的土壤上面,司法不过是被政治所绑架的"玩具"而已。

历史不曾忘记,中世纪的宗教法庭,且不说它如何程序"完美"地裁判哥白尼和布鲁诺有罪,并被活活地烧死。仅在西班牙一地,被宗教法庭冠以女巫之名烧死的妇女就有数万名之众,罪名是晚上骑着扫帚在空中飞来飞去,而且大部分案件都有"证人"出庭作证。

1944年,纳粹法庭审理刺杀希特勒案时,辩护律师对被告人表现出深恶痛绝的态度,庭审结束时竟然要求法庭判处被告人死刑。

在这种背景下,法官、律师和证人都会"变异"! 被政治绑架的"司法"不是真正的司法。

中国社会主义的司法制度,既不同于西方所谓的"司法独立",也不可能成为"专制工具"。我们在党的领导下,依法独立行使审判权和检察权,保证了司法的公正高效权威,让人民群众在每一个司法案件中感受到公平正义。

3-030 亚历山大解“戈尔迪死结”与哥伦布竖立鸡蛋

——对两个故事的另一种评价

(2017年3月1日)

这两个广为流传的故事,其情节和主题都是惊人地相似。故事的主人翁用了一种人们想象不到的简易方法解决了最为复杂的难题,从而被人们颂扬为创新、胆识、智慧的典范。

第一个故事讲的是:戈尔迪是古希腊神话传说中小亚细亚弗里吉亚的国王,他在自己以前用过的一辆牛车上打了个分辨不出头尾的复杂绳结,并把它放在宙斯的神庙里。神示说:谁能解开此结,谁就能成为统治亚洲的国王。这就是被人们广为传说的“戈尔迪死结”。然而,多少个世纪过去了,无数勇者或智者都前来尝试打开它,都无可奈何。直至公元前333年,亚历山大远征波斯经过此地,有人请他看了看这个古老的“戈尔迪死结”。亚历山大执意想解开它,但实在理不清头尾,无从下手。经过一番尝试失败后,亚历山大挥剑将此死结劈成两半,“戈尔迪死结”也就被破解了,而亚历山大确实也一度成为亚洲的主宰。

第二个故事流传得更为广远,我们还曾经在中小学的课本里读到过它。15世纪末,意大利著名航海家哥伦布驾船航海发现了美洲新大陆。这是震惊世界的一件大事,他也因此而出名显贵。但当时有不少上层显贵不服气。他们千方百计地诋毁他。在一次西班牙的宴会上,一些达官贵人以挑衅的口气说:“哥伦布先生,你发现新大陆似乎觉得很了不起,不过在我们看来,这是很平常的事,任何一个人绕着地球转,都会发现这个事实的,即使是傻子也不会视而不见这么一大块土地的。”说罢,这些人鄙视地哄笑起来。

哥伦布反问一句:“你们真以为那么平常?”

“不错,是一件最简单不过的事了。”

“那好吧，”哥伦布指着餐桌上盘子里的一只熟鸡蛋说：“现在让我来考考你们：你们当中谁能把这个鸡蛋竖立起来？”

这些贵族们都去试了试，但谁也没能够把鸡蛋竖立起来，都说“这是不可能的事”。

哥伦布当即拿起鸡蛋，轻轻地在桌上一磕，磕破了一点鸡蛋的尖头，鸡蛋便牢牢地竖立在桌上了。“诸位办不到的事，我不是办到了吗？”

达官贵人哪肯服输，齐声大嚷：“用你这种方法，谁都能把鸡蛋竖立起来，这是最简单不过的事了。”

“是的，这是最简单不过的事，可是刚才你们却谁也没想到。”哥伦布离席而去时还留下了一句令人回味的话：“即使是简单的事也需要有人去发现，去证实。站在后面指手画脚是无用的，关键在于创新。”

这两个故事都在教导人们向这俩及他俩的处事勇气和胆略学习。我以为，亚历山大和哥伦布确实在历史上功不可没，值得学习的精神很多。但在这两个故事中的处事方式，恰恰不可褒扬。亚历山大解死结与哥伦竖起鸡蛋都反映了同一个特点：破坏规则。这恰恰背离了法治精神。法治就是规则之治，违背规则以求问题的解决，是法治所不认可的。解开“戈尔迪死结”的规则是不言自明的：在不借助外力和不损毁绳索的前提下，理清头尾，非破坏性地解开“绳结”。用宝剑将“死结”砍成两半，肯定为规则所不允许。如果可以这样，那就轮不上亚历山大了。如果可以这样，我拿来汽油浇在绳索上将它烧为灰烬，也一样解决了问题。哥伦布竖立鸡蛋也一样，竖立鸡蛋“游戏”的规则也是不言自明的：如何在不借助外物外力、不损坏鸡蛋本身的条件下，将它竖立起来。哥伦布同样破坏了规则。我们要多教导国人遵守规则，而不是破坏规则，这个国家才有法治的社会基础。

3-031 从美国老太太偷面包喂孙子到中国廖某“刻章救妻”

——人性与法律的冲突与平衡

(2019年9月18日、25日)

我在媒体上看到一个故事。说的是1935年的美国,一个位于纽约贫民区的法庭正在审理一个刑事案件。被控罪犯是一位老妇人,罪名为偷窃面包。当法官讯问到她被控事实是否存在和是否愿意认罪时,老妇人嗫嚅地回答:“我需要面包来喂养我那几个饿着肚子的孙子。要知道,他们已经两天没吃到任何东西了。”法官最后说:“我必须秉公办事,你可选择10美元的罚款,或者是10天的拘役。”

凑巧的是,时任纽约市市长的拉古迪亚正在旁听该案的审理。审判结束后,拉古迪亚从旁听席间站起身来,脱下帽子,往里面放进10美元,然后面向旁听席上的其他人说:“现在,请每个人另交出50美分的罚金,这是我们为我们的冷漠所付的费用,以处罚我们生活在一个要老祖母去偷面包来喂养孙子的城市及区域。”没有人能够想象得出那一刻人们的惊讶与肃穆,每个人都默契地捐出了50美分。

时隔77年后,在中国北京发生了一起“最凄美的爱情故事”。

廖某,一位北京市内燃机总厂的合同工,因企业倒闭而下岗。只多领了几个月工资的他回到家里,全家从此只能靠比他小两岁的妻子杜某某打工维生了。2007年夏天,在按摩院给人按摩的杜某某被查出患了尿毒症,而且很严重。透析,是唯一的治疗方法。杜某某每周要透析3次,每次420元,每月医药费就超过5000元。这一持久的开销让这个并没多少积蓄的家庭很快陷入更艰难的困境。夫妻俩省吃俭用一年最多2万多元存款还不够住院押金。廖某去街道办希望给妻子办医保报销。但因为“爱人不是北京户口”,

不能享受北京市民医保待遇。办北京户口,条件同样不符合。廖某想过让妻子回河北老家报销医疗费,但妻子的身体经不起"来回折腾"。于是,他们决定自费透析。廖某便东借西凑找"救命钱",直到没有人愿意再借钱给他。

2009年年末,为了继续给尿毒症妻子做透析,连说一句假话脸都会红的廖某,私刻医院收费章、伪造单据,蒙混过关为妻透析,4年间涉嫌骗取医院17.2万元透析费。2011年9月,北京医院因升级收费系统才发现,便报了警。2012年年初,政府对特困人员救助报销费的比例提高了,廖某决定停止逃费,开始正常交款。2012年2月22日,廖某再次陪着妻子去北京医院透析时,被刑事拘留。那时,杜某某才知道丈夫为给自己治病,私刻公章骗取医疗费用。她感慨万分、悲悔交集。

2012年7月11日,北京市东城区人民法院开庭审理了廖某的案件。检方指控:2007年11月至2011年9月,廖某为给患尿毒症的妻子治病,在北京医院使用伪造的收费单,骗取医药费17.2万余元。廖某对被控犯罪行供认不讳,只是反复地表明,"所做的一切只为让妻子先不死"。

廖某为救妻子不惜以身试法的行为被媒体披露之后,引起了社会各界的热议。更多的人同情他、赞美他。影视明星姚晨在微博上关注他的事,广东珠海政协委员陈利浩很快通过媒体向廖某转交了17.2万元捐款,争取以全额退赔的方式为廖某争取缓刑。陈利浩等人还发起了慈善捐助,筹集善款达50多万元。7月16日,廖某先后分两次向法院退赔了全部案款。

2012年12月7日,廖某在律师汪旭的陪同下来到法院。法官当庭对廖某宣读了判决书。法院经审理认为,廖某伪造收费单据,骗取医院治疗费,数额巨大,其行为构成诈骗罪,依法应予以刑罚处罚,公诉机关对廖某的指控成立。但鉴于廖某到案后能够如实供述其所犯罪行,且全部退赔医院损失,综合考虑其犯罪动机、主观恶性,对其可从轻处罚,决定以诈骗罪判处廖某有期徒刑3年,缓刑4年,并处罚金3000元。听到判决结果后,廖某和法官握手表示感谢。

这两个案件虽然时隔近一个世纪,跨越一个太平洋,但有惊人的类似之处:一个偷面包的老太太与一个"刻章救妻"的丈夫,他(她)们的行为都构成了一种“恶”(犯罪),而行为的动机和目的都是一种“善”(救人)。读完这两个案件,我们无不为这两个“罪犯”动容和落泪。从内心里说,我真希望法院判他们“无罪”。

这就是“人性”与“法律”的冲突!这种冲突,前一个案件是通过一个“市长”的“善举”得到平衡,后一个案件则通过“好心人”的捐助和法院的“酌情”判决得到化解。

我并不支持美国的老太太为了喂几天没有进食的孙子而去偷窃面包,也不支持中国的好丈夫廖某为了医治重病的妻子而去诈骗,而且认可他们的行为都构成了犯罪。但我以为,我们确实应当注意到他们的“罪”背后的“善”,在司法权的运行中应当有人性的考量,我们应当关注到他们的生存状态。让每一个人具有最基本的生存条件,这是现代文明国家、福利国家的责任所在。

3-032 “风可进,雨可进,国王不可进”

——公民住宅权的法律保护

(2017年2月8日)

一讲到公民住宅权的保护,人们大多会引用一条法谚:“风可进,雨可进,国王千军万马的铁蹄不可进。”

但这条法谚的来源至今也无法考证。一个版本是说,18世纪中叶英国首相老威廉·皮特(William Pitt)在一次演讲中形容道:“即使是最穷的人,在他的寒舍里也敢于对抗国王的权威。风可以吹进这所房子,雨可以打进这所房子,房子甚至会在风雨中飘摇,但是英王不能踏进这所房子,他的千军万马也不敢跨入这间门槛已经破损了的破房子。”①

住宅权(the right to adequate housing)不仅是公民的私有财产,更是公民的自由堡垒和精神家园。如果一个公民连住宅内也是不安全的,那么他就不可能有安全的地方了。

在英国,人们认为住宅是家庭的城堡(Domus sua cuique est tutissimum refugium; Debet sua cuique domus esse perfugium tutissimum)。② 英国的坎姆顿首席法官在主审霍柯尔诉莫尼(Huckle v. Money [1763]95 ER 768)一案中说:“凭一纸不知所谓的手令进入私人地方搜集证据,简直比过去西班牙宗教法庭的迫害还不如,没有一个英国人愿意在这种法律之下活一小时。这是一次公然对人民的自由非常斗胆的攻击。”③在美国,把公民住宅权的保

---

① See Oxford English Dictionary of Quotations, 1966; See also, Tibor R. Machan, Individual and Their Rights, La Salle, Open Court, 1989, Chapter Ⅴ.

② 参见张明楷:《刑法格言的展开》,法律出版社1999年版,第115页。

③ 黄金鸿:《英国人权60案》,中国政法大学出版社2011年版,第87页。

护纳入联邦宪法第5条[1]和第14条[2]的“正当程序”约束之中。

1948年制定的《世界人权宣言》第12条规定:“任何人的私生活、家庭、住宅和通信不得任意干涉,他的荣誉和名誉不得加以攻击。人人有权享受法律保护,以免受这种干涉或攻击。”

中国把公民的住宅权定性为公民的“基本权利”并写进宪法。我国现行《宪法》(2018年)第39条规定:“中华人民共和国公民的住宅不受侵犯。禁止非法搜查或者非法侵入公民的住宅。”

中国对公民住宅权的保护,首先要阻却对公民住宅的不法侵入。我国《民事诉讼法》(2012年)第248条规定:“被执行人不履行法律文书确定的义务,并隐匿财产的,人民法院有权发出搜查令,对被执行人及其住所或者财产隐匿地进行搜查。采取前款措施,由院长签发搜查令。”我国《刑事诉讼法》(2012年)第134条规定:“为了收集犯罪证据、查获犯罪人,侦查人员可以对犯罪嫌疑人以及可能隐藏罪犯或者犯罪证据的人的身体、物品、住处和其他有关的地方进行搜查。”同时第136条规定:“进行搜查,必须向被搜查人出示搜查证。在执行逮捕、拘留的时候,遇有紧急情况,不另用搜查证也可以进行搜查。”这说明,没有搜查证,原则上是不得进入公民住宅进行搜查的。

中国对公民住宅权的保护,其次是要规范对公民房屋的征收和征收中的拆迁。在城市,对公民私有房屋的征收拆迁,原来的基本依据是国务院于1991年制定、2001年修订的《城市房屋拆迁管理条例》,这两个条例将拆迁权授给了建设单位,结果出现了违法而野蛮的“强拆”。2011年国务院制定了《国有土地上房屋征收与补偿条例》,由此废止了先前的《城市房屋拆迁管

---

① 美国《宪法第五修正案》规定:“无论何人,除非根据大陪审团的报告或起诉书,不受死罪或其他重罪的审判,但发生在陆、海军中或发生在战时或出现公共危险时服役的民兵中的案件除外。任何人不得因同一犯罪行为而两次遭受生命或身体的危害;不得在任何刑事案件中被迫自证其罪;不经正当法律程序,不得被剥夺生命、自由或财产。不给予公平赔偿,私有财产不得充作公用。”

② 美国《宪法第十四修正案》第1款规定:“所有在合众国出生或归化合众国并受其管辖的人,都是合众国的和他们居住州的公民。任何一州,都不得制定或实施限制合众国公民的特权或豁免权的任何法律;不经正当法律程序,不得剥夺任何人的生命、自由或财产;在州管辖范围内,也不得拒绝给予任何人以平等法律保护。”

理条例》。后一行政法规代替前一行政法规的进步意义在于:将拆迁权收归于政府,并且政府强制执行时应当申请人民法院强制执行。这就确立了对政府强制拆迁行为的司法监督。这一变化对于保护公民住宅权无疑是有利的。但剩下的一点遗憾是:无论是"征收"还是"住宅权"都属于《立法法》所规定的"法律保留事项",不是由全国人大及其常委会的法律,而是由国务院的行政法规来规定,都显得"位阶"不够。我们期待着这一立法的变化。

2011年6月30日,第十一届全国人民代表大会常务委员会第二十一次会议通过了《行政强制法》。该法于2012年1月1日起施行。《行政强制法》的制定与实施,在推进保护公民住宅权方面作出了贡献,它将对公民房屋的征收决定的执行和拆迁都纳入"行政强制行为"范围之内,并受到《行政强制法》的严格约束。法规的法律"位阶"也从"行政法规"上升为"法律",这向法治原则大大地靠近了一步。

3-033 《犯人船》的启示

——相信人不如相信制度

(2017 年 7 月 19 日)

英国历史学家查理·巴特森写过一本名叫《犯人船》的书,讲述了 18 世纪英国政府如何解决犯人运输过程中死亡率过高的问题。

1788 年至 1900 年,澳大利亚曾是英国的殖民地。英国人很“自私”,在 18 世纪把四面环海的澳大利亚作为英国天然的犯人流放地。英国到澳大利亚,要穿过大西洋和印度洋,需几个月的航程。从成本考虑,运送犯人的工作不是由政府承担,而是采取“公务外包”,交由英国私人商船承包,运费由政府按上船的犯人数与私人船主结算。

由于事先拿到了报酬,唯利是图的船主根本不关心犯人死活。私人商船为了赚更多的钱,尽可能多装犯人,结果犯人像猪狗一样塞满船舱。地狱般的关押条件,加之远洋颠簸、长期饥饿、疾病折磨,甚至毒打、杀害抛尸入海,等船到目的地时犯人死亡率高得惊人。据统计,犯人在航程途中平均死亡率达到 12%,单船的最大死亡率达到 37%。其中一艘叫“海神号”,一次共运送犯人 424 人,竟死了 158 人。当时英国到澳大利亚的犯人运输之路几乎成了一条“蓝色地狱之路”,英国政府不仅经济上损失巨大,而且在道义上受到国际舆论的强烈谴责。英国政府面临着一个问题:如何解决这一难题?

一是进行道德说教,寄希望于私人船主的人性之善。这一招没有效果。如果有效果,那么事情本身就不会发生。

二是增加运费。政府试图提高运费价格,让私人船主改善人犯的伙食,提高卫生条件等以求降低犯人的死亡率。但是,私人船主的贪心无止,更多的经费进入了船主的腰包,人犯的处境无以改善。

三是加强政府监管。政府决定在每条船上派驻两位官员,代表政府随船监管。起初收到一点效果,但时间一长,这一制度又变得形同虚设。在几个月的海上乏味生活中,政府官员与私人船主“同吃同住”,最终同流合污,共同分赃。

英国政府最后想出了一招才管用。他们发现了先前制度安排的致命缺陷,将付费结算方式由“按上船人数付费”改为“按到岸人数付费”,于是出现了截然不同的结果:不仅政府经济成本明显下降,更重要的是,船主为了赚更多的钱,主动改善了犯人的居住、饮食、医疗等押运条件,唯恐照顾不周而少赚钱,犯人的运输死亡率直线下降至1%左右。1793年,第一次按新规则付费的3艘运送犯人的船到达澳大利亚大陆,所运送的422名犯人,途中只死亡了一人。

可以发现,政府结算方式的改变,并没有改变私人船主的贪婪、利己、趋利,而罪犯死亡率却得到大幅下降,这正是得益于制度的巨大力量。从《犯人船》可以看到,好的制度设计对每个组织和整个社会都是非常重要的。后来则出现了所谓的“犯人船”理论:无论一件事情、一个组织,还是一个国家,靠人性的自省自觉,靠说服教育,靠他人的监督都解决不了问题时,那只有靠完善的制度,才会让人抛却利己的私心来遵从规则,做于己于人于国都有利的事情。

邓小平同志1980年的“8·18”讲话非常深刻:“制度好使坏人无法任意横行,制度不好使好人无法充分做好事。”制度之所以比人更重要,是因为制度是由规则组成的,而规则蕴含着机制。英国政府运送犯人的故事在一定程度上说明了制度比人更可靠的道理。而以“制度”作为着力点与以“人”作为着力点正是法治思维与传统思维的区别所在。

3-034 米兰达规则

——沉默权和律师帮助权

(2019年12月4日、11日)

可以说,不知道米兰达规则(Miranda Rule),就不知道美国的刑事司法制度。而美国的米兰达规则又需从米兰达权利讲起。

美国的米兰达权利(miranda rights)原本是一项美国刑事诉讼司法程序权利,后被上升为宪法层次所确认的正当程序中的当事人权利。米兰达权利是指在司法程序中,当事人享有两项权利:一是当事人有保持沉默的权利,体现不得自证有罪原则;二是当事人有获得律师帮助的权利。米兰达权利的确立,渊源于1966年在美国刑诉领域具有里程碑意义的"米兰达诉亚利桑那州案"(Miranda v. Arizona)。

事情发生于1963年3月3日深夜。一位在美国亚利桑那州凤凰城某影院工作的女孩,名叫菲尼克斯(Phoenix),当夜下班回家路上,被一名男子拖入小车后座遭遇强暴。大约10分钟后,被害人被放走。这位碧玉年华、才刚刚18岁的被害人,马上跑回家给警察打电话报警。根据她的描述,警察锁定了犯罪嫌疑人,23岁青年埃内斯托·阿图罗·米兰达(Ernesto Arturo Miranda),并于3月13日将这位出生于墨西哥移民家庭,只有小学文化,曾有犯罪前科的米兰达抓获。抓获后,警察将被告进行了"排队"作混合辨认,受害女孩当场指认米兰达就是罪犯,米兰达也供认不讳。米兰达在警局接受了两个小时的讯问并在一份自白书上签名,在其后进行的非常简短的审判中,法庭根据米兰达的供词而判其有罪。以米兰达的供认书和招供情况为证据,法院判决米兰达犯劫持罪和强奸罪,分别判处有期徒刑20年和30年。

起初,米兰达服法服刑,并未上诉。但在服刑期间,他在监狱中的一个法律图书馆里自学法律，发现美国宪法和美国法律教科书都告知：在刑事诉讼中，不得强迫当事人自证有罪，而且当事人有权获得律师的帮助。于是，他开始在狱中上诉。被告认为，自己当时的招供是被迫的，警察没有告知他有沉默的权利，违反了不得强迫自证有罪的宪法原则；同时没有为他提供获得律师帮助的权利。他起初上诉到亚利桑那州最高法院被驳回，于是就以同样理由上诉到了联邦最高法院，这就是著名的"米兰达诉亚利桑那州案"。他向联邦最高法院的上诉得到了美国公民自由联盟（American Civil Liberties Union, ACLU）的帮助。联盟接受了米兰达的委托进行了上诉。1966年首席大法官沃伦（Chief Justice Earl Warren）在联邦最高法院作出裁决，确认米兰达在接受讯问以前有权知道自己的《宪法第五修正案》权利，警察有义务将它告知嫌疑人，告知权利之后，才能讯问。于是，将该案发回重审。随后，原审法院对米兰达的案子进行了重新开庭，重新选择了陪审员，重新递交了证据，米兰达之前的"证言"将不作为证据使用。虽然以前的"证据"作废了，但"新证据"出现了。米兰达的女友被作为新证人，提供了对米兰达不利的证词以及其他证据。米兰达再次被判有罪，并入狱11年。1972年，米兰达获假释出狱。在此后的1976年，米兰达在酒吧的一次斗殴事件中被刺杀身亡。

"米兰达诉亚利桑那州案"并未获得米兰达被判无罪的结果，但联邦最高法院通过裁判支持了米兰达的观点，并为此明确：在审讯之前，警察必须明确告诉被讯问者：（1）有权保持沉默；（2）如果选择回答，那么所说的一切都可能作为对其不利的证据；（3）当事人有权在被审讯时要求律师在场；（4）如果没有钱请律师，法庭有义务为其指定律师。这就是米兰达诉亚利桑那州一案所产生的著名的"米兰达警告"（Miranda Warnings）。

"米兰达警告"经"米兰达诉亚利桑那州案"确立并经事后相关判例①和立法的完善，最终确定为以下内容：

---

① 如1971年的哈里斯诉纽约案（Harris vs. New York）、1975年俄勒冈州诉哈斯案（Oregon vs. Hass）、1997年狄克森诉合众国案（Dixon v. United States）、1999年弗吉尼亚州里士满案（Richmond, Virginia）等。

“米兰达警告:1. 你有权保持沉默和拒绝回答任何问题。2. 你对任何一个警察所说的一切都将可能被作为法庭对你不利的证据。3. 你有权利在接受警察询问之前委托律师,他(她)可以陪伴你受讯问的全过程。4. 如果你付不起律师费,只要你愿意,在所有询问之前将免费为你提供一名律师。5. 如果你决定在律师不在场情况下回答问题,你在任何时间都可以终止谈话。你在知道和了解了我们向你解释的权利后,你还愿意在律师不在场的情况下回答任何问题吗?”①司法机关在逮捕人犯或审讯人犯之前都必须作出“米兰达警告”,否则可视为违法,这就是最高法院所确立的“米兰达规则”。

“米兰达规则”确立后,一直受到学术界和警察部门的质疑。反对理由是:“米兰达警告”以及所体现的权利,它无疑会增加执法成本,并在一定程度上可能会放纵罪犯。况且,1966 年,美国联邦最高法院确立“米兰达警告”的裁决,本身就是以一票之差勉强通过的。在 9 个大法官中,5 票赞成、4 票反对。其中哈伦(Harlan)、斯图尔特(Stewart)、怀特(White)和克拉凯(Clark)大法官都附上了反对异议。但是,当时的首席大法官沃伦坚持说:让犯罪分子逍遥法外和让公权力肆意作恶,这两件事相比,后一件事情的罪孽要大得多。沃伦之后的第十六任首席大法官威廉·伦奎斯特,在 2000 年宣判迪克森一案时坚持说:米兰达权利已经深深植根于警察的日常工作中,以至于它已成为我们民族文化的一部分;米兰达权利体现了宪法的一条原则,国会不能越权。

“米兰达规则”以及所体现的两项米兰达权利,即沉默权和获得律师帮助权,几十年来之所以不仅没有被推翻,相反,它已牢牢地根植于法治的土

---

① 原文是这样的:Miranda Warnings:You have the right to remain silent and refuse to answer questions. Anything you do say may be used against you in a court of law. You have the right to consult an attorney before speaking to the police and to have an attorney present during questioning now or in the future. If you cannot afford an attorney, one will be appointed for you before any questioning if you wish. If you decide to answer questions now without an attorney present you will still have the right to stop answering at any time until you talk to an attorney. Knowing and understanding your rights as I have explained them to you, are you willing to answer my questions without an attorney present?

壤之中,除了美国联邦最高法院的坚定态度之外,还在于:并不是由该案确立了相应的宪法原则,而是它体现和坚持了宪法原则。美国《宪法第五修正案》①将"不得在任何刑事案件中被迫自证其罪"列入了"正当法律程序"之内;《宪法第六修正案》②又确立了当事人有"取得律师帮助为其辩护"的权利;《宪法第十四修正案》③将上述程序原则和权利扩展至州一级。

米兰达案判决50多年来,"米兰达警告"以及"米兰达权利"如今在美国已是妇孺皆知。因此,嫌疑人被捕后,一般都是开口就说:"我要对我的律师说话"或"在同我的律师谈话之前我不想回答任何问题"。为了保证"米兰达规则"得到切实履行,美国法院还专门设立了一项审前程序,称为"米兰达程序"(Miranda Hearing)。通过这一程序的审查,控方才能将被告人在被捕后向警方所作的口供作为庭审证据。"米兰达诉亚利桑那州案",可以说是刑事司法走向程序正义道路上最具里程碑的事件。这一事件所确立的"米兰

① 美国《宪法第五修正案》规定:"无论何人,除非根据大陪审团的报告或起诉书,不受死罪或其他重罪的审判,但发生在陆、海军中或发生在战时或出现公共危险时服役的民兵中的案件除外。任何人不得因同一犯罪行为而两次遭受生命或身体的危害;不得在任何刑事案件中被迫自证其罪;不经正当法律程序,不得被剥夺生命、自由或财产。不给予公平赔偿,私有财产不得充作公用。"

② 美国《宪法第六修正案》规定:"在一切刑事诉讼中,被告有权由犯罪行为发生地的州和地区的公正陪审团予以迅速和公开的审判,该地区应事先已由法律确定;得知控告的性质和理由;同原告证人对质;以强制程序取得对其有利的证人;并取得律师帮助为其辩护。"

③ 美国《宪法第十四修正案》(1866年6月13日提出,1868年7月9日批准)规定:"所有在合众国出生或归化合众国并受其管辖的人,都是合众国的和他们居住州的公民。任何一州,都不得制定或实施限制合众国公民的特权或豁免权的任何法律;不经正当法律程序,不得剥夺任何人的生命、自由或财产;在州管辖范围内,也不得拒绝给予任何人以平等法律保护。众议员名额,应按各州人口比例进行分配,此人口数包括一州的全部人口数,但不包括未被征税的印第安人。但在选举合众国总统和副总统选举人、国会众议员、州行政和司法官员或州议会议员的任何选举中,一州的(年满二十一岁)并且是合众国公民的任何男性居民,除因参加叛乱或其他犯罪外,如其选举权遭到拒绝或受到任何方式的限制,则该州代表权的基础,应按以上男性公民的人数同该州年满二十一岁男性公民总人数的比例予以削减。无论何人,凡先前曾以国会议员、或合众国官员、或任何州议会议员、或任何州行政或司法官员的身份宣誓维护合众国宪法,以后又对合众国作乱或反叛,或给予合众国敌人帮助或鼓励,都不得担任国会参议员或众议员、或总统和副总统选举人,或担任合众国或任何州属下的任何文职或军职官员。但国会得以两院各三分之二的票数取消此种限制。对于法律批准的合众国公共债务,包括因支付平定作乱或反叛有功人员的年金和奖金而产生的债务,其效力不得有所怀疑。但无论合众国或任何一州,都不得承担或偿付因援助对合众国的作乱或反叛而产生的任何债务或义务,或因丧失或解放任何奴隶而提出的任何赔偿要求;所有这类债务、义务和要求,都应被认为是非法和无效的。国会有权以适当立法实施本条规定。"

达警告”及其“米兰达权利”对当今世界各国的法律制度，尤其是对整个英美法系国家的刑事诉讼制度仍有巨大的影响。

2004 年人权入宪。我国《宪法》第一次明确规定：“国家尊重和保障人权。”（第 33 条第 3 款）我国的刑事诉讼制度早在 1996 年就在一定程度上确立了“无罪推定”。《刑事诉讼法》第 12 条首次规定：“未经人民法院依法判决，对任何人都不得确定有罪。”接着，从非法证据的软性排除过渡到非法证据的硬性排除。2017 年 6 月 27 日，最高人民法院、最高人民检察院、公安部、国家安全部、司法部联合发布《关于办理刑事案件严格排除非法证据若干问题的规定》，对排除非法证据作出详细和具体的规定。随着这样的法治化进程，2012 年修订的中国《刑事诉讼法》第 50 条第 2 句规定：“严禁刑讯逼供和以威胁、引诱、欺骗以及其他非法的方法收集证据，不得强迫任何人证实自己有罪。”其中，新增加的“不得强迫任何人证实自己有罪”是这次修改刑诉法取得的一个标志性进步，它在很大程度上承认了刑事被告的沉默权。

刑事被告的另一项权利就是获得律师帮助的权利。律师是否可以为刑事被告提供法律帮助，以及帮助的范围和方式，反映和决定了一个国家是否属于法治国家以及其法治化的程度。中国的律师制度经历了坎坷，走向光明。20 世纪 50 年代“反右”时，中国的律师几乎全都被评为“右派”。20 世纪 80 年代律师制度恢复，律师对刑事被告的帮助范围正在不断扩大，已从诉讼阶段的辩护扩展到侦查阶段的法律帮助。法律援助制度保证了经济困难的人也可获得律师的帮助。

3-035 “把枪口抬高一厘米”的权利

——“法律”应当服从“良知”

(2016年12月28日)

当人们宣扬一项体现现代文明的法治原则,即“法律”应当服从“良知”时,无不举到一个案例。

当年的柏林墙,是第二次世界大战后德国分裂和冷战后的重要标志。这道155公里长,4米多高,用水泥混凝土浇筑而成的柏林墙,几十年来一直阴森森地横亘在东西德分裂线上。柏林墙的两边分别由荷枪实弹的东西德士兵严密守卫着。1989年2月的一天傍晚,天下着沥沥小雨,大地笼罩在一片朦雾中,东德士兵英格·亨里奇(Inger Heinrich)正警惕地守卫在柏林墙东德一边。因为柏林墙的建立,常有东德人翻越柏林墙偷越到西德去。突然,他发现有一个人正乘着雨雾,迅速攀爬到柏林墙上,企图逃到西德去。英格毫不犹豫地举起手中AK-47冲锋枪,向那人射去。随着“砰——”的一声刺耳的枪声和紧接着的一声惨叫,22岁的东德青年克里斯·格夫洛伊(Chris Gueffroy)被守卫士兵亨里奇开枪击毙。

没想到的是,仅过了几个月,1989年年底,柏林墙被推翻,东西德回归统一,克里斯成为这堵墙下的最后一个遇难者。1992年2月,卫兵英格因开枪射杀了攀爬柏林墙的青年克里斯而在统一后的柏林法庭上受审。法庭最终判处卫兵英格3年半徒刑,不予假释。这个士兵的律师辩护道:这些士兵是执行命令的人,他们根本没有选择的权利,谁在这个岗位上都得这么做。但是律师的辩护意见没有被法官采纳。法官西奥多·赛德尔在解释判决时说:这个世界在法律之外,还有“良知”这个东西。当“法律”和“良知”冲突的时候,“良知”才是最高的行为准则。尊重生命,是一个放之四海而皆准的原则。不执行上级命令是有罪的,但打不准是无罪的。作为一个心智健全的人，此时此刻，你有“把枪口抬高一厘米”的权力，这是你应主动承担的良心义务。

“良知”才是最高的行为准则，这是在第二次世界大战结束后“纽伦堡审判”确立起的一项国际性法律原则。当时在审判纳粹战犯赫尔曼·戈林时，他坚持认为自己只是奉希特勒的命令行事，只是执行法律，所以是无罪的。但国际法庭的法官驳斥，尊重生命是放之四海而皆准的原则，法西斯的屠杀违背了最高的“良知”原则，任何有良心的人，都不能执行“恶法”，最起码也应当“把枪口抬高一厘米”。

“把枪口抬高一厘米”，是第二次世界大战以来所形成的一项新颖法治原则和文明规则，是任何一个有“良知”的人对“恶法”背景下自己行为的调整方式，是法律服从良知、社会法服从自然法的崇高体现。

3-036 从《圣塔菲协议》到红军“欠条”

——契约精神就是法治精神

（2016年3月）

1492年西班牙女王与哥伦布签订的《圣塔菲协议》可算是人类历史上第一份国王与臣民之间的协议。这在“普天之下莫非王土，率土之滨莫非王臣”的封建专制时代，有点不可思议。

克里斯托弗·哥伦布（1451～1506年）是意大利航海家、探险家。这个出生于意大利热那亚，卒于西班牙巴利亚多利德的欧洲人，一生从事航海活动，因发现新大陆（美洲）而名垂青史。但他的成功是与一份契约分不开的。

为继续探险航行，哥伦布希望得到国家的支持和资助。1486年在一位伯爵的引荐下，他见到了西班牙伊莎贝拉女王。女王组织了一个委员会来审查他的探险航行计划。经过4年漫长的等待，计划被否决，委员会怀疑哥伦布计划的可行性。1491年11月底，经接受女王忏悔的主教的介绍，哥伦布在格拉纳达附近的军事要塞——圣塔菲城，又一次见到了女王，这一次他的计划又被提交到一个委员会审议，而且计划又一次被否决，理由是哥伦布想要的价码太高了，委员会认为一个平民不能得到贵族的头衔。哥伦布非常失望，决定离开西班牙到法国去碰运气。就在哥伦布离开一个小时后，一名有影响的皇家司库说服了女王，理由是这次远航的费用不是太高，而哥伦布一旦成功所带来的收益是不可估量。于是女王同意追回已在路上的哥伦布。在距圣塔菲城4英里远的松木桥村，哥伦布被追上。经过3个月的讨价还价，哥伦布与伊莎贝拉女王签订了历史上有名的《圣塔菲协议》，哥伦布得到了他想要的一切，协议规定：（1）女王陛下任命哥伦布为他行将发现或获得的一切海岛和陆地的统帅，并且可以世袭；（2）任命哥伦布为他行将在所述海洋上发现或获得的陆地和海岛的副王和总督；（3）在这些地区得来的一切黄金、白银、珍珠、宝石、香料及其他商品他都可以分得 1/10，并且一概免税。此外，哥伦布还得到了海军上将军衔和“唐”这个贵族称号，并由国家资助他的探险。

没有契约精神，不可能想象会有西班牙女王与哥伦布签订的《圣塔菲协议》。

契约精神就是法治精神，它要求双方当事人在平等的条件下，以意思自治为基础，形成约定，双方必须遵守和服从这一合意。它体现了平等和意思自治。

通过这个事例，让我们看到了契约精神，看到了政府与私人处于平等地位的法治态度，看到了政府的诚信。

第 4 篇

域外法治

ARTICLE 4

4-001 从俄罗斯诗人普希金的决斗讲起

——决斗曾是解决纠纷的一种方式

(2019年5月15日、22日)

一讲到“决斗”,人们首先不免想起伟大的诗人普希金,并为他死于决斗而惋惜。

亚历山大·谢尔盖耶维奇·普希金(Александр Сергеевич Пушкин,1799年6月6日~1837年2月10日),是俄国著名的作家、诗人,现代俄国文学的奠基人,19世纪俄国浪漫主义文学主要代表,被誉为“俄国文学之父”。他的代表作,诗歌《自由颂》《致大海》《致恰达耶夫》《假如生活欺骗了你》,诗体小说《叶甫盖尼·奥涅金》《上尉的女儿》《黑桃皇后》等,迷倒了世界上不少崇拜者。

1837年1月29日,被誉为“俄罗斯诗歌的太阳”的伟大诗人普希金在与沙皇禁卫军军官,他的连襟丹特士(Georges d’Anthès)的决斗后死去。

事情的起因和经过是这样的:乔治·丹特斯在一次舞会上偶然结识了普希金的妻子,美貌出众的冈察洛娃,对她展开猛烈的攻势。普希金对这位“第三者”气愤之极,对于他人的夺己之爱企图无法容忍。为了维护自己的尊严、名誉和心爱的女人,普希金毅然决定同丹特斯决斗。奸猾的丹特斯在普希金尚未准备好时便开枪击中了普希金的要害,一代诗豪终于不治身亡。

普希金生前爱好决斗,先后曾卷入29次各式各样、各种场合的决斗,对手全是赫赫有名“大腕”,包括费奥多尔·托尔斯泰伯爵、尼古拉·雷平亲王等。

其实在历史上,许多名人参加过决斗。

决斗最早于10世纪起源于欧洲的骑士制度。13世纪末从西班牙开始,决斗用的剑就开始变成整个欧洲中贵族服饰的标准配饰。15世纪末,决斗的风俗开始从意大利流传到欧洲各国,其目的不是辨别是非,而是“洗刷”别人对自己的侮辱。在法国和俄罗斯这样决斗成风的国家,男人们可以因为任何一个微不足道的原因就拔剑相向。据记载,在 1588 ~ 1608 年这 20 年中,仅在巴黎就有 8000 多人在决斗中丧命。我们所熟悉的文学家大仲马、屠格涅夫、托尔斯泰等都曾参加过决斗;法国第三共和国总理乔治斯 · 克列孟梭也是决斗的高手;号称“铁血宰相”冯 · 俾斯麦更是把决斗当成家常便饭,在大学期间他就与人决斗过 27 次。17 世纪之后,决斗更广泛地盛行于西方上流社会成员之中,人们对决斗产生了普遍的迷恋。在路易十三当政期间的法国,骑士德 · 阿德里科斯是一个狂热的决斗者,在 30 岁前就杀了 72 个人。

按照维基百科的解释,决斗是根据事先双方同意的规则,由两个人使用相应的武器进行的战斗。决斗是有规则的。规则包括决斗的时间、地点、使用武器和程序,由双方共同约定或按习惯、法律。决斗只发生于个人之间。集团之间的决斗就转变为战争。决斗限于贵族之间进行,贵族与平民不得进行决斗,以显示平等。

决斗程序和方式一般这样:一方被“侮辱”之后,将会向另一方提出挑战。做法是先作出一个侮辱性的动作,如把手套扔到对方面前,或用其他方式。对方接受挑战后,双方本人或者通过副手约定时间、地方、武器等。决斗一般在黎明进行,其目的是避免打扰别人。副手还负责检查双方的武器是大致等同的,并证明决斗的公平性。决斗的武器由双方约定,最早是决斗剑,18 世纪后也经常使用决斗手枪。富裕的贵族往往愿意花大价钱购买决斗手枪。

决斗最早作为一种“私人决斗”形态存在,即个人之间可以自行约定决斗,无须官方介入。决斗者常常为真理、荣誉、自由、礼节,特别是为女人而战,并且成为对骑士精神的补充。在描写中世纪骑士的小说里,我们经常能看到某位骑士发誓为心爱的贵夫人而决斗的动人情节。法国人、英国人、勃艮第人、意大利人、阿勒曼人及北部民族特别擅长于此。

从很早开始,决斗就被司法所认可,并扩大为解决纠纷的一种方式,故称为“司法决斗”。司法决斗,是指以决斗来解决法律争端的一种审判方式。最早关于司法决斗的一部法律是《勃艮第法》。这是东部德国的早期的原始法律,出现在国王冈都巴德(474~516年)统治的5世纪晚期到6世纪早期之间。当然,大多司法决斗始于501年。很多决斗是用来裁决刑事案件的,但它同时也作为解决民事纠纷的途径,如房产及其他个人财产的纠纷。司法决斗通常有一个正式的仪式,由王室成员主持,并宣布获胜者。在印欧语系的民族中,司法决斗更是一种古老的习俗。恺撒就曾说过:日耳曼人用单独斗剑来解决争端。而在荷马史诗《伊利亚特》中也有这样的情节:两个男人为证明自己是美女海伦的主人而在宙斯面前进行决斗,输掉的一方就是撒谎者。

司法决斗属于神明审判的一种形式,它的精神依据是由神来判断是非。在中世纪,司法决斗被西欧各国广泛采用。例如,一个人在法官面前控告另一个人犯了某种罪行,而对方坚决不承认,此时法官就会让两人决斗,谁在决斗中获胜就能赢得官司。因为人们相信:在这种由上帝来裁断的决斗中,正义的一方是不会被打败的。这种制度尽管荒谬,但在诬告成风、刑侦手段又极其不发达的时代,它的确也是对付诬告的唯一办法。至少比起“热铁取证”“沸水取证”之类的明神判法来,司法决斗更能让人掌握自己的命运。

历史上,决斗也被应用于政治领域,而成为政治决斗。政治决斗也是自古有之。古罗马诗人塔西佗说:在日耳曼国家里,当一个国家要加入对另一个国家的战争时,总是试图让战俘和本国士兵决斗,并通过决斗来裁决战争的胜负。这些古代的政治决斗都是非常严肃的事情,有着严格的规章和程序,观摩者也往往都是政界和宗教界的显赫人士。从法国大革命时期开始,另一种政治决斗开始风行:持不同政见的人为了自己的政治理念而决斗——当口舌说服不了对方的时候,就让枪剑来解决问题吧!到了19世纪,政治决斗甚至成了决斗的主要原因。当然在我看来,政治决斗如果发生在集体之间,那就已不是决斗,而是战争。

决斗制度强调个人在自己的名誉受到伤害而又无法寻求法律的保护时,诉诸个人力量维护名誉的权利。它维系着西方上流社会“荣誉是第二生命”的理念和原则。正如18世纪英国作家塞缪尔·约翰逊所说:“在一个高度文明的社会中,一次侮辱会被认为是严重的伤害,因此必须遭到憎恨,或者甚至必须为此进行一次决斗。”他继续加以强调:“人们公认忍受侮辱而不进行决斗的成员必须逐出他们的社群。”决斗的历史,其实是人们捍卫形而上的人格荣誉的历史。但是,决斗制度因以私刑为基础,并违背人权原则而最终被现代社会所摒弃。

4-002 一位古罗马皇帝的“格斗”

——权力的康茂德规则

(2017年3月22日)

据说,罗马第十八代皇帝康茂德(Commodus)天生喜欢格斗。他喜欢在角斗场与彪悍的奴隶格斗,甚至与凶猛的动物对决,但百斗百胜,从未输过。康茂德制胜的法宝是什么呢?不是因为康茂德力大无比,也不是因为他的格斗技术超群,而是因为每次格斗的比赛规则是由作为格斗一方当事人的古罗马皇帝康茂德自己来制定的。他往往规定:在格斗中,他可手持利剑,对方只能持木质工具或徒手。在这样的规则下,强悍而徒手的奴隶自然不会是他的对手,被捆绑的大象也不会是他的对手。康茂德总是手持利剑,勇杀奴隶,勇杀大象,大获全胜。

我们听了这故事,深感滑稽!天下哪有这样的格斗比赛?

这一被称作“权力的康茂德规则”的实质在于:双方格斗,但由一方来制定格斗规则,如同一个人既做运动员又做裁判员那么好笑。这从法治原理上考察,就是“自己做自己的法官”,这是“正当程序”之大忌。

没有正当程序,就不会有正当的结果。没有正当的比赛规则,就不会有正当的比赛结果。

4-003 苏格拉底之死

——"思想犯罪"的"殉葬品"

(2017 年 4 月 12 日)

一讲到"苏格拉底之死",我们首先想到的是法国著名画家雅克·达维特在 1787 年创作的油画作品。这幅作品描绘了哲学家苏格拉底死时的情景,体现了革命者为信仰和真理而献身的精神。

但我在这里不是研讨艺术作品,不是评价和欣赏一幅油画,而是讲述一个法律故事,并从这个故事中引出一个法律命题的争论:"恶法是不是法?"我们有服从的必要吗?

2000 多年前,在古希腊雅典进行了一场发人深省的审判。古希腊最伟大的哲学家——苏格拉底被判处死刑。

在古代希腊,苏格拉底和他的学生柏拉图及柏拉图的学生亚里士多德被并称为"希腊三贤"。"第一贤"苏格拉底是古希腊伟大的哲学家,主张无神论和言论自由。而正是这两项主张成了他被判处死刑的两项罪名,他因此被雅典人判处服毒自杀。

对苏格拉底的审判来自 3 个雅典公民对他的起诉:一个代表演讲家,一个代表诗人,一个代表手工艺人和政治领袖。而且,案件由来自社会各阶层的 500 名陪审员组成的法庭来审理,判决经过他们的投票作出。大多数人主张他有罪。

苏格拉底被判处有罪以后,他的学生已经为他打通所有关节,他完全有条件从狱中逃走。学生们劝说他,法庭判你有罪是不正义的,不正义的法律可以不予服从。然而,苏格拉底当着弟子们的面从容服下毒药,选择了死亡。他的理由:我被国家判决有罪,如果我逃走了,那么国家法律便得不到执行,就会失去它应有的效力和权威。当法律失去权威,正义也就不复存在了。苏格拉底用自己接受不公判决践行了他对法律的忠诚和对法律的信仰。

苏格拉底之死是一个非常重要的历史事件。他或许是人类历史上,第一个因为思想和言论而被处死的哲学家。更让人们费解的是,苏格拉底不是死于人们公认是残暴的专制政体下,而是在古希腊号称最珍视人类言论自由、最民主的城邦雅典,由人民按合法的程序,经过民主的投票审判处死的。

我不想评论苏格拉底的选择是否正确,但我无法解开的疑团是:在一种号称民主的政体下,怎么也会让一位思想家因“思想和言论”而获罪?正如马克思曾说:“追究思想倾向的法律,是对非法行为的公开认可。”当我们人类的刑事惩罚,从“思想犯”转变为“行为犯”时,才真正标志着人类在走向法治和文明。

4-004 《汉谟拉比法典》中的小孩

——同态复仇的牺牲品

(2017 年 5 月 10 日)

《汉谟拉比法典》(Hammurabi Code)是古巴比伦国王汉谟拉比(约公元前 1792 ~ 前 1750 年在位)颁布的法律汇编,是最具代表性的楔形文字法典,也是迄今世界上最早的一部完整保存下来的成文法典。由于法典原文刻在一段高 2.25 米,上周长 1.65 米,底部周长 1.90 米的黑色玄武岩石柱上,故《汉谟拉比法典》又被叫作“石柱法”。

《汉谟拉比法典》规定了严格的家庭阶级和同态复仇制度。其中规定,如果一个上等人杀死另一个上等人的女儿,那么被害一方上等人有权将侵害一方上等人的女儿杀死。

这是多么令人费解和荒唐之极,用我们今天的法理来看,等于一个人杀死了别人的女儿,这个凶手本人可以逍遥法外,而让他的无辜女儿赔上一命。但在汉谟拉比和当时的巴从伦看来,这再公平正义不过了。

这说明,在当时的法律背景下,小孩并不是独立的人,而仅仅是父母的财产。

4-005 狩猎人的慷慨

——印第安人坚守的一项规则

(2016年10月12日)

我阅读到的一本书提到过：一个北美的印第安人假如在雪地上看到一只带箭的鹿，他不会将它扛回家占为己有，而是会默默地守候在原地几小时甚至几天，等猎人返回来后，再按习惯规则，平等地分享他应得到的一份鹿肉。这一规则近千年来一直被他们坚守着。

我感叹守护者的执着，同时感叹狩猎人的慷慨！但我们更应敬佩的是印第安人对法治精神的坚守！

什么是法治？法治就是规则之治。它依靠规则，公正的规则，而不是依靠暴力和血腥来维系社会秩序。这种规则无论是通过国家议会制定的成文法则，还是在自然中形成的不成文法则，人们都能无条件地坚守，这是最为重要的法治精神。如果今天地球上的人们都能做到这一点，今天的世界就不会有充满血腥的暴力、战争和杀戮。

4-006 马背上的古德娃夫人

——“无代表不纳税”原则晚到了175年

(2017年5月3日)

考文垂(Coventry)是英国的一个千年古城,历史记载始于公元1016年。公元1043年利奥弗里克(Leofric the Dane)伯爵夫妇在此地建立一座修道院。围绕着修道院逐渐兴起一座城市,这就是考文垂。在这里,曾发生了一个至今依然广为流传的一个故事:“马背上的古德娃夫人”。

大约在公元1040年,代表英格兰统治着考文垂城市的奥弗里克伯爵决定向人民征收重税。这无疑会导致这里人民的生活雪上加霜。伯爵善良美丽的妻子,古德娃(Godiva)夫人体察民生疾苦,便恳求伯爵减低税收,减轻人民的负担。伯爵勃然大怒,认为夫人为贱民说情,实在丢脸。

但古德娃夫人回答伯爵:你会发现,这些人民是多么的善良和可敬。为了证明这一点,夫人提出愿意与伯爵打一个赌:如果古德娃夫人赤裸身躯骑马走过城中大街,仅以长发遮掩身体,市民们能不出门、不偷望古德娃夫人的话,说明市民是可信的,伯爵便应当宣布减税。

翌日早上,古德娃夫人赤身裸体骑马走向城中。考文垂市的所有百姓都诚实地躲避在屋内,街道上空无一人,令古德娃夫人不至蒙羞。

事后,奥弗里克伯爵信守诺言,宣布全城减税。这就是著名的古德娃夫人的传说。

我想,如果“无代表不纳税”(no taxation without representation),或称税收法定原则,能够早点确立的话,这位善良美丽的古德娃就无须作这样的“冒险”了。而这项原则最早恰恰诞生在英国,只是比古德娃夫人的“冒险”举动晚了175年(英国1215年《自由大宪章》)。

4-007 美国男孩圣克莱尔的墓地

——契约精神下的私权

(2019年7月24日)

前段时间,我偶然在网络媒体上读到“一个美国男孩的墓地故事”。事后发现,它同样在《学习时报》(2012年11月19日)和《书屋》(2006年第1期)上被转载过。

在美国纽约哈德逊河畔,离美国第十八届总统格兰特(Ulysses Simpson Grant)陵墓不到100米处,还有一座孩子的墓。坟墓虽小但整齐别致:一个格兰特陵墓式、下方上圆的水泥墓碣;四周护栏、树木和路灯围绕。在墓旁的一块木牌上记载着一个讲求诚信的故事:

这座孩子墓的主人翁既不是总统也不是富豪,而是一位名叫圣克莱尔的美国普通男孩。5岁那年的一天,也就是1797年7月15日这个不幸的日子,圣克莱尔跟随父亲上山,不慎从这河滨的悬崖上坠落身亡。

孩子的父亲悲痛欲绝,便在悬崖落水处给孩子修建立一座小小的坟墓。后来,主人家道衰落,不得不将建有孩子坟墓的土地转让。不过,在转让土地的契约里,圣克莱尔父亲对土地的新主人提出了一个很特殊的要求:土地虽然以后归你所有,但孩子的墓地必须完整保留下来,不能私自拆迁或铲平,要让墓地永不毁灭。

结果,土地买卖契约中的这一特别条款,不但这位土地的“买主”爽快地答应并遵守了,而且在此后的100年里,该块土地辗转买卖了很多次,每一位新主人也都坚守了这一“义务”。圣克莱尔在死后的100年里,虽然名字早被世人遗忘,但是他的墓地依据一个又一个的买卖契约,被一个个土地的新主人接过来,都完整无缺地保存下来了。

更让圣克莱尔感到幸运的是,竟然有一位逝世的美国总统也被安葬在这里,和他这个美国草根永结芳邻。1897 年,美国政府选择安葬圣克莱尔的地方作为已故美国总统格兰特的墓地,政府成了这块墓地的新主人。当然政府并没有把圣克莱尔的坟墓迁走,而是把圣克莱尔的墓地重新修建,让他和这位有“常胜将军”之称的总统毗邻而居。

又一个 100 年过去了。1997 年 7 月,在格兰特总统墓地建成 100 周年纪念日那天,也正是美国男孩圣克莱尔去世 200 周年纪念日,美国政府在对格兰特总统墓地进行重新修整的同时,也修整了这位美国男孩的墓地。时任纽约市市长朱利安尼还特地为这位美国男孩题写了碑铭:“人生下来就充满了烦恼。他的到来犹如一朵美丽的鲜花,却很快地凋谢了;他的匆匆离去,则像一道闪亮的影子,仍在继续发光。”甚至,美国前总统里根在一次拜谒格兰特墓地时也曾感慨:“虽然小男孩只是一位平民的后代,但他也应享受和总统一样的待遇。因为,他的墓地是属于他的私人领域,是永不可毁灭的,谁也没有理由剥夺他安卧在自己领域的权利。”

美国这位男孩圣克莱尔之所以能有如此幸运,是因为那位可亲可敬的父亲,是因为一代又一代的土地主人,还有格兰特陵墓的修建者、历任纽约市市长,以及整个社会,他们都在遵守一份“契约”。那是“契约”的力量以及契约所蕴含的“诚信”。

契约精神下的私权,才是安全的!

4-008 美国禁酒令的退让

——法律不能规定人们无法做到的事

（2019年7月3日）

在美国历史上，是否应当禁酒，一直是争论的焦点。19世纪中期，啤酒、烈性酒消费量猛增，纽约、旧金山等地每200户居民就有1家酒馆。1869年，全国禁酒改良党成立，开展禁酒宣传。3年后该党还推出总统候选人参加竞选。在"禁酒不仅是个人道德问题，而且是维护清教主义的理想"信念的支撑下，基督教妇女禁酒会、反酒馆联盟等团体应运而生。

20世纪初，在法学家、社会学家眼里，酒是犯罪和贫穷的根源，甚至被称为"魔鬼的甜酒"。南方当权者说酒精会酿成暴行，使黑人更具危险性。工场主则将禁酒视为减少工伤事故的手段。

1913年，美国国会通过了法案，禁止酒类输入已禁酒的各州。到1916年，已经有19个州禁酒。第一次世界大战后，国会又以"经济、效率和道德"为由，禁止制造和售卖烈性酒。1919年，国会通过《宪法第十八修正案》规定："禁止在合众国及其管辖的所有领土内酿造、出售和运送作为饮料的致醉酒类；禁止此等酒类输入或输出合众国及其管辖的所有领土。"

但是，事实表明这是一个无法执行的法案。全美国出现了大规模的违反禁酒令的活动。一方面，私酒贩子成了一种职业，因为非法贸易会带来暴利；另一方面，政府当局对此现象严加惩处，导致1920～1932年，75万人因违反禁酒法而被捕，罚款总额超过7500万美元，没收财产2.05亿美元，社会矛盾激化。私酒贩子买通警察或结成帮派，采用威胁、暴力甚至谋杀方式，大有"邪能抗正"之势。最后，政府也开始怀疑"以暴制暴"是否真能解决问题。1933年，联邦国会被迫通过《宪法第二十一修正案》规定："美利坚合众国《宪法第十八修正案》现予废除。"《宪法第十八修正案》成为美国宪法史上的一大丑闻,当美国人撰写宪法史时几乎没有人再提到它。

此案对我们的启示是:法律也只能规定人们所能够做到的事,不能规定人们无法做到的事,否则法律就无法实施。就此案而言,美国应当从“限酒”慢慢地走向“禁酒”。

4-009 马伯里诉麦迪逊案

——美国违宪审查制度的起源

(2019年3月27日、4月3日、4月10日)

1801年12月,威廉·V.马伯里(William V. Marbury)等4人,在他们的律师查尔斯·李(Charles Lee)的协助下,向美国联邦法院提交了诉状,郑重请求法院判令国务卿詹姆斯·麦迪逊(James Madison)向他们送达哥伦比亚特区治安法官的委任状。由于马伯里是首位原告,被告是扣留他们委任状的国务卿麦迪逊,联邦法院作出判决的时间是1803年,因而在历史上被简称为"1803年马伯里诉麦迪逊案"。

该案的发生与美国的政党制度直接有关,甚至可以说是美国政坛中党派斗争的产物。经过6年的反英独立战争,美国终于在1783年脱离英国赢得了独立。1787年9月,经联邦制宪会议制定通过,在美国费城(Philadelphia)产生了人类历史上的第一部成文宪法,即美国联邦宪法。1789年3月4日,宪法正式生效,联邦政府同日宣告成立。独立战争时期的大陆军队总司令乔治·华盛顿(George Washington)将军被推选为第一任美国总统。尽管美国宪法并没有确认政党制度,而且开国元首华盛顿总统又是一位"无党派人士",但是党派从那里起已埋下种子。华盛顿在任期间,内阁中国务卿托马斯·杰弗逊(Thomas Jefferson)和财政部部长亚历山大·汉密尔顿(Alexander Hamilton)两人政见对立,逐渐形成了两大派系。华盛顿退休后,美国政坛中的两大政党终于正式形成。拥护汉密尔顿的一派正式组成了联邦党(Federalist Party),拥护杰弗逊的一派自称为民主共和党(Democratic-Republican Party)。

美国第二任总统约翰·亚当斯(John Adams)属于联邦党人。他在第三届总统选举中将让位于属于民主共和党人的托马斯·杰弗逊(Thomas

Jefferson)。亚当斯在其任期(1797～1801 年)的最后一天(1801 年 3 月 3 日)午夜,经即将换届的参议院批准,突击任命了 42 位"清一色"的联邦党人为治安法官。后人把这批法官挖苦为"午夜法官"(midnight judges,又译为"星夜法官")。按照法律程序,治安法官任命应当由总统提名、参议院批准、总统签署、国务院盖印委任状,发送给当事人后正式生效。在亚当斯突击任命的 42 位的治安法官中,其中有 17 位,虽然经过了总统签署、国务院盖印等环节,但其委任状留在既担任国务卿又担任联邦最高法院首席大法官的马歇尔办公室。当时正是新旧总统交接之际,约翰·马歇尔一面要作为旧一届的国务卿向新国务卿交接,另一面又作为首席大法官要主持新总统的宣誓就职仪式,忙得不可开交。结果在忙乱中因疏忽而将其中的 17 份委任状,在卸任国务卿之前没有及时发送出去。继任的新总统,民主共和党人托马斯·杰斐逊对于联邦党人在权力交接前夜大搞以党划线、"突击提拔"的损招早已深感不满。当听说有一些联邦党人法官委任状滞留在国务院之后,他立刻命令新任国务卿詹姆斯·麦迪逊扣留了这批委任状,并示意麦迪逊将它们"如同办公室的废纸、垃圾一样处理掉"。

在这 17 位由前一届总统任命又被新一届总统下令扣留委任状的治安法官中,威廉·马伯里就是其中的一位。马伯里是华盛顿特区乔治城(Washington Georgetown)一位 41 岁的富商。他虽然家财万贯,但对治安法官这个七品芝麻官还情有独钟,非要讨个说法不可。马伯里拉上另外 3 位同病相怜的拟任治安法官,聘请曾任亚当斯总统内阁总检察长(attorney general,也称司法部部长)的查尔斯·李为律师,把国务卿麦迪逊告到了联邦最高法院。他们要求联邦最高法院下达执行令,命令麦迪逊交出委任状,以便完成治安法官任命的法律程序。控方起诉的根据是国会制定的《1789 年司法条例》(the Judiciary Act of 1789)第 13 条 d 款的规定:联邦最高法院在法律原则和惯例保证的案件中,有权向任何在合众国的权威下被任命的法庭或公职官员下达执行令状。被控方麦迪逊便请杰弗逊总统内阁总检察长莱维·林肯(Levi Lincoln)出任自己的辩护律师。两位总检察长担任了两方当事人的代理律师,事件非常富有戏剧性。

这一棘手的案件恰恰回到了上一届国务卿,现在依然是首席大法官的约翰·马歇尔手上。在美国三权分立的体制中,立法权、行政权、司法权严格区分、相互独立,无高低之分。而且在这体制的背后,又是浓厚的党派之争。这样,马伯里诉麦迪逊一案使马歇尔大法官陷入了一种两难境地:如果不判决麦迪逊扣发委任状行为违法,不符合正义性;但若依据《1789 年司法条例》第 13 条签发一项执行令,命令麦迪逊按照法律程序发出委任状,麦迪逊有总统兼美军总司令的杰弗逊撑腰,肯定不会执行。这种结果,不仅会愧对同一阵营中的联邦党人战友,而且使最高法院颜面扫地。

审还是不审,以及怎样审,成为一个令马歇尔极为头疼的大难题。经过半个多月的苦思冥想,本该回避而没有回避的他,运用高超的法律技巧和智慧,作出了一个令后人拍案称奇的绝妙判决,为世人留下了一个经典判例。1803 年 2 月 24 日,联邦最高法院的法官以 4∶0 的票数(有两位大法官自行回避)对马伯里诉麦迪逊案作出裁决。首席大法官马歇尔主持宣布了法院的裁决书。整个裁决书的内容围绕提出和回答了 3 个问题。

第一,马伯里是否有权利得到他所要求的委任状?裁决书指出:委任状一经总统签署,任命即为作出;一经国务卿加盖合众国国玺,委任状即为完成。对他拒发委任状,不是法律所授权的行为,而恰恰是侵犯了法律所赋予的权利。这里首先确认了麦迪逊扣留马伯里委任状的违法性。

第二,原告马伯里的这一权利受到侵犯时,政府是否应该为他提供法律救济?关于这一问题,马歇尔的回答也是肯定的。他论证说:合众国政府被宣称为法治政府,而非人治政府。法治政府理所当然地应当为任何人的合法权利受到侵犯时提供法律救济,否则就配不上“这个高尚的称号”。

第三,如果政府应该为原告提供法律救济,是否该由最高法院来下达执行令,要求国务卿麦迪逊将委任状补发给马伯里?这是最关键的一个问题。如果按照上述两个问题答案的思路和逻辑继续推论下去的话,第三个问题的答案也将是肯定的,理所当然地就该由最高法院向国务卿麦迪逊下达强制执行令,强制其发送被扣留的对马伯里的委任状。可是,马歇尔到此突然一转,引证《宪法》第 3 条第 2 款说:“涉及大使、其他使节和领事以及以州为一方当事人的一切案件,最高法院具有原始管辖权。对上述以外的所有其他案件,最高法院具有上诉管辖权。”言下之意,马伯里诉麦迪逊案的当事人既非外国使节,也不是州政府的代表,所以最高法院没有初审管辖权。马伯里应当到地方法院起诉,然后逐级上诉到最高法院,不能一开始就起诉到最高法院。但控方申明,他们直接起诉到最高法院的法律依据是国会通过的《1789 年司法条例》第 13 条。针对这一点,马歇尔又解释说:《1789 年司法条例》第 13 条是与宪法相互冲突的,因为它在规定最高法院有权向政府官员发出执行令时,实际上是扩大了宪法明文规定的最高法院司法管辖权限。如果最高法院执行《1789 年司法条例》第 13 条,那就等于公开承认国会可以任意扩大宪法明确授予最高法院的权限。他最后说:“宪法构成国家的根本法和最高的法律”,“违反宪法的法律是无效的”。据此,马歇尔正式宣布:《1789 年司法条例》第 13 条因违宪而被取消。这是美国最高法院历史上第一次宣布联邦法律违宪。

马伯里若要从基层法院一级一级地上诉到最高法院,耗时太久,他最终撤回了起诉。

马歇尔的判决既表现出司法部门的独有权威,又避免与行政当局和国会迎头相撞、直接冲突,为确立司法审查(judicial review)这个分权与制衡体制中的重要权力奠定了基石。从此美国确立了普通法院的违宪审查体制,最高法院拥有了解释宪法、裁定政府行为和国会立法行为是否违宪的权力。在以判例法为主的美国,立法和行政部门无权推翻最高法院对马伯里案件的判决。相反,按照英美普通法系遵循先例(stare decisis)的原则,此判决将作为宪法惯例被后人永远引用。据统计,在最高法院以后的判决中,马伯里案高居被引用的案例之首,达数百次之多。根据这一经典判例逐渐确立的联邦法院司法审查权随后不断获得清晰:(1)联邦法院是联邦立法和行政部门立法行为和行政行为合宪性的最终裁定者;(2)联邦法院是州立法机关和行政部门立法行为和行政行为合宪性的最终裁定者;(3)联邦法院,特别是联邦最高法院,有权审查州法院的刑事与民事程序法规,以确定这些程序法规是否符合联邦宪法的要求。

100多年之后,美国最高法院大法官卡多佐(Benjamin N. Cardozo)赞叹道:“马歇尔在美国宪法上深深地烙下了他的思想印记。我们的宪法性法律之所以具有今天的形式,就是因为马歇尔在它尚有弹性和可塑性之时以自己强烈的信念之烈焰锻炼了它。”马歇尔传记的作者史密斯(Jean E. Smith)赞扬说:“如果说乔治·华盛顿创建了美国,约翰·马歇尔则确定了美国的制度。”

时隔215年后的今天,我想评论的是:马歇尔在1803年创设那个判例时,或许并没有被后人所评价得那么伟大。他用一种“不伟大”创造了一种“伟大”。他当时仅仅为解脱党派之争对最高法院司法权威提出的挑战而陷入的困境想出的一种“滑头”做法。这样的判决既维护了他同党派战友的利益,又不使最高法院威风扫地,相反为最高法院争得到宪法本身不明确的权力。随着这一判例的反复引用,判例的价值才清晰并被发扬光大。我以为,这一经典判例的意义在于:

第一,将权利救济列入法治国家的衡量标准,确立了司法最终原则。这是说,在一个社会中,任何人的法律权利受到侵犯,都必须有权利救济的法律途径;司法对一切纠纷的最终裁决,应当具有最终效力。否则,就称不上法治国家。这为美国法院于2000年对小布什与戈尔选票之争的最终裁决打下了理论和制度基础。

第二,确立了宪法具有最高的法律效力,一切违反宪法的法律和行为都是无效的法治精神。这一美国宪法原本没有明文表达的精神,通过这一判例得到确立和发扬。当今世界上,大多数国家都在宪法文本中明文规定了宪法的最高地位、最高依据和最高效力,确立了“违宪无效”的最高法治原则。

第三,阐释了为维护宪法权威必须建立违宪审查机制的道理。为了保证宪法在一个国家中的最高地位,保证一切立法和行为与宪法相一致,就必须建立宪法实施的监督机制。美国所建立的普通法院违宪审查机制,在美国发挥了理想的作用,但它不是唯一的模式。现在世界上,除了由普通法院作违宪审查之外,还存在由宪法法院、宪法委员会和议会等作违宪审查的模式。

我们步入了“中国特色社会主义新时代”,“全面依法治国”开启了新征程。习近平总书记说:宪法是国家的根本大法,具有最高的法律地位、最高的法律权威和最高的法律效力;宪法是治国理政的总章程,是全面依法治国的总依据;坚持依法治国首先必须坚持依宪治国,坚持依法执政首先必须坚持依宪执政。党的十九大明确指出:“加强宪法实施和监督,推进合宪性审查工作,维护宪法权威。”我们要在中国特色社会主义法治道路上,立足本国的实际,建立和推进合宪性审查机制,如期实现法治国家、法治政府、法治社会基本建成的法治目标。

4-010 美国布朗诉托皮卡教育局案

——“隔离但平等”的法律原则被推翻

(2019年12月18日)

奥利弗·布朗等诉托皮卡教育局等案(Oliver Brown et al. v. Board of Education of Topeka et al. 347U. S. 483,1954年)(以下简称“布朗案”),是一件美国史上非常重要、具有标志性意义的诉讼案。它宣告了在美国被牢牢坚守了58年的“隔离但平等”法律原则的终结。

美国的种族隔离制度由来已久。美洲原是印第安人故乡,自1492年哥伦布发现“新大陆”之后,西班牙、荷兰、法国、英国等不断地向北美洲移民,并在这里建立13个殖民地。殖民者残暴地屠杀土著居民,使印第安人濒临绝种。由此造成的劳力匮乏,使他们不得不从非洲掳掠来大批黑人充当奴隶。随着掳掠来的黑人奴隶的增多,黑奴问题成了美国一个严重的社会问题。

美国建国之初,人们对于旧英国殖民时期所带来的黑人就有不同态度。1808年国会虽通过法案禁止从海外输入奴隶,但仍然容许各州自行决定是否蓄奴。自工业革命以来,以工业为主的北方各州对于人力的需求降低,与以农业为主和人力需求多的南方各蓄奴州在奴隶问题上的冲突越来越大,最终导致了1861~1865年的美国南北战争。战争的结果不仅阻却了国家的分裂,而且其间,美国第十六届总统林肯于1862年9月22日发表了被马克思称赞为“联邦成立以来的美国史上最重要的文件”的《解放黑人奴隶宣言》。黑人奴隶从此由“主人财产”转变成“自由人”。

但是,南北战争以后,解放了的黑奴仍然没有真正获得与白人平等的地位。因为南方白人在不能蓄奴的情况下,通过了许多对黑人不利的法律,限制黑人的权利。如祖父条款及吉姆·克劳法等。祖父条款对投票者进行教育程度、财产状况或纳税与否的审查，限制只有“条件”较好的选民有投票权，从而使法律上拥有投票权的黑人在实际又因财产资格而失去投票权。吉姆·克劳法设立层出不穷的种族隔离措施，规定各种公共设施如旅馆、学校、厕所、公共汽车、火车、飞机、餐厅、运动设施、俱乐部、医院等都要根据种族的不同而隔离使用。在种族隔离制度下黑人往往受到歧视，只能使用次等设施，缺乏社会资源，却又不能通过选举权改变不平等的现状。美国因此之故(特别是南方)在这 90 年间一直是一个严守种族隔离政策的国家。在 1896 年的“普莱西诉弗格森案”(以下简称普莱西案)中，美国最高法院确立了一项法律原则——“隔离但平等”。法院的理由是，种族隔离政策是否造成不平等是一个社会问题而不是一个司法问题；甚至还说，“如果一个种族相较于其他种族在社会上就是比较低劣，美国宪法当然无法将不同的种族放在同样的标准上比较”。“隔离但平等”的含义是：只让白人坐车不让黑人坐车是不平等的，但让黑人不与白人一起坐车是平等的；只让白人小孩上学不让黑人小孩上学是不平等的，但不让黑人小孩与白人小孩一起上学是平等的。美国最高法院的普莱西案判例将黑人与白人“事实上”的不平等直升为“法律上”的不平等。

美国布朗诉托皮卡教育局案就是在这样的历史背景下，黑人为冲破黑人小孩不能在白人学校上学而发起的一系列诉讼。

属于“布朗案”系列中的第一个案件是发生于 1947～1949 年的布理格斯诉伊利奥特案。20 世纪 50 年代，当地的黑人学校不仅校舍差，与白人学校相比还少了校车，黑人学童必须走路上学。黑人学校的校长约瑟夫·德兰接触白人学校的管理者要求他们提供校车以帮助黑人学童们，但遭到拒绝。约瑟夫·德兰写信请求州政府教育当局的协助，也无反应。最终，经过几年挫折后，约瑟夫·德兰收集到足够量的签名，提起集体诉讼，诉讼请求也从要求校车，扩展到要求取消政府的种族隔离措施。法院引用了“隔离但平等”的原则，判决原告败诉，但是要求教育当局改善黑人学校的设施。全国有色人种促进协会不满此判决而提出上诉至最高法院，因此成为后来布朗案的一部分。

“布朗案”系列中的核心案例正是1951年秋天奥利弗·布朗为首提起的集体诉讼。20世纪50年代早期,琳达·布朗是一位住在堪萨斯州托皮卡的学生。她和她的姐姐泰瑞·琳每天都要沿着石岛铁路调车厂走一英里的距离到公共汽车站,然后搭车到距离家里有5英里之远的黑人学校蒙罗小学。琳达·布朗尝试取得离她家较近的萨姆纳小学上学(该学校离家里只有几个街区的距离),却遭到托皮卡教育局的拒绝,理由是萨姆纳小学是一个只给白人小孩子读的学校。1951年秋天,由于诉讼原告的足额加入,以学生琳达·布朗父亲奥利弗·布朗作为第一原告对托皮卡教育局提起集体诉讼,要求校区停止种族隔离政策,主张种族隔离的学校已经侵害了琳达·布朗依据《宪法第十四修正案》所保障的同等保护权。

布朗诉托皮卡教育局案上诉到最高法院时,最高法院将几个同样具有种族隔离教育背景事实的案子合并一起审理,且合并判决(除波林案)。因此,布朗诉托皮卡教育局案其实是一个广泛对这些所有合并审理的案子以及随后的布朗第二案的称呼。它们包括:布朗诉托皮卡教育局案(堪萨斯州的案子)、布理格斯诉伊利奥特案(南卡罗来那州的案子)、戴维斯诉普林斯·爱德华郡教育局案(弗吉尼亚州的案子)、贝尔顿诉格布哈特案(布拉诉格布哈特案)(特拉华州的案子),以及波林诉夏普案(华盛顿哥伦比亚特区的案子)。

1954年5月17日,最高法院以厄尔·沃伦为首席大法官的9位大法官,以9:0的票数对布朗系列案作出了裁决,表达了最高法院对种族隔离所持的反对态度。法院的裁决宣布:“公共教育领域绝不允许‘隔离但平等’原则存在。在教育机构内推行种族隔离,实质上就是一种不平等。”南方的种族隔离制度,则违反了《宪法第十四修正案》关于“州……不得……拒绝给予任何人以法律平等保护”之规定,应尽快废除。

在美国历史上,“隔离但平等”原则被画上了句号,黑人与白人的平等权向前迈出了重要的一步。

4-011 “面条里面只有一只臭虫!”

——从“辛普森杀妻案”看正当程序

(2019年11月13日)

1994年,美国发生了一起轰动全球的“辛普森杀妻案”,曾在洛杉矶奥运会上点燃圣火的前美式橄榄球运动员辛普森被指控杀害其前妻及男友。

据当时美国媒体报道,警方在案发现场提取到辛普森的血迹和毛发,辛普森家中有被害人的血迹,案发现场和辛普森家中被发现有恰成一对的血手套,辛普森的卧室中还有沾有被害人血迹的袜子。另外,辛普森有杀人动机,他多次扬言要杀死被害人,而且他无法提供案发时不在现场的证明。所有的疑点和证据,无论在美国还是中国,都足以推定辛普森为凶手。

但是,本案致命的错误在于:警方收集、保存证据的程序、方法违法。例如,警方在进入辛普森住宅搜查时没有得到法律所要求的搜查令,翻墙进入被告人家中调取证据。警方对现场血迹的保管方法不当,按照规定,新鲜血痕要用专门的塑料袋来包装,而警察是用普通的纸袋,这就有可能使血痕受到污染。在血袜子上发现一种化学物质,而这个物质人体中是没有的,也印证了此点。该行为导致DNA检验鉴定结论可能不可靠等,导致有力的证据失效。

按照美国的证据法规则,在所有证据中,只要有一个关键性证据无效,就可以推定所有证据无效。这条规则翻译成中文就是:“面条里面只有一只臭虫!”意思是说:假如一个人在吃一碗面条,发现面条里有一只臭虫,他就有权立即将整碗面条倒掉,而无须再搞清楚面条里还有几只臭虫。

根据这样的证据规则,法院只能宣告辛普森无罪,当庭释放。

此后,美国媒体对公众做民意调查,第一个问题是:你认为辛普森有罪吗?90%的人认为其有罪。第二个问题是:你认为这一审判公正吗?90%

的人认为公正。

为什么会出现这种情况呢？美国人凭自己的直觉相信是辛普森杀了人，但辛普森是不是犯罪，要根据合法的证据来裁断，在证据受到了"污染"而不够充分时，他不被判为有罪，这样的审判当然是公正的。如果判决辛普森有罪，其带来的直接后果是，警察的非法取证将得到法庭的认可，从而给美国整个法律制度带来混乱。

当年主审案件的法官也无奈地说过这样一句话："全世界都看到了辛普森的罪行，但法律没有看到。"

这是一个程序公正的典型案例。

4-012 德国红磨坊的故事

——公权与私权的平等对话

(2015年11月)

据说,1866年,威廉一世征服德意志各邦而成为统一后的德国皇帝。这位志高气扬的皇帝,一天在他的波茨坦行宫登高远眺波茨坦市全景时,视线却被紧挨宫殿的一座磨坊挡住了。真是大煞风景,威廉一世很扫兴。但他还是打算用一种公道的方式来解决这个堵心的问题。于是派人前去与磨坊主人协商,希望能够买下这座磨坊(以便拆除)。

不料,磨坊主是一位非常倔强的老头,他断然拒绝皇帝的要求。理由很简单:“这座磨坊是祖上世世代代传下来的家产,不能败在我的手里。我的任务就是维护下来,一代一代传下去。”威廉一世几经派人登门协商,或许以高价,或晓之以理,或动之以情,直至严厉正告。可磨坊主软硬不吃,就是坚决不卖。

如此这般,威廉一世再也忍不住了,盛怒之下就派人把磨坊给拆了。可老磨坊主并没有示弱,就在磨坊被拆的第二天,他将一纸诉状送到了地方法院,状告威廉一世拆房违法。

这一世上最大的“民告官”案件,法院居然受理了,并很快作出了判决:威廉一世败诉。法院判决皇帝必须将磨坊“恢复原状”,并赔偿由于拆毁磨坊所造成的损失。

威廉一世虽身为一国之君,但接到判决书后,仍服从司法判决,遵照执行。一介平民的老磨坊主倒也心安理得地在原地按原貌重建了红磨坊,并享受着他认死理所得到的胜利快乐,继续磨着他的面粉。

后来,威廉一世和老磨坊主都去世了。小磨坊主惨淡经营,难以为生计,打算把磨坊卖给新皇帝。他认为皇宫肯定能够接受,于是,他就给威廉二世写了封信。信中说：尊敬的陛下，我家的磨坊建在皇宫边上确实有煞风景。当年您的父皇想拆除它，由于我父亲的固执而未能如愿。现在我很难经营下去，于是想卖给你们，既能成全您父皇的心愿，又能解决我的经济困难。

很快，他收到了威廉二世亲笔给他写的回信："我亲爱的邻居，来信已阅。得知你现在手头紧张，作为邻居我深表同情，你说你要把磨坊卖掉，我以为切切不可。这件事与我们国家关系极大，毕竟这间磨坊已经成为德国司法独立和裁判公正之象征，应当世世代代保留在你家名下。至于你的经济困难，我今赠与你 6000 马克，解决你一时之急。你的邻居威廉复。"

德国波茨坦行宫边上的红磨坊，今天已成为一个国际旅游景点，导游还不时地反复讲述着上述故事。

如果这个故事是真实的，那么，我首先赞叹的是那位倔强的老头——红磨坊业主，他为了捍卫家族的私有财产，竟然敢于与国王对簿公堂，彰显了保护私权的勇气；其次赞叹的是那个地方法院和法官，他们不仅敢于受理这一最大的"民告官"案件，而且敢于判决皇帝违法，表明了真正的司法独立；再次赞叹的是威廉一世，他不仅没有干预司法而且执行了法院的判决，做到了法治国家包括国王在内的任何人都在法律之下。

4-013 从柯克大法官与詹姆斯一世的争论谈起

——让法律成为国王而不是国王成为法律

(2016年7月)

爱德华·柯克爵士(Sir Edward Coke,1552年2月1日~1634年9月30日),是英国法学家和政治思想家。他于1613年被任命为王座法院首席法官后,就一直被称作“柯克大法官”。

柯克大法官身上的光环很多:普通法的福音、活着的普通法、法学之源,以及作为1628年《权利请愿书》的一名起草者。但最出名的恐怕还是发生于400年前他与国王詹姆斯一世的那场争执。

1618年11月6日,英国国王詹姆斯一世召集普通法院的大法官们来到自己面前,要他们讨论一下并允许自己来审理案件。他原本以为:法官不过是“国王的影子和仆人”,只要国王愿意,他就可以在威斯特敏斯特大厅主持任何法庭的审判。但令他没有想到的是,首席大法官柯克代众法官回禀国王说:“对此我当着所有大法官的面回答说,而且他们都同意的是,国王本人不能断案。所有案件都应该由法院根据英格兰的法律或习惯予以确定和审判。”国王被激怒了,说道:“这就意味着我应当居于法律之下,要是这么说就是谋叛。”柯克大法官毫不退让,他借用布雷克顿法官(英国历史上最伟大的法学家之一,在13世纪长期担任王室的法官)的话说:“国王虽居于万民之上,却在上帝和法律之下”(quod Rex non debet esse sub homine, sed sub Deo et lege)。这就是“法律是国王”的著名论断。①

400年来,这个故事不断地被演绎,以至于让我们分不清真假。但“国王

---

① J. R. Tanner, *Constitutional Documents of the Reign of James I*, 1603 - 1625. Cambridge University Press,1930. 转引自王利明《为什么要建设法治国家?》,载《中国人民大学学报》2011年第6期;泮伟江:《一个普通法的故事——英格兰政体的奥秘》,广西师范大学出版社2015年版,第81页。

是法律，还是法律是国王”的争论一直在延续……

“法治国”与“人治国”的最大区别不是有没有法律（人治国也会有法律），而是“谁是国王？”在“法治国”，法律是“国王”；在“人治国”里，则“国王”是法律。自古以来，多少思想家都阐述了这一观点。

古希腊著名思想家柏拉图（公元前427～前347年）在他的《法律篇》中指出：“如果一个国家的法律处于从属的地位，没有权威，我敢说，这个国家一定要覆灭；然而，我们认为一个国家的法律如果在官吏之上，而这些官吏服从法律，这个国家就会获得诸神的保佑和赐福。”13世纪英国《大宪章》首次向英国当权者宣告了一项精神，即法律高于国王之上，连国王也不得违反。早在美国建国初期的18世纪，托马斯·潘恩（Thomas Paine）便指出，在法治国家里，法律是国王，而非国王是法律。① 19世纪末，英国学者戴西（Albert Venn Dicey，1835～1922年）也认为，“法律至上”是法治的主要特征。② 古代西方有一法律格言是：“法官只有一个上司，那就是法律。”③

坚持宪法法律至上，是我们党和政府的一贯主张，它被写进了我国宪法和党章。我国现行《宪法》第5条规定：“中华人民共和国实行依法治国，建设社会主义法治国家。国家维护社会主义法制的统一和尊严。一切法律、行政法规和地方性法规都不得同宪法相抵触。一切国家机关和武装力量、各政党和各社会团体、各企业事业组织都必须遵守宪法和法律。一切违反宪法和法律的行为，必须予以追究。任何组织或者个人都不得有超越宪法和法律的特权。”《中国共产党章程》也明文规定：“党必须在宪法和法律的范围内活动。”

我还记得，2008年的“五四”青年节，时任总理的温家宝同志在中国政法大学与学生们交谈时曾说过，法治就是坚持“法比天大”！

自党的十八大以来，党多次强调：党要坚持依法执政，做到党领导立法、

---

① 参见辛辉、荣丽双主编：《法律的精神——法律格言智慧警句精选》，中国法制出版社2016年版，第3页。

② ［意］布鲁诺·莱奥尼：《自由与法治》，载《律师文摘》2011年第1期。

③ 余定宇：《寻找法律的印迹——从古埃及到美利坚》，法律出版社2004年版，第96页。

保证执法、支持司法、带头守法。习近平总书记还指出:“尊崇法治、敬畏法律,是领导干部必须具备的基本素质。”

中国“全面推进依法治国”,就是要让宪法法律真正成为“国王”!

4-014 食人肉是否有罪?

——人的生命权没有贵贱之分

(2020年1月15日)

17世纪的英国思想家培根(Francis Bacon,1561～1626年)曾提出过一个非常棘手的问题:在遭遇船难时,如果有两名遇难者,却只有一块能支撑一个人的木板,其中一人将另一人推下水自己获救,被推下水的人溺水而亡,那么是否该追诉生还者为杀人之罪? 培根说,在两个人不能同时生存的情况下,进行自保是无罪的。

比培根稍后的同时代人格劳秀斯(Hugo Grotius,1583～1645年),这位被称为"国际法之父"与"自然法之父"的西方思想家,也提出了一个类似的观点。他曾假设如果一个饥寒交迫的人在路过面包店时,为了避免饿死而偷吃了店里的面包,是不能成为盗窃罪的。当然,这个观点要比培根的观点温和得多,偷吃面包与杀人毕竟不同。

印度的古圣法早就反映一种立场:在面临饿死情况下,就算杀人食肉,那也只是为了自保,绝不会称之为罪。反映世前印度婆罗门教的《摩奴法典》第十卷第104条写道:面临生命危险的人,如果从某人那里得到食物也称为罪的话,犹如天空被污泥所污染一样肮脏。第105条还有Ajigarta企图杀子食肉,只不过是为了避免饿死而已,不应以此问罪。① 这说明,当时的宗教和法律都是允许为了自保而杀人食肉的。

还听说,非洲的Pata蛮族,对触犯叛逆、间谍、通奸、夜间抢劫等罪的都将被处食人刑,而死刑的执行方法是族人生吃其肉。②

---

① 参见[日]穗积陈重:《法窗夜话》,中国法制出版社2015年版,第200页。

② 同上书,第202页。

上述所有现象都归结为一个问题：法律上是否允许，为了拯救一个人的生命而可以杀死另一个人。

我以为，这既不属于正当防卫，也不属于紧急避险，当事人必须承担法律责任。

根据我国《刑法》第 20 条第 1 款的规定，为使国家、公共利益、本人或者他人的人身、财产和其他权利免受正在进行的不法侵害，而采取的制止不法侵害的行为，对不法侵害人造成损害的，属于正当防卫，不负刑事责任；对正在进行行凶、杀人、抢劫、强奸、绑架以及其他严重危及人身安全的暴力犯罪，采取防卫行为，造成不法侵害人伤亡的，不属于防卫过当，不负刑事责任。

食人杀人不属于正当防卫，因为被食杀者不是“不法侵害人”。

同样，根据《刑法》第 21 条第 1 款的规定，为了使国家、公共利益、本人或者他人的人身、财产和其他权利免受正在发生的危险，不得已采取的紧急避险行为，造成损害的，不负刑事责任。

与正当防卫比较，食人杀人离紧急避险相对靠近了一些。但我以为，用剥夺一个人的生命来拯救另一个人，哪怕是一批人，都不应当属于紧急避险，因为人与人之间的生命权是平等的，不存在一个人的命比另一个人的命贵重。

4-015 丹尼尔断案:证人必须分开询问

——正当的审判程序导致正当的结果

(2019年11月27日)

《圣经》曾经叙述过这样一件发生在巴比伦的事情:

美丽而虔诚的犹太姑娘苏珊娜,有很好的家教,从小父母就教导她遵守摩西律法。后来她嫁了一位富有而虔诚的丈夫。他们的家坐落在一个花园之中。美丽的环境使他家成了犹太人聚会的地方。

其中有两个犹太公会的长老首领,非常贪恋苏珊娜的美色。他们商量好要寻找一个苏姗娜单独在家的机会,乘机霸占她,满足自己的淫欲。于是,他们一直窥视着苏姗娜和她丈夫的行踪。

一天,苏姗娜单独在家里准备洗澡。当女仆准备好洗澡用品离开后,躲在暗处的两个长老很快跑出来,向苏姗娜扑过去,并要挟她:“大门锁上了,谁也看不见我们。我们想与你求欢,求求你满足我们的愿望吧!要是你不答应,我们就控告你是荡妇,发誓说我们看见你把所有的女仆都打发走了以后,和一个年轻男子在幽会。”

非常无奈的苏姗娜一边哀叹,一边又大声地说:“要是我依从了你们,我就犯了通奸罪;要是我拒绝的话,你们就诬陷我,而我则可能被处死。然而,我宁愿做被你们诬陷的无辜牺牲品,也决不背叛主!”

接着她就拼命地叫嚷起来……包括女仆在内的所有仆人听到嚷叫后,都急急忙忙地跑进来,苏姗娜气愤得说不出话来,而两个长老则一个劲儿地大讲自己编造的“故事”。

仆人们听到以后非常吃惊,她们根本就不信苏姗娜是这种人。

两个长老一定要将苏姗娜置之死地而后快。他们在众人面前发誓,说自己亲眼看到苏姗娜在大树下面与一个年轻男子幽会。

苏姗娜就这样,被当众指控为通奸,并被判处死刑。

这时,一位智者法官出现了。他把两个作伪证的人叫到被煽动起来的人群面前,当众分别质问,使两人都听不到彼此的回答。

第一位长老,当被问到在何处看到苏珊娜和所谓她的“情人”时,立即回答,“在乳香树下”。而他的同伙则一口咬定是“在常绿栎树下”看到他们的。

丹尼尔判定,两人在撒谎。苏珊娜被宣告无罪。

这个故事说明:正当的审判程序才会导致正当的审判结果;而本案程序中的正当环节,就是证人必须分别询问,以防他们串供。

4-016 “罗缪斯勒法”导致弃女婴增加

——“法律空子”惹的祸

(2019年11月6日)

古罗马时,女儿出嫁时的嫁妆非常昂贵,富裕人家的嫁妆须高达150磅黄金,而且必须在3年内向夫家付清。这样,古罗马的父亲们常把女儿看成“赔钱货”,从而导致平常人家弃女婴的事屡屡发生。

罗马官方为了制止丢弃女婴事件的频繁发生,便制定了一个法律,叫作“罗缪斯勒法”。该法规定:父母须抚养所有的男孩和第一个女孩。这个立法的出发点是为了控制父母丢弃所有的女孩,但它表达的另一层意思恰恰是:父母可以合法地丢弃第二个及以后的所有女孩。

法律留下了这么大的空子,不少的弃女婴者当然肆无忌惮。结果,该法制定以后,弃女婴事件远比以前增加,造成帝国初期女性与男性比例相差17%。

这真是“法律空子”惹的祸。所以,立法要想明白了才能立,不能草率立法。

4-017 法国圣殿骑士团的审判

——被政治裹挟的司法不是真正的司法

（2016年8月）

13世纪的欧洲存在一个融宗教与军事一身的特殊军社团——圣殿骑士团。这个全称为“基督贫困骑士修道会”的组织，由法国贵族雨果·德·帕英和其他8名骑士于1119年所创设。刚刚设立时的任务仅仅在于保护第一次十字军东征后到圣城耶路撒冷的朝圣者。

1129年，圣殿骑士团在特鲁瓦主教会议上得到罗马教皇的承认而获得合法地位，并取得极大的特权和声誉。在随后几十年内，圣殿骑士团在欧洲各个王国迅猛发展，拥有越来越大的政治和经济特权。它设有自己的法庭，享有庇护权，免于缴纳税收，甚至还有自己的银行系统，成为欧洲王国中的王国。

圣殿骑士团的扩展和极大发展令时任教皇的克莱蒙特五世以及基督教区内的国王感到担忧。一些骑士团成员在王国内的骄横跋扈更加剧了骑士团的生存危机。只是由于骑士团拥有极大的财力和军事力量，教皇和王室不敢轻举妄动。但凶狠残暴的法国国王菲利浦四世，这位早年便以绑架及刺杀教皇而臭名昭著的国王，有实力诛杀骑士团。为消除对自己地位的威胁，巩固其政治统治，菲利浦四世将目光投向圣殿骑士团的领地及财富，决定动用国家机器将之扼杀。

1307年9月14日，菲利浦四世下令秘密逮捕法国境内的所有圣殿骑士。国王代表和地方军队包围了圣殿骑士所在修道院，并在数天内将绝大部分的圣殿骑士羁押，仅有少部分成员事先得到消息逃离法国国境。圣殿骑士团的团长雅克·德·莫莱也于10月12日在参加卡特琳娜·德·柯特内（国王长兄的妻子）的王室葬礼时被捕。

为获得民众支持,也给教皇有个说法,菲利浦四世命令走"司法程序",标榜扼杀行为的"合法性"和"正当性"。在国王的指令下,王室的警察和检察官开始网罗骑士团的罪状。欲加之罪,何患无辞。五花八门的罪名被轻易地"创设"出来,如邪教罪、宗教狂热罪、买卖圣职罪、鸡奸罪等。

一开始,所有骑士均否认指控。但没有坚持多久,骑士们纷纷"供认"所有"罪行",他们挺不住审讯者所采用的刑讯逼供,对骑士进行身体及精神的双重折磨。不少骑士及其家属在折磨中死去。1310 年 5 月 12 日,法庭仅依刑讯所获取的"口供"判处第一批 54 名圣殿骑士死刑,以火刑处死。在之后的数年内,基督教区内的几乎所有圣殿骑士均遭到屠戮,仅有少数圣殿骑士通过化名及改编存活了下来,见证了这段残酷的司法史。1314 年 3 月 18 日,骑士团最后一任团长雅克·德·莫莱亦受火刑处死,这意味着创建了近 200 年的"圣殿骑士团"被彻底消灭。

我想,既然是暴君专权下的屠戮,那就不用在乎司法。被政治裹挟的司法不可能是真正的司法。没有独立公正司法,如同放任一个恶棍在大街上公然地强奸一位妇女;而没有独立公正的司法又想用所谓的司法来掩饰,就如同不仅放任一个恶棍在大街上公然地强奸一位妇女,还在强奸时强迫被害人对他说:你不是强奸,我是自愿的。虚伪的司法比没有司法还要可恶!

4-018 新加坡的“鞭刑”

——美国总统“面子”值“两鞭”

(2019 年 12 月 25 日)

鞭刑是目前世界上很少有国家使用的一种酷刑,然而在今天的新加坡,其被使用得非常娴熟,而且已构成新加坡的一大“特色”。

据说,鞭子是用一种坚硬的藤条制作而成,经过药物浸泡和消毒处理,用于向犯罪人臀部实施体罚。通常来说,一鞭打下去,就会皮开肉绽,一般人顶多只能承受 5 鞭。

新加坡的鞭刑制度源自英国和英属印度的刑法。1948 年新加坡监狱调查委员会记录了如下狱规:“对于严重违反狱规的犯人,可由监狱当局判处藤鞭最高 12 鞭,或由来狱的法官判处藤鞭最高 24 鞭;对于 15 岁以下未成年犯,只能由来狱法官判处最多细藤 6 鞭。鞭刑的行刑部位是犯人的臀部。对成年犯使用的藤鞭直径不能超过半英寸,对未成年犯应使用细藤鞭。”随后,鞭刑适用面不断扩展。1993 年,新加坡有 3244 名男性罪犯被判鞭刑。到了 2007 年时,已经翻了两倍,有 6404 名罪犯被判鞭刑。对于至少 30 种罪名,鞭刑是强制刑(必判鞭刑,不能减免),至今适用鞭刑的罪行的名单还在延长,其中既包括强奸、抢劫、贩毒等重罪,也包括较轻的罪行,如非法拥有武器(长刀、匕首等都算)、涂鸦(包括在公共场所或公共设施上)、挟持人质、重犯吸毒者、非法金融交易(可能被判)、逾期逗留超过 90 日(俗称跳飞机)。

为了惩治偷盗、抢劫、强奸等民众十分痛恨而又罪不当死的罪犯,不但判处徒刑,而且施以鞭刑。鞭刑的刑具是用藤条制成的,行刑前用水泡湿,行刑人经过特殊训练,行刑时用力抽打犯人的臀部,一鞭抽下去,即刻出血,疼痛难忍。鞭刑最高是 24 鞭,至少 3 鞭,当犯人忍受不了而有可能因鞭笞而死时,在法医的鉴定下可以停刑。

鞭刑在新加坡国内外都有争议。新加坡一家报纸的女评论家曾经这样写道:"一个像新加坡这样进步而自由的国家,居然使用如此屈辱犯人的刑罚,我对这样的行为觉得非常可耻。"但李光耀多次在公开场合声称,不仅乱世用重典,盛世也要用重典。1975 年,新加坡政府再次重申要执行鞭刑,并制定了判重刑的新法令。

一件有趣的事件发生在 1994 年,美国青年迈克尔·费伊在新加坡触犯了新加坡法律,被新加坡法院判以鞭笞。这场官司引起美国社会的轰动,美国总统克林顿亲自出面说情,但新加坡法院为了表明法律的尊严,不予赦免。当然,新加坡人也照顾了克林顿的面子,由 6 鞭减为 4 鞭。可见,美国总统的面子在新加坡只值"两鞭"!

4-019 新加坡的一句"双关语"

——"Singapore is a fine place!"

(2020年1月8日)

新加坡有这样一句非常著名的双关语:"Singapore is a fine place!"这句话一个含义是说:"新加坡是个好地方";另一个含义则是指:"新加坡是个处处罚款的地方。"新加坡好可能就好在"处处罚款"!

新加坡罚款名目繁多,几乎涉及所有公共领域。漫步在新加坡的大街小巷,政府的罚款告示牌随处可见:在公园里可以见到"不准钓鱼""不准乱丢垃圾""不准骑自行车"等告示牌;在地铁站外,竖着"不准坐矮墙"的告示牌;在影剧院内,挂着"不准吸烟"的"劝告";在马路上,立着"不准乱过马路""限制区"的告示牌,50步便见一个。此外,随地吐痰、骑摩托车不戴安全帽、电梯内吸烟、损坏树木等不良行为,均要受到处罚,就连上厕所不冲水也要被罚款。

在各种警告牌的旁边,都标有罚款的"价码",且数目颇为可观。例如,随地吐痰最高可罚1000新元(折合4400元人民币);路上乱丢垃圾,也罚1000新元;上厕所未冲水,罚款1000新元;在电梯和公共场所抽烟,最高罚款500新元;开车闯红灯,罚款180新元;乱停车,最高罚款500新元。而一般的工人月薪也只有700~800新元。如果不注意吐口痰,一般人起码要干两个月才能交清罚款,还得省吃俭用。可以说,新加坡是一个高额罚款的国家。

对于新加坡国库来说,罚款还是一笔可观的收入,仅1990年一年,国库收入的罚金就高达1.67亿新元。据不完全统计,近10年,新加坡罚款收入总额高达9.112亿新元。

有人将新加坡"重典治国"看作其成功的要素之一。本人不敢苟同。各国有各国的国情,在一个只有500多万人口、700多平方公里的小国所实施的措施在一个大国未必可行。我们不能将一个成功国家内的所有因素都看作成功因素,也不能将一个失败国家内的所有因素都看作失败因素。

4-020　日本“3·11大地震”:逃生与红灯

——遵守交通信号灯才能让更多的人逃生

(2016年9月7日)

今年暑假,我们全家赴日本旅游。在短短的一周旅行中,一个在日本获得到永久居住权的中国籍日本导游,一路在向游客们讲述不知是真是假的故事,并非常娴熟地介绍日本产品的功效。但其中的一个故事,还是颇具法律意义的。

2011年3月11日,日本本州岛发生了9.0级强地震,引发了海啸和核危机,造成14,133人死亡,13,346人失踪。由“3·11大地震”引发的海啸,也引发了海啸前几十万人争先恐后逃命时的情形。司机们在驾车逃命过程中,遇到交通信号灯依然遵守规则,在红灯亮起时照样停车。

事后,记者采访了一位在红灯前停车的司机。问他:“当时逃命万分紧急,你遇红灯还有必要停车吗?你当时是怎么想的?”这位司机说:“只有遵守交通信号灯,每个人的逃生机会才是平等的。再说,如果我遇红灯不停车,那就会与绿灯线上的车辆碰撞。一旦发生交通事故,不仅我跑不了,更多的人都不跑不了了。”

这位司机的回答非常实在。他可能没有意识到,他其实讲清了一个法治道理:法治就是规则之治。遵守规则是法治的最高表现。在这一故事的场景中,服从交通信号灯就是服从交通规则,服从交通规则就是服从法律。越是处于这危难的情景,就越要遵守交通规则。只有服从交通信号灯,才能让大家拥有平等的逃生机会,体现了“法律面前人人平等”;只有遵守交通信号灯,才能避免事故,从而让更多的人逃生。所以说,法治不仅能导致社会公正,实现机会平等,而且能使社会管理效益最大化和成本最小化。

4-021 读《威尼斯商人》有感

——关于夏洛克与安东尼奥合同的有效性

(2016年11月30日)

《威尼斯商人》(*The Merchant of Venice*),是英国伟大的剧作家和诗人莎士比亚于1596~1597年撰写的一部具有极大讽刺性的喜剧。这个喜剧的主要情节是:

威尼斯商人安东尼奥为了帮助好友巴萨尼奥向美丽的鲍西娅小姐求婚,向犹太人高利贷者夏洛克借了3000金币。夏洛克想趁机报复安东尼奥(因为安东尼奥曾反对夏洛克的高利贷做法),便与安东尼奥签订了一份非常苛刻而残忍的合同,规定如果安东尼奥到期不能归还借款,夏洛克有权从安东尼奥身上割下一磅肉。结果安东尼奥因故无法按期还款。夏洛克便诉诸法院,要求法院判决允许他从"违约者"身上割下一磅肉。美丽的鲍西娅小姐为了拯救好心的安东尼奥,便打扮成律师出庭为安东尼奥辩护。鲍西娅小姐在法庭辩论中对着夏洛克说:"你的合同不是写着可以从安东尼奥身上割下一磅肉吗?那你现在就有权这么做了!"当夏洛克听到这里正要高兴时,鲍西娅小姐紧接着补充说:"你可要听好了:你的合同只规定割一磅肉,那你就不能割多一点或者少一点,否则都构成违约;你的合同只写割肉,没有说可以带血,那你割肉时就不得带血,否则又是你违约。"夏洛克听到这里,就一屁股坐在地上了,显然是他败诉了。

剧本的主题是歌颂仁爱、友谊和爱情,同时也反映了资本主义早期商业资产阶级与高利贷者之间的矛盾,表现了作者对资产阶级社会中金钱、法律和宗教等问题的人文主义思想。这部剧作的一个重要文学成就就是塑造了夏洛克这一唯利是图、冷酷无情的高利贷者的典型形象,同时颂扬了安东尼奥的潇洒英俊和正直热情、鲍西娅小姐的美丽与聪明。不少人写了许多围绕这一主题的读后感,但我想补充一点法律上的读后感,那就是这一合同的有效性。

关于夏洛克与安东尼奥之间签订的借款合同,就合同主体和意思自治角度说,这一合同的成立是没有疑问的。但就合同的内容来说,存在的两个问题恰恰阻却了合同的效力:一是夏洛克在合同中隐藏着一个犯罪目的,即通过割下安东尼奥身上的一磅肉来剥夺后者的生命,这就是用合法的形式掩盖非法(犯罪)的目的;二是正好割下一磅肉(丝毫不多不少)以及割肉不带血,这在实际上都是做不到的,称为法律上的"行为不能"。这两点,无论哪一点都决定了合同的无效性。鲍西娅小姐正好利用后一点攻击了合同的前一点,于是获得了全胜。无论是西方还是中国,都是强调在"契约自由""意思自治"的合同背景下,坚守合同的效力底线,即不得恶意串通,损害社会公共利益和他人利益,不得以合法形式掩盖非法目的,不得违反法律法规的强制性规定。

4-022 拳王阿里拒绝应征入伍还可拳击吗?

——遵循先例原则

(2017年6月28日)

穆罕默德·阿里(Ali,Muhammad,1942年至今),是人人皆知的美国拳击运动员。他12岁开始练拳击。1959年、1960年两次获金手套大赛冠军。1960年在第十七届奥运会上获轻量级金牌。此后加入职业选手行列。1964年获重量级世界冠军。1978年第三次获世界重量级拳击冠军。阿里拳法多变,步法灵活,出拳快速有力,体力充沛,动作协调。在阿里的职业拳击生涯中,共进行60场比赛,胜56场。1981年12月11日,阿里最后一场拳击赛,负于特雷沃尔-博比克。他是历史上第一位3次夺得重量级拳王称号的运动员,奥委会授予他20世纪最伟大的25位运动员之一的称号。1996年亚特兰大奥运会,阿里点燃主火炬。2005年11月9日,在美国首都华盛顿,美国总统布什授予阿里"总统自由勋章"。众所周知,阿里是20世纪拳坛诞生的最伟大的英雄之一,他的出现超越了拳击、体育,成为一个时代的偶像。

但在阿里的身上曾发生过一场诉讼,并且与遵循先例原则有关。20世纪60年代,美国政府因越南战争而征兵,拳王阿里拒绝依照征兵法应征入伍后,纽约州体育委员会暂停了他的拳击许可证。阿里向法院申请禁止令,要求法院禁止纽约州体育委员会暂停其比赛的决定。他向法院提交了一份名单,说明有90多名重罪犯尽管判了罪,仍获准在纽约州拳击。法官认为,虽然体育委员会在罪犯是否可获得拳击许可的问题上存在裁量权,但裁量权的行使不能无视惯例的存在。鉴于纽约体育委员会已经给90多位犯有罪行的人颁发了拳击许可,可以认为该州存在许可罪犯拳击的惯例。法院判词还写道:"法律不允许行政机关许可某人做此行政机关在同样情况下不许可别人做的事。不应当星期一用一种原则,星期二用另一种原则。一个普遍适用的原则不得在某特定案件中完全被废弃。”

遵循先例(principle of precedent)是普通法系国家所创设和推崇的,以判例法为基础的一项基本法则。遵循先例原则旨在要求法官在审理案件时,必须将先前法院的判例作为审理和裁决的法律依据。具体而言,高级法院的判决对下级法院处理同类案件有约束力,同一法院的判决对其以后的同类案件的判决具有约束力。这一原则因体现“同理同法,同案同判”,实现法律平等。这项普通法原则,对大陆法系也有影响。

遵循先例原则的生命力并不停留在司法领域,它继而扩展到行政执法。它对行政执法影响最大的是自由裁量权的行使。20世纪以来,自由裁量不再自由,裁量权不可滥用,已形成行政官员的执法理念。其中的标准就是受到遵循先例原则的约束。不仅司法行为,行政行为同样不得今天是一个标准,明天是另一个标准。我们今天正寻找着的裁量基准,无疑是为遵循先例创造条件。